Arbeitsbereich Familie

sfb 101 Forschungsberichte aus dem Sonderforschungsbereich 101
(Sozialwissenschaftliche Berufs- und Arbeitskräfteforschung) der Universität München

Ilona Ostner, Barbara Pieper (Hg.)

Arbeitsbereich Familie

Umrisse einer Theorie der Privatheit

Campus Verlag
Frankfurt/New York

Die Forschungsberichte werden herausgegeben vom Projektbereich A des von der Deutschen Forschungsgemeinschaft geförderten Sonderforschungsbereiches 101 der Universität München.

In dieser Reihe veröffentlicht der Projektbereich A des Sonderforschungsbereichs 101 solche Arbeiten, die entweder Vorstudien gerade laufender Forschungen oder Ergänzungen bereits vorliegender Projektarbeiten darstellen.

Die unterschiedliche Art der Beiträge in den Materialien, für deren Inhalt die jeweiligen Verfasser verantwortlich sind, läßt die Arbeiten sowohl für Studierende höherer Semester von Interesse sein als auch insgesamt für alle mit Fragen der Berufs- und Arbeitskräfte-Forschung Beschäftigten.

Der Sprecher des Sonderforschungsbereichs
Professor Dr. K. M. Bolte

CIP–Kurztitelaufnahme der Deutschen Bibliothek

Arbeitsbereich Familie : Umrisse e. Theorie d.
Privatheit / Ilona Ostner ; Barbara Pieper (Hg.).
– Frankfurt/Main, New York : Campus-Verlag, 1980.
(Forschungsberichte aus dem Sonderforschungsbereich 101 [Hunderteins], Sozialwissenschaftliche Berufs- und Arbeitskräfteforschung, der Universität München)
ISBN 3-593-32790-2
NE: Ostner, Ilona [Hrsg.]

ISBN 3-593-32790-2

Produktion: Buchteam Frankfurt
Umschlaggestaltung: Eckard Warminski, Frankfurt/Main
Druck und Bindung: KM-Druck, Groß-Umstadt
Printed in Germany

Inhaltsverzeichnis

Einleitung

Familie - ein Arbeitsbereich? Familie als Arbeit? Kennzeichnet die Familie nicht gerade "Arbeitsfreiheit", "Privatheit" als Freiheit von lebensmittelschaffender Arbeit? Was ist mit "Arbeit in der Familie" gemeint? Hausarbeitstätigkeiten im engeren Sinn, wie Kochen, Putzen, Waschen, Einkaufen oder im weiteren Sinn wie Trösten, Ratgeben, Zuhören? Oder die vielfältigen Formen sog. Freizeitbeschäftigungen, "Hobbies" aller Art? Wir werden diese Fragen nicht im einzelnen beantworten. Sie stecken eher den Rahmen ab für unseren Wunsch, "Arbeit" und "Leben" neu zu begreifen. Damit meinen wir: Wir möchten in diesem Band zeigen, daß "Arbeit" und "Leben" ganz und gar nicht so getrennt voneinander existieren, wie weithin angenommen wird.
Während wir dieses Buch schrieben, hatten wir oft genug Gelegenheit, dies auch an uns selber festzustellen. Diese Erfahrung verstärkte unser Interesse, nun auch in unseren theoretischen Überlegungen zu Familie als Arbeitsbereich "Arbeit" und "Leben" wieder näher zusammenzubringen. Wir versuchen dies, indem wir einen sehr weit gefaßten Begriff von Arbeit verwenden.

Im Titel dieses Buches ist also bereits angesprochen, um was es uns geht: Im Rahmen unserer Projektarbeit [1], in der diese Aufsatzsammlung entstanden ist, konzentrieren wir uns auf die folgende sehr umfassende und komplexe Fragestellung: Wie wird "Arbeitsvermögen" in der Familie hergestellt - produziert und reproduziert und inwieweit ist das, was Familie an kognitiven und motivationalen Strukturen hervorbringt, auch geeignet, daß der Berufstätige sich langfristig in beruflichen Arbeitsprozessen zurechtfindet. Wir wollen mit dieser Fragestellung eine Verlagerung und Ausweitung berufstheoretischer und arbeitssoziologischer Analysen auf die bislang weitgehend vernachlässigte Dimensionen der "subjektbezogenen" und subjek-

1 vgl. "Familiale Reproduktion in ihrer Bedeutung für Berufsarbeit", Teilprojekt A3 im Sonderforschungsbereich 1o1.

tiven Voraussetzungen beruflicher Arbeit und der Bedingung ihrer Herstellung insbesondere im Bereich Familie vornehmen. Das Buch verstehen wir als einen e r s t e n Schritt in diese Richtung.

Wir haben den Titel "Arbeitsbereich Familie" auch gewählt als Orientierungshilfe: Er soll ermöglichen, dieses Buch bereits auf den ersten Blick in der gegenwärtigen berufs- bzw. arbeitssoziologischen und familiensoziologischen Diskussion [2] zu verorten: Dieser Band will zwei Disziplinen, die Familiensoziologie und die sozialwissenschaftliche Berufs- und Arbeitskräfteforschung, der wir uns verpflichtet fühlen, untereinander verbinden. Wir setzen damit die Tradition unseres Projektes fort; denn dieses hat sich bisher immer auf die Fra-

---

2 Familiensoziologie muß heute - trotz neuer Entwicklungstrends, wie z.B. die stärkere Einbeziehung von Befunden der historischen Familienforschung - folgende Eingeständnisse machen (vgl. die Referate der Sektion Familiensoziologie im Rahmen des letzten Soziologentages, Berlin 1979, insbes. SZINOVACS): "Unter anderem kann die Familiensoziologie derzeit einigermaßen zufriedenstellende Antworten auf folgende Fragen der Problemstellungen nicht bieten: Welche intrafamiliären Strukturen fördern bzw. behindern eine relativ problemlose Anpassung der Familie an die an sie gestellten Erfordernisse anderer sozialer Teilsysteme (z.B. Schulen, Betriebe)? Ist bezüglich jener sozialen Funktionen, welche die Familie heute mit anderen sozialen Institutionen teilt, ein Trend zu wechselseitiger Ergänzung oder vielmehr Widersprüchlichkeit der Erfüllung dieser Funktionen feststellbar ..." (SZINOVACZ 1979,135).

"...die Familiensoziologie weiß derzeit viel zu wenig davon, was die Familien faktisch in solcher Breite und Vielzahl jeweils 'zusammenhält'. Dabei ist die hohe Stabilitätsfähigkeit der ehelich-familialen Nahbeziehungen - angesichts der auf der Hand liegenden Risiken und Störbarkeiten - soziologisch eigentlich viel erklärungsbedürftiger als die (...) Fälle der Instabilität" (TYRELL 1979,33).
In der Berufs- und Arbeitskräfteforschung hat sich in den letzten Jahren eine Forschungsrichtung verstärkt, die interessengeleitetes Handeln von Arbeitenden nicht mehr einfach als "Anhängsel" der je konkreten Verwertungsbedingungen begreift, sondern als einen lebensgeschichtlichen Lernprozeß, der alle Bereiche durchzieht und jeweils "rückkoppelt". Diese allgemeine Tendenz zu einer subjektorientierten Theoriebildung auch im Bereich von Arbeit und Beruf wurde in den Arbeiten von BECK und BRATER vorangetrieben zu einer subjektorientierten Berufstheorie.

ge nach dem Verhältnis von Beruf, beruflicher Arbeit, und anderen nicht-beruflichen privaten Arbeitsformen - insbes. auf die Frage nach dem Verhältnis von Beruf und Arbeit in der Familie bzw. von Beruf und Hausarbeit (in einem umfassenden Sinn) konzentriert (s.u).

Wir möchten nun den Werdegang unseres Projektes [3] kurz darstellen, um hieraus die Entstehung und Verwendung der für unsere Projektarbeit konstitutiven Thesen und unsere Begrifflichkeit in dem von uns gemeinten Sinngehalt zu erläutern. Weshalb sprechen wir inzwischen von Familie als A r b e i t und nennen Familie einen "Arbeitsbereich besonderer Art"? Ausgangspunkt des Projekts war die sehr allgemeine Frage nach "Frauen im Beruf" und nach "Unvereinbarkeiten" (Inkompatibilitäten) von "weiblicher Statusrolle" und Strukturmerkmalen von Berufspositionen. Das Ergebnis der Beschäftigung mit dieser Frage läßt sich als Plädoyer für die Anerkennung weiblicher privater Arbeit als A r b e i t besonderer Art verstehen, als "Arbeit in der Familie" zum Beispiel; und als Versuch, dieses Verständnis von Arbeit in theoretischen Konzepten systematisch zu berücksichtigen. Hierdurch sind wir darauf gestoßen, der Bedeutung dieser nicht-beruflichen Form von Arbeit für den beruflichen Produktionsprozeß und für unsere Gesellschaft nachzugehen.

Unser ursprüngliches Forschungsinteresse galt also den vielfältigen Formen der Benachteiligung von Frauen im Beruf und deren Rückwirkung auf die Stellung der Frau auch in der Familie, sowie den Besonderheiten weiblicher Berufspraxis [4].

---

3 Diese "Projektgeschichte" ist in Thesen zusammengefaßt im (nicht-veröffentlichten) Arbeitsbericht des Teilprojektes A3 (BECK-GERNSHEIM/OSTNER/PIEPER/JURCZYK) des SFB 1o1, April 198o.

4 Unter Berufspraxis verstehen wir nicht nur die Ausführung von objektiven Aufgaben und Einlösung von objektiven Anforderungen, wie sie in einer konkreten Berufsaufgabe gestellt sind. Berufspraxis ist immer auch - wie jede andere nicht-berufliche Praxis - zu verstehen als konkreter Einlösungsversuch von subjektiven lebensgeschichtlich-familial, beruflich usw. bedingten Wünschen, Hoffnungen, Vorstellungen, die sozusagen als Folie für die jeweils situationsspezifische Interpretation von objektiven Anforderungen dienen. Solche Erwartungen

Weibliche Berufspraxis reflektiert, daß Frauen - anders und in anderem Ausmaß als Männer - von Beruf und Familie betroffen und "Grenzgänger(inner)" zwischen beiden Bereichen sind; und daß die Interessen, die ihre Praxis leiten - sei es im Beruf oder in der Familie - erst verständlich werden aus der Analyse auch des jeweils anderen Bereiches und seiner Strukturen. Wir haben im Lauf der Projektarbeit versucht, das, was an der Struktur weiblicher Berufstätigkeit und an der Berufspraxis von Frauen "defizient" erscheint, abzulösen von der Person der Frau, d.h. den Frauen nicht mehr individuell anzulasten, sondern festzumachen an der spezifischen Struktur beruflicher Arbeit. Die Beschäftigung mit der Besonderheit weiblicher Berufsarbeit hat uns die Notwendigkeit aufgezeigt, erst einmal grundsätzlich zu fragen, was denn überhaupt berufliche Arbeit ausmacht, und schließlich zu einer Kritik der "Berufsform", einer Kritik der Einseitigkeit und Begrenztheit beruflicher Arbeit geführt [5].

Wir haben den Berufsbegriff ausgedehnt auf jede bezahlte Arbeit, jede Arbeit, die gegen Geld getauscht wird und sich nur vermittelt über diese allgemeine und abstrakte, verallgemeinernde Kategorie "Geld", nur über Markt/Geld/Tausch auf konkrete menschliche Problemlagen und Bedürfnisse bezieht. Was geldvermittelte Arbeit für den Berufstätigen und seinen Arbeitsgegenstand, sowie für die "Organisation" der Aufgabenbewältigung im beruflichen Alltag bedeutet, läßt sich am besten da zeigen, wo berufliche Arbeit an ihre eigenen Grenzen stößt, und diese sichtbar werden: wenn der berufliche Arbeitsgegenstand nicht mehr "totes Material", Rohstoff oder dingliches Werkstück ist sondern lebendig. Wir sind auf solche Grenzen beruflicher Arbeit in unserer Analyse der beruflichen Lösung des Problems Krankheit und Pflege des kranken Menschen

---

Forts. 4 von S.3 , sind alters-, geschlechts- und milieuspezifisch verschieden und unterschiedlich hervorgebracht und bestimmen dann in dieser Unterschiedlichkeit die Art und Weise, in der Aufgaben und objektiv angelegte Konflikte wahrgenommen und zu lösen versucht werden.

5 Zur systematischen Kritik der Berufsform vgl. ausführlich BECK/BRATER 1978.

im Krankenhaus gestoßen.

Ein Prinzip, dem berufliche Arbeit folgt, läßt sich zunächst als Zeit- und Kostenökonomie beschreiben. Diesem Prinzip sind der Berufstätige, sein Arbeitsgegenstand, die abgeforderten Qualifikationen, der gesamte berufliche Arbeitsprozeß unterworfen. "Berufsarbeit ist ungeduldige Arbeit" (OSTNER/BECK-GERNSHEIM 1979,39). Immer wiederkehrende körpergebundene Bedürfnisse und Prozesse, die nicht einfach beiseite oder aufgeschoben und vertagt werden können, haben in der beruflichen Arbeit nur soweit Raum und Zeit, wie sie für die Aufrechterhaltung des abstrakten Produktionszieles der Berufsarbeit - Geld/Tausch - unabdingbar sind; ebenso wie auch die Berufsarbeit verwiesen bleibt auf "lebendige" Arbeitskraft (Marx) und auf leiblich-seelische Versorgung der Gesellschaftsmitglieder.

Wir konnten am Beispiel der Krankenpflege im Krankenhaus zeigen, daß die "Ungeduld" der Berufsarbeit, ihre Tendenz zur Berechenbarkeit und Rechenhaftigkeit, der Versuch, aus diesen Prinzipien heraus Arbeitsablauf und Arbeitsgegenstand - Kranke, Sterbende - "gleichzuschalten", zu einem strukturellen Problem und zu einem beruflichen Konflikt für die Arbeitenden wird. "Jede Abweichung vom Idealtyp des 'handlichen' Patienten stört den Arbeitsablauf. Aber die vermeintliche Gleichheit von Symptom und Krankheitsbild verwischt noch lange nicht die Verschiedenartigkeit der Menschen. Nicht nur ihre Besonderheiten, Eigenwilligkeiten, allein schon der menschliche Körper und seine immer wiederkehrenden Bedürfnisse, sind ein 'widerständiges' Element im Ablauf und Vollzug beruflicher Arbeit. Auf der einen Seite Unterdrückung von Besonderheit und Körper in der Berufsarbeit, auf der anderen Seite die 'widerständige' Wirklichkeit körperlich-seelischer Lebensäußerungen von Menschen im Krankenhaus - dieser Konflikt ist im Alltag des Krankenhauses strukturell angelegt" (ebd.).

Hinter Zeit- und Kostenökonomie, hinter Rechenhaftigkeit und Verallgemeinerung als Prinzipien beruflicher Arbeit steckt letztlich ein umfassenderes Prinzip, das diesen übergeordnet ist: Idealtypisch kann berufliche Arbeit als naturbeherrschende Arbeit beschrieben werden. Was ist damit gemeint?
Gerade die naturbeherrschende Arbeit wird von jedem Einfall unbeherrschbarer und unbeherrschter Natur, von Krankheit, Altern, Sterben, von der Widerspenstigkeit des Rohmaterials in der Bearbeitung usw. gelähmt. So ist auch verständlich, wenn sich Pflegende dagegen wehren, ein "menschenwürdiges Sterben"

auch als Ziel und Zweck ihrer Berufsarbeit anzuerkennen. Wo berufliche Arbeit an Grenzen der Beherrschbarkeit eines Problems gerät, eben immer da, wo der Gegenstand der Arbeit z.B. unmittelbar ein Mensch ist, entstehen "Mischberufe", die berufliche und nicht-berufliche - oder wie wir sagen - "hausarbeitsnahe" Elemente vereinigen; oder dieses Problem wird der privaten Sorge überantwortet. "Hausarbeitsnahen Berufen" und der Hausarbeit (als private Sorge für leiblich-seelische Bedürfnisse) bleibt die Sorge für letztlich nicht aufhebbare oder beherrschbare, immer wiederkehrende Bedürfnisse und nicht aufhaltbare Prozesse, denen berufliche Arbeitsprozesse nicht oder nur bedingt und zeitweise gerecht werden können.

Wir haben mit dieser "Selektivität" beruflicher Arbeit zugleich deren Einseitigkeit und Begrenztheit beschrieben. Beruf ist angewiesen auf andere nicht-berufliche und private Formen von Arbeit, vor allem da, wo es um die Herstellung und Wiederherstellung seiner eigenen Voraussetzungen, um die kontinuierliche Sorge für menschliche Bedürfnisse und damit um die Sicherung von "Arbeitsvermögen", von ausreichend und ausreichend motivierten berufsarbeitsfähigen Menschen, für den beruflichen Arbeitsprozeß geht.

Idealtypisch läßt sich dann Berufsarbeit von privaten Formen leiblich-seelischer Versorgung, z.B. von Arbeit in der Familie, - Hausarbeit im weitesten Sinn - mit Hilfe folgender Begriffspaare unterscheiden: (1) Naturgebundenheit des Arbeitsgegenstandes vs. Naturbeherrschung; (2) Körpergebundene zyklische Zeit vs. Zeitökonomie bzw. lineare Zeitstruktur; (3) Ungeschiedenheit von Arbeit(s-Zeit) und arbeitsfreier Zeit vs. Trennung von Arbeitszeit und arbeitszeit-freie Zeit; (4) Diffuse Ganzheit der Arbeit vs. funktional spezifische und hierarchisierte Detailarbeit; (5) Konkretes Erfahrungslernen und -wissen vs. fachspezifisches und losgelöst vom konkreten Problem gelerntes Expertenwissen. Die strukturelle Angewiesenheit beruflicher Arbeit auf andere als berufliche Arbeitsformen, z.B. auf private - vor allem weibliche - Versorgungsarbeit in der Familie, die strukturelle Differenz von Beruf und Hausarbeit und deren Komplementarität bringen dann erst das hervor, was sich als "unvollständige" weibliche Berufsarbeit darstellt [6].

Privaten Lebensformen, wie der Familie, bleibt also ein Großteil jener Arbeit rund um immer wiederkehrende leiblich-seelische Bedürfnisse. Bedeutet die Privatheit der Familie, daß diese "freigesetzt" ist vom Zwang, alltäglich den Lebensunterhalt zu erarbeiten (vgl. OSTNER/PIEPER in diesem Band), kann diese Privatheit auch als Chance betrachtet werden: gibt sie doch Raum und Zeit für andere als berufliche Arbeitsweisen und für einen gewährenden, geduldigen und "mimetischen" Umgang mit leiblich-seelischen Bedürfnissen.

Allerdings hat bereits unsere Analyse des Krankenpflegeberufs und der Berufspraxis der - vor allem weiblichen - Pflegenden die Begrenztheit und Einseitigkeit auch der "Hausarbeit" bzw. der privaten Arbeit in der Familie sichtbar gemacht. Daß sich so viele Pflegende mit ihrem Beruf identifizieren und mit ihm zufrieden sind, läßt sich aus der Möglichkeit erklären, in sozialpflegerischen Berufen die positiven Aspekte hausarbeitsnaher u n d beruflicher Arbeit zu vereinigen, evtl. zu maximieren und damit die Begrenztheits-Erfahrungen in der einen Arbeitsform durch Erfahrungen in und mit der jeweils anderen wettzumachen.

Wir haben also bereits auf einer allerdings noch sehr allgemeinen strukturellen Ebene die idealtypisch entwickelten Kategorien Beruf und Hausarbeit relativieren können. Dies war der Anknüpfungspunkt, um systematischer zu fragen, was "Hausarbeit" im weitesten Sinn bzw. - wie wir jetzt sagen: - "familiale Arbeit" denn nun eigentlich ist [7]. Hierzu erschien es uns nötig, (1) die historischen Herstellungszusammenhänge familialer Arbeit (vgl. H. BOLLINGER und A. KLEIN in diesem Band) mit (2) theoretisch abstrakten Überlegungen zur Struktur familialer Arbeit zusammenzubringen (vgl. OSTNER/PIEPER

---

6 Vgl. dazu im einzelnen BECK-GERNSHEIM 1976; 198o; BECK-GERNSHEIM/OSTNER 1978; OSTNER/BECK-GERNSHEIM 1979; OSTNER 1979

7 Für "Beruf" wurde dieser Schritt im Teilprojekt A1 des SFB 1o1 geleistet, vgl. z.B. BECK/BRATER 1978.

in diesem Band) und schließlich (3) konkret inhaltliche Bedingungen anzugeben, unter denen es in der Familie gelingt oder nicht gelingt, geduldig und gewährend mit menschlichen Bedürfnissen umzugehen und auf diese Weise die Chance, die in der privaten nicht-beruflichen Sorge und Versorgung liegt, zu realisieren oder nicht. Erst eine differenzierte Betrachtung der Bedingungen, in die familiale Arbeit eingespannt ist, und die Berücksichtigung ihrer Veränderungen - z.B. im Lauf der Familienphasen (vgl. PIEPER in diesem Band), durch berufliche "Wechselfälle" oder auch familienpolitische Interventionen (vgl. JURCZYK in diesem Band) - erlauben Rückschlüsse darauf, w i e in der Familie "versorgt", "gearbeitet" wird, und inwieweit das, was Familie an Fähigkeiten, Motivationsstrukturen und Orientierungen hervorbringt, gefaßt werden kann als "Reproduktion von Arbeitsvermögen" für berufliche und nicht-berufliche Arbeit. Die fünf Beiträge in diesem Band sind eine Zusammenstellung dieser unterschiedlichen Arbeitsschritte, die alle zum Ziel hatten, zumindest in Ansätzen, ein Konzept zu entwickeln, das Familie als Arbeitsbereich umschreibt.

Dieses Konzept "familialer Arbeit" ist nicht gleichzusetzen mit einem Konzept "familialer Reproduktion in ihrer Bedeutung für Berufsarbeit", weil wir hier Beruf nur als eine - wenn auch unumgängliche - Rahmenbedingung für familiale Arbeit thematisieren und noch nicht untersuchen, wie und vermittelt über welche Familienmitglieder berufliche Strukturen Familie bestimmen oder verändern. Uns geht es hier noch allgemein um eine differenzierte Analyse der historischen Herstellungszusammenhänge, Strukturen und Bedingungen familialer Arbeit, die erst eine Aussage darüber ermöglicht, w i e in Familie gearbeitet - "gesorgt" - wird und, w i e Familie auf subjektive Wünsche und objektiv gesellschaftliche Erwartungen z.B. nach (Wieder-)Herstellung von Arbeitsvermögen bezogen ist.

Wir sind im Verlauf unserer Projektarbeit und insbes. während zahlreicher Diskussionen, die wir miteinander um dieses Buch führten, davon abgerückt, alles, was in der Familie zur materiellen und psychischen Versorgung ihrer Mitglieder geschieht, gleichzusetzen mit der "Herstellung und Wiederherstellung von Arbeitsvermögen" für wen auch immer. Wir setzen uns damit ab von der inzwischen gebräuchlichen soziologischen Redewendung, die die Arbeit, die Familie leistet, unter dem Begriff "private Reproduktion" faßt[8]. Die Gleichsetzung von Arbeit und Reproduktion birgt die Gefahr einer objektivistischen Verkürzung der vielfältigen Bedürfnisse und Erwartungen von Menschen in und an Familie auf ein "Subjekt", das nur darauf aus ist, "coping-Strategien" zu erwerben für eine Gesellschaft, in der das Leben tauschvermittelt "verdient" werden muß. Wir meinen also, daß voreilig und "objektivistisch" argumentiert wird, wenn Familie immer schon und ausschließlich - sei es strukturfunktionalistisch gewendet und verdeckt oder offen, wie in politökonomischen Ansätzen - als Bereich der Herstellung und Wiederherstellung von Arbeitsvermögen betrachtet wird, eines Arbeitsvermögens, das nichts als Strategien besitzt, um seine Tauschfähigkeit zu erhalten. Wir möchten in diesem Buch vielmehr der Frage nachgehen: Unter welchen familialen und beruflichen Bedingungen kann überhaupt davon ausgegangen werden, daß das, was in Familie an Arbeitsvermögen "produziert" wird, dann auch geeignet ist, langfristig erwerbsfähig sein zu können.

Heinrich Bollinger versucht, jene historisch gesellschaftlichen Bedingungen zu rekonstruieren, die "Familie" als private Lebensform hervorgebracht haben, und durch einen Vergleich von "Familie" mit anderen historischen, nicht-privaten und nicht-familialen Lebensformen strukturelle Bedingungen familialer Arbeit näher zu bestimmen. Die Rekonstruktion der Entstehungsbedingungen von Familie und der Strukturvergleich können Hinweise geben auf die spezifischen - auch konfliktträchtigen - sich verändernden Bedingungen familialer Arbeit und auf in Familie enthaltene - z.T. aus nicht-familialen Lebensformen tradierte Ressourcen (Wissensformen, Umgangsweisen, topoi usw.), die praxisleitend im Familienalltag werden.

In dem Maße, wie Familie zur verbindlichen privaten Lebensform

8 Für die Anregung, die Begriffe "Arbeit" und "Reproduktion als Arbeit" zu unterscheiden und präziser zu fassen, danken wir Karl Martin Bolte.

der bürgerlichen Gesellschaft wird, setzt auch jener Prozeß ein, der Frauen materiell und ideologisch verpflichtet, ungeteilt und uneigennützig "Gemütlichkeit" im Heim des berufstätigen Ehemannes und Familienvaters zu stiften. Anne Klein zeigt in ihrem Beitrag, wie Versuche der ideologischen Einbindung von Frauen in Ehe und Familie proportional zur Entleerung des Haushaltes von hauswirtschaftlichen Aufgaben der Eigen- und Weiterverarbeitung von Lebens-Mitteln zunehmen. "Liebe", die emotionale Versorgung der Familienmitglieder, tritt zunehmend an die Stelle der hauswirtschaftlichen Aufgaben und wird zum gesellschaftlich abverlangten und auch von den Frauen allmählich verinnerlichten prekären "weiblichen Erfolgsziel".

Ein Konzept familialer Arbeit setzt voraus darzulegen, was "Familie" ist. Ilona Ostner und Barbara Pieper entwickeln im dritten Beitrag Familie als "Problemstruktur" aus dem dialektischen Verhältnis von selbstbestimmten (familialen) Eigenleben und Verstrickung in vielfältige Abhängigkeiten, etwa in den Zwang, außerhäuslich den Lebensunterhalt der Familie zu sichern. Das, was in der Familie geschieht, interpretieren sie als Versuch, mit dieser Spannung "irgendwie" zurechtzukommen. Sie zeigen, welche hohen Anforderungen damit für die Familienmitglieder verbunden sind und welche höchst ambivalenten Folgen für Familie sich abzeichnen, wenn familieninterne und familienexterne Wege beschritten werden, diesen Anforderungen durch "Expertentum" gerecht zu werden: Was bedeutet die Perfektionierung weiblicher Arbeit in der Familie zu "Experten-Müttern" und der "Gang zum Experten" (hier: Familienberater) für die Familie?

Auch wenn man davon ausgehen muß, daß familienpolitische Maßnahmen nur selektiv und vermittelt auf das bezogen sind, was Familie strukturell anfällig macht, so kann doch eine kurze Betrachtung der aktuellen familienpolitischen Diskussionen und Maßnahmen, wie sie Karin Jurczyk in ihrem Beitrag anbietet, hinweisen auf Momente, die die labile Balance zwischen Eigenleben und Fremdbestimmtheit in der Familie zu "kippen" drohen bzw. bereits "gekippt" haben. Was bedeuten nun z.B. Verrechtlichungs-Tendenzen (vgl. Reform des Ehe- und Familienrechts) oder die finanzielle Anerkennung weiblicher Arbeit in der Familie (vgl. Erziehungsgeld-Debatte) für das prekäre Verhältnis von Individualisierungsbestrebungen der einzelnen Familienmitglieder und gleichzeitiger Notwendigkeit, im Familienleben "Gemeinsamkeit" herzustellen?

Im letzten Beitrag versucht Barbara Pieper am Beispiel spielender Kinder im Wohnbereich die Bedeutung der sozialräumlichen Dimension familialer Arbeit darzustellen und je unterschiedliche Interessenlagen von Kindern und Erwachsenen anzugeben, wie sie sich im Verlauf und in Abhängigkeit von der "Normalbiographie von Familien" verändern. Es geht hier darum, das Konzept familialer Arbeit anzuwenden auf einen im übrigen "vorprogrammierten" Konflikt, wie ihn alle, die Kinder in ihrer Umgebung haben, kennen dürften.

Zum Schluß möchten wir ein Unbehagen an unserer eigenen Arbeit zumindest ansprechen: Wir verweisen in diesem Buch u.a. darauf, daß die explizite Beschäftigung und das "verwissenschaftlichte" Durchdringen und Umgehen mit leiblich-seelischen Bedürfnissen nun auch im Arbeitsbereich Familie eine naive, spontane, selbstverständliche Entdeckung und Begegnung mit sich, anderen,mit Realität überhaupt zerstört. Wir kritisieren die Parzellierung gesellschaftlicher Bereiche, Arbeitsformen, menschlicher Bedürfnisse, wie sie mit der beruflichen Organisation von Arbeit einhergeht. Wir stehen in dem Dilemma, mit unserer selegierenden detaillierten Analyse familialer Arbeit immer auch das zu betreiben, was wir an der beruflichen Organisation von Arbeit kritisieren: die Isolierung eines Problems, die Zerlegung seiner Bearbeitung in Arbeitsschritte, die wiederum einzelnen Berufen zugewiesen werden können (vgl. z.B. neue Berufe, wie den des Umweltingenieurs, der verschiedenen Fachberater usw.); immer wiederholen wir diese "Rationalität" beruflicher Arbeit und schaffen sie neu. Tragen wir nun nicht - paradox genug - durch ein Buch wie dieses dazu bei, genau diese Entwicklung fortschreitender Parzellierung und Isolierung von Problembereichen und Problemlösungsversuchen zu beschleunigen, - jene Entwicklung also, die wir eigentlich kritisieren?

Ilona Ostner
Barbara Pieper

Heinrich Bollinger

HOF, HAUSHALT, FAMILIE

Inhaltsübersicht

1. Einleitung

Die Familie hat eine Geschichte und Vorgeschichte. Dies scheint sich im Gegensatz zu ahistorischen Konzeptionen jetzt in der Sozialgeschichte und Soziologie als anerkannter Tatbestand durchgesetzt zu haben [1]. Dabei hat das Merkmal der Familiengröße seine Bedeutung eingebüßt. Die - selbst in kritischer Absicht - oft romantisierte Großfamilie oder Drei-Generationen-Familie kann nicht mehr als Ausgangspunkt der Entwicklung der Kleinfamilie gelten, stellt vielmehr selbst eine historisch spezifische Form dar [2]. Unterschiede zeigen sich vor allem in der Bedeutung der jeweiligen Sozialform für ihre Mitglieder, den Kriterien der Partnerwahl, der Qualität und Bedeutung der Beziehungen, den inhaltlichen Arbeiten und deren Verteilung, dem Verhältnis der Sozialform zur Öffentlichkeit, bzw. dem Grad der Abschottung; insbesondere die Irrelevanz von Emotionalität als konstituierendem Moment erfordert die begriffliche Abgrenzung der "Familie" von früheren Sozialformen, weil der umgangssprachliche Familienbegriff mit entsprechenden Konnotationen behaftet ist und damit unter der Hand historozentristische Vorstellungen einfließen.

Es soll im folgenden versucht werden, die Geschichte der Familie in Westeuropa quasi ethnographisch seit dem Mittelalter zu verfolgen. Die dargestellten Sozialform-Typen sollten sich als konsistent und schlüssig erweisen im Hinblick auf die Bedürfnisse der einzelnen und die Funktionsweise der Gesellschaft. Prinzipiell steht die Auffassung dahinter, daß nur solche Sozialformen historisch relevant werden, die von den Menschen "angenommen" werden.

---

1 vgl. besonders ARIES 1979, CONZE 1978, ELIAS 1976, FLANDRIN 1978, MITTERAUER 1975, MITERAUER/SIEDER 1977, ROSENBAUM 1974, SHORTER 1975, 1977, STONE 1977, ZARETSKY 1978

2 BERKNER 1972, LASLETT 1972, MEDICK 1976,256, MITTERAUER/ SIEDER 1977,38ff, WALL 1972

Dasselbe gilt für die Analyse der Entwicklung. Sollen die handelnden Menschen nicht nur als bloße Anhängsel sich entfaltender Strukturen begriffen werden, sondern als aktive Gestalter der Gesellschaft, so ist die sozialpsychologische Analyse ihrer Handlungsstruktur erforderlich; diese hätte auszugehen von den subjektiven Relevanzstrukturen dieser Menschen, von dem, was sie sehen und wie sie es sehen, den Bedeutungen also, die bestimmte Ereignisse für sie besitzen sowie den Zwecken und Zielen, die sie verfolgen. Die Wirksamkeit neuer Ideologien bedarf selbst der Erklärung durch die Analyse ihrer Rezeption. Erst eine derart subjektorientierte Perspektive verhindert das retrospektive Überstülpen uns heute vertrauter Sichtweisen auf Handlungsstrukturen vergangener Epochen. Eine systematische Analyse des Wandels von Bedeutungen z.B. angesichts der Veränderung von Kontexten steht noch aus.
Die gesellschaftliche Entwicklung wird in einem Druck- und Zugmodell zu interpretieren versucht. Neue Entwicklungen treffen immer auf alte Subjektstrukturen oder Sozialcharaktere, gegebene Orientierungen, Denkweisen, Fähigkeiten und Selbstverständlichkeiten, denen gegenüber sie Verhaltensanforderungen oder -zumutungen darstellen. Diese alten Subjektstrukturen müssen entweder integriert oder gebrochen werden und immer ist nach einem Subjekt der Durchsetzung der neuen Anforderungen zu fragen, bzw. nach der Bereitschaft zur Integration [3].

Das Handeln dieser Subjekte hat nicht intendierte, heimliche Wirkungen - Bedeutungen, die es für die Subjekte selbst gar nicht hatte. Derartige latente Funktionen werden von den Betroffenen nicht gesehen, sind trotzdem für sie wichtig. Ein Beispiel: Mag es auch Erziehung als soziale Institution am mittelalterlichen Bauernhof nicht gegeben haben, so erfolgte doch eine funktionale Sozialisation in die feudale Gesellschaft. An dieser Stelle wird die Grenze der historographischen Analyse

---

3 Damit werden auch herkömmlicherweise als bloß Unterdrückt Stilisierte als aktiv Handelnde ernst genommen; Fragen wie die von COTT (1978,221) werden möglich: War die Idee weiblicher Leidenschaftslosigkeit der Viktorianischen Ideologie für die Frauen in ihrem Kontext akzeptabel und wenn ja, warum?

überschritten und eine funktionalistische Perspektive eingenommen [4].

Im ersten Abschnitt wird es um die Entwicklung der einzelnen Sozialformen gehen, wobei nicht deren quantitative Relevanz im historischen Querschnitt das Auswahlkriterium darstellt, sondern die strategische Relevanz für die Weiterentwicklung. Dies impliziert auch Ungleichzeitigkeiten, das historische Nebeneinander von Sozialformen, die hier als aufeinanderfolgend konzeptualisiert sind; dabei werden Elemente der je anderen (neuen) Typen integriert. Insofern wäre zu prüfen, ob die historische Typenbildung auch für die Analyse der gegenwärtigen Vielfalt der Familie etwas hergibt. Im zweiten Abschnitt werden die einzelnen Typen genauer dargestellt, wobei besonders auch auf die geschlechtsspezifische Verteilung der Arbeiten und ihre Bewertung geachtet wird [5].

2. Skizze der historischen Herausbildung familialer und vorfamilialer Sozialformen [6]

In Westeuropa entwickeln sich mit vollendeter Landnahme drei teilweise strukturgleiche Typen von Sozialformen, die funktional aufeinander bezogen sind und sich unter die allgemeine Kategorie des Hofes subsumieren lassen:

- Lehenshof (Bauernhof)

---

4 Im Hinblick auf das Handeln der Menschen beinhaltet dies theoretisch die Differenz zwischen Produktion und Arbeit.

5 Die Probleme eines derartigen Programms sind so offensichtlich, daß die Mängel der Einlösung im einzelnen gar nicht aufgeführt werden müssen; es kann keinesfalls mehr als ein erster Versuch dazu in Anspruch genommen werden. Diese Arbeit ist die Kurzfassung eines ausführlicheren Materialberichtes; ihre eventuelle Lesbarkeit verdankt sie Marcsi Rerrich und Jo Hohl.

6 Mit dem Begriff der Sozialform soll jede inhaltliche Festlegung auf einer derartigen Abstraktionsebene vermieden werden, wie sie mit dem Familien-, Kleingruppen-, Institutionen- oder Primärgruppenbegriff immer schon einhergehen würde.

- Grundherrenhof
- aristokratischer Hof ("der Hof")

Diese Höfe besitzen die folgenden gemeinsamen Strukturmerkmale:
- Sie entsprechen in ihrer internen Herrschaftsstrukturierung dem Herrschaftsprinzip der Gesellschaft selbst [7].
- Sie beinhalten allesamt die Herrschaft des Mannes über die Frau [8].
- Es existiert kein Privatraum, d.h. das Innere des Hofes ist einsehbar und der sozialen Kontrolle direkt zugänglich [9].

Die funktionale Ausdifferenzierung der Höfe bezieht sich auf die Funktionen der Produktion und des Schutzes. Dabei verbleibt die Rohstoffproduktion nahezu vollständig auf der Ebene der Bauern-Wirtschaften; die Distribution des gesellschaftlichen Mehrproduktes erfolgt von unten nach oben, vom Bauernhof zu den einzelnen Stufen der Grundherrenhöfe und hin zum aristokratischen Hof. Der quantitative und qualitative Umfang variiert dabei entlang regional und historisch spezifischer Bedingungen; je nach den Verteilungsmodi kumuliert der gesellschaftliche Reichtum auf unterschiedlichen Ebenen der gesellschaftlichen Hierarchie.

Die Abgaben der Höfe erfolgen zunächst in Form von Naturalien oder Arbeitskraft selbst. Insoweit an den Grundherrenhöfen und Klöstern Produktion stattfindet bezieht sie sich auf die Veredelung der Rohstoffe, wobei der gesamte Personenkreis der Grundherrschaft einbezogen ist [1o]. Rudimentäre Rohstoffproduktion ist an Fest und Spiel gebunden: Jagd, Falknerei etc. [11].

Legitimiert wird diese Distribution durch eine Gegenleistung: den durch die Grundherren und die Landesherren gewährten Schutz der einzelnen Bauernwirtschaften. Erst diese Form funktionaler

---

7 DÖRNER 1974,22

8 BENARD/SCHLAFFER 1978,19f; dies geht zurück auf das germanische Eigentumsrecht an Frauen; SMITH 1979

9 FLANDRIN 1978,9

1o SOMBART 1928,53ff

11 LOFTS 1976,17

Ausdifferenzierung ermöglicht eine ein hohes Mehrprodukt erbringende Produktionsweise: die Dreifelderwirtschaft [12]: die Bauern können sich dauerhaft der Kultivierung des Landes widmen.

Die feudale Distributionsform erzwingt damit einerseits auch die produktive Arbeit aller (im Gegensatz etwa zur Beschränkung derartiger Arbeit auf Frauen in anderen Kulturen) und verhindert den dezentralen Konsum des Mehrproduktes (wie er während Konsumfesten ebenfalls in anderen Kulturen anzufinden ist). Die Zentralisierung des Mehrproduktes schafft die Voraussetzung für Märkte: zentrale potentielle Abnehmer [13].

Die Feudalherrschaft drückt sich aus in einer hierarchischen Ordnung juristischer Gewalten, die selbst wiederum durch reale Gewaltverhältnisse abgesichert sind. Der jeweilige Hofvorstand besitzt je unterschiedliche Gerichtsbarkeiten gegen die innerhalb seines Hofes ihm Unterstehenden wie auch gegen alle abhängigen Höfe. Die Rechtsverhältnisse variieren zeitlich und regional. Verbreitet sind vor allem die Abgabeordnung und die Abhängigkeitsbestimmung, der Schollenzwang und die Mitsprache des Grundherren bei der Besetzung zentraler Positionen der Höfe.

Das Herrschaftsverhältnis als akzeptiertes ist durch die Verteilung der Waffengewalt immer auch abgesichert durch ein Machtverhältnis. Dieses Machtverhältnis eröffnet die Möglichkeit zu herrschaftlicher Willkür. Die Erhöhung des gesellschaftlichen Mehrproduktes ermöglicht die Ausdehnung des Konsums der Grundherrschaft, zunächst in quantitativer dann in qualitativer Hinsicht.

Die Entstehung der Motivation zur Ausdehnung des Konsums auf Seiten der Grundherrschaft ist selbst erklärungsbedürftig; sie wird vor allem auf externe Einflüsse, wie Erfahrungen während der Kreuzzüge, mit internationalem Handel etc. zurückgeführt [14].

Die Agglomeration der ländlichen Feudalrenten in den Händen des Klerus und der Grundherren macht diese zu "Subjekten der Städtebildung" [15]. Sie stellen die potentiellen Abnehmer

---

12 BRUNNER 1968,2o2

13 SOMBART 1928,142ff

14 ebd. 1o3ff

der Waren des internationalen Handels dar und erlauben die Füllung der Städte mit Dienerschaft, Handwerkern und Kaufleuten. Aus deren Reihen heraus entwickelt sich eine neue Sozialform, der zünftisch-frühbürgerliche Haushalt. In ihm werden die historisch neuen Anforderungen spezifischer Arbeitsteilung und Marktgebundenheit auf der Basis wesentlicher Elemente des bäuerlichen und grundherrschaftlichen Hofes integriert.

Die Stadtentwicklung ist einerseits also Konsequenz der feudalen Distribution und stellt andererseits die Voraussetzung für die Entstehung der Märkte dar. Damit wird die Entfaltung der Tauschwirtschaft vorangetrieben. Das sich entwickelnde Tauschsystem besitzt wiederum Konsequenzen für die Form der Abgaben [16]: Naturalrente und Fronarbeit werden in immer stärkerem Maße durch die Geldrente ersetzt, was die stärkere Markteingebundenheit der Abhängigen impliziert. Geldrenten sind im Vergleich zu anderen Abgabeformen besonders vorteilhaft, weil sie Kontrollprobleme und Transaktionskosten minimieren [17]. Parallel zur Entfaltung der Tauschwirtschaft verläuft in weiten Teilen Westeuropas zwischen dem 11. und 14. Jahrhundert der Prozeß der Transformation des Hörigkeitsverhältnisses in die Pachtform, womit das Herrschaftsverhältnis von Seiten der Grundherrschaft aufgekündigt und in ein Vertragsverhältnis umgewandelt wird.

Auch die von der Grundherrschaft vorangetriebene Siedlungsbewegung beinhaltet Momente, die zu einer Erosion der Feudalordnung beitragen. Sollte ursprünglich damit den Problemen des Bevölkerungszuwachses bei gleichzeitiger langfristiger Abgabensicherung und Erhöhung des Machtpotentials der Grundherren begegnet werden, so lassen die Milderung des Schollenzwanges und die oft zugesicherte zeitlich befristete Abgabenfreiheit überhaupt erst ein Bewußtsein von der Möglichkeit abgabefreier Verhältnisse entstehen; damit werden alte Selbstverständlichkeiten zerstört.

Eine ganze Reihe von in einzelnen historischen Phasen unterschiedlichen Prozessen führen zu einer "Vergetreidung" [18] der

---

16 FEUERSTEIN 1979,22

17 KRIEDTKE u.a. 1977,13ff

18 ebd.

landwirtschaftlichen Produktion aufgrund einer Erhöhung der Marktpreise für Getreide: Stadtentwicklung, Ausdehnung des internationalen Handels, Bevölkerungswachstum, Kriege [19].

Bereits innerhalb der Feudalordnung ist durch das vermehrte Konsumbedürfnis der Grundherrschaft ein Rentabilitätshebel gegeben, der in Richtung auf eine Erhöhung der Produktivität der landwirtschaftlichen Produktion wirkt. Die Steigerung der Pachterträge gelingt mittels der Vergrößerung der landwirtschaftlichen Anbauflächen und der Einbeziehung gemeinschaftlich genützter Weideflächen sowie der Verhinderung bäuerlicher Subsistenzorientierung. Konkret beinhaltet dies die Aufkündigung der Pachtverträge der Kleinbauern und die Vergrößerung der Höfe der "landlords", den Entzug der Produktionsmittel für Teile der Bauernschaft: Bauernbefreiung oder Bauernlegen. Dies stellt aber nur den spektakulären Höhepunkt einer Entwicklung dar, die bereits früher einsetzt und kontinuierlich verläuft: der tendenzielle Verlust der Bedeutung landwirtschaftlicher Produktion für die Schicht kleinerer Bauern und deren mehr oder weniger starke Einbeziehung in die ländliche Gewerbeproduktion.

Vier Momente machen diesen Veränderungsprozeß für die Kleinbauern erforderlich und auch attraktiv [2o]: Die Rentabilitätsmaximen fördern bereits vor dem endgültigen Verlust der Produktionsmittel die Differenzierung der Bauernschaft, womit für die (zunehmende Zahl der) Kleinbauern die Subsistenzerfüllung <u>alleine</u> aus der landwirtschaftlichen Produktion nicht mehr gewährleistet ist. Zu den Spezifika landwirtschaftlicher Produktion gehört eine strukturell verankerte saisonale Arbeitslosigkeit, insbesondere wenn der Markt bereits eine Reihe der in Füllarbeit hergestellten Güter liefert; von daher trifft das Angebot für den Kauf von Arbeitskraft auf ein "zero-opportunity-cost system" - dem Angebot steht keine konkurrierende Verdienstmöglichkeit gegenüber. Der Übergang von der Arbeits- zur Geldrente legt den Kleinbauern den Erwerb von Geld zwingend

19 ebd.

2o ebd.

nahe; wenn gleichzeitig die Möglichkeit zur Produktion marktgängiger landwirtschaftlicher Waren eingeschränkt wird, liegt die Orientierung an sonstigen Verdienstmöglichkeiten nahe. Und schließlich knüpft das Kaufangebot für die Arbeit an den gegebenen Lebensformen und Produktionsweisen an, was dessen positive Aufnahme fördert. Obwohl die Ergänzung der Subsistenzerwirtschaftung durch die Verlagsarbeit an Momenten des alten Hofes anknüpft, ja geradezu von ihnen abhängig ist, führt deren Integration zu erheblichen Veränderungen der Sozialform und zu deren Transformation in den <u>protoindustriellen Haushalt</u>[21].

Wie entsteht auf der anderen Seite das Kaufangebot für die ländliche Arbeitskraft? Die Verstädterung und die entstehende Stadt-Land-Arbeitsteilung stellt zunächst einen starken Motor für die Entwicklung der Gewerbe dar, verliert diese Funktion dann aber durch die zünftische Organisation des Gewerbes in der Stadt, deren rigide Produktionsprinzipien ein relativ inelastisches Warenangebot zur Folge haben. Angesichts sich erhöhender Nachfrage, deren Genese hier nicht weiter nachgegangen wird, entwickelt sich die Bereitschaft des Handelskapitals, die gewerbliche Produktion auf das Land auszudehmen. Dabei kann direkt an die Qualifikationen der bäuerlichen Bevölkerung angeknüpft werden, für die kleingewerbliche Produktion immer schon Bestandteil der Gesamtproduktion war. Hinzu kommt, daß die spezifische Subsistenzorientierung des "ganzen Hauses" die Erzielung eines Extra-Profites ermöglicht: die bäuerlichen Gewerbetreibenden können unter dem Wert ihrer Arbeitskraft entlohnt werden, da ihre Subsistenz zunächst durch zusätzliche eigene Gebrauchswertproduktion gesichert ist.

Für das realhistorische Auftreten der "gewerblich verdichteten Räume"[22] spielen eine Reihe differenzierender Faktoren eine besondere Rolle, z.B. die Qualität der Böden, die Qualität des grundherrschaftlichen und nachbarschaftlichen Zusammenhanges, die Höhe der Feudalquote und die Höhe des Steuerdrukkes.

---

21 Der Haushaltstyp erhält diesen Namen im Anschluß an die Bezeichnung der Phase der "Industrialisierung vor der Industrialisierung" durch KRIEDTKE et al. 1977.
22 KRIEDTKE et al. 1977

Bislang wurde auf eine ganze Reihe von Momenten hingewiesen, in denen der Zerfall feudaler Selbstverständlichkeiten deutlich wird. Die feudale Herrschaftsordnung wird obsolet, weil sich der Lebensstandard des Adels von der übrigen Bevölkerung wegentwickelt und weil die Schutzfunktion der Grundherrschaft durch die Zentralisierung der Gewalt beim entstehenden Staat und die Verringerung kriegerischer Auseinandersetzungen auf den niedrigen Ebenen feudaler Herrschaft weitgehend wegfällt; Beides entzieht der Feudalordnung ihre Legitimität. Dies drückt sich aus im Übergang von der Arbeits- zur Geldrente, in der Milderung des Schollenzwangs, im Entstehen der Städte mit ihrer relativen Unabhängigkeit von der feudalen Herrschaftsordnung, im Bauernlegen, mit dem die Grundherrschaft die Schutzpflicht verletzt, in der Lockerung der Heiratsbeschränkungen. Das Überschreiten alter Grenzen wird aber auch auf anderen Ebenen sichtbar, die hier nicht weiter verfolgt werden: im Verlassen des europäischen Kontinents, im Entstehen neuer Weltbilder und Deutungsmuster, Religion und Naturwissenschaft.

Hier soll noch auf ein Moment der Entgrenzung genauer eingegangen werden: die tendenzielle Aufhebung der Herrschaft des Mannes über die Frau. Innerhalb des grundherrschaftlichen Hofes vermögen die Frauen durch die kriegsbedingte Abwesenheit ihrer Männer eine selbständige Stellung zu erwerben, die sie schließlich in besonderem Maße prädestiniert für die Übernahme der calvinistischen Lehre [23]. Die Stadtverfassung und das Zunftrecht räumt den Frauen eine relative Unabhängigkeit vom Mann ein, und im protoindustriellen Haushalt scheinen sich die Frauen sowohl im Hinblick auf die Verteilung der Arbeiten als auch in Bezug auf die Stellung innerhalb und außerhalb des Haushaltes kaum von den Männern zu unterscheiden. Damit geht die Natürlichkeit und Selbstverständlichkeit der Herrschaft des Mannes über die Frau verloren und bedarf - soll sie dennoch aufrechterhalten bleiben - neuer Legitimation. Es soll keineswegs die Gewaltförmigkeit des Prozesses neuer Herrschaftsstrukturierung geleugnet werden, wie sie sich vor allem in den Verfolgun-

---

23 ROELKER 1971

gen von Frauen als Hexen ausdrückt [25]. Insgesamt braucht die Gesellschaft allerdings ein Herrschaftssystem, das auch von den Frauen selbst getragen wird, nicht auf der Unterdrückung, sondern eben auf der legitimisierten Herrschaft basiert. Das Entstehen der bürgerlichen Familie soll im folgenden auch unter diesem Aspekt thematisiert werden, wobei jedoch angenommen wird, daß es sich hierbei eher um implizite Nebenfolgen denn um beabsichtigte Prozesse handelt. Diese Phase der Entwicklung wird in der Spannung von Entgrenzung (aus den mittelalterlichen Feudalstrukturen) und neuer Begrenzungen gesehen [26]. Wie kommt die Tendenz zur Begrenzung zustande?

Zunächst entstehen massive Probleme, zu deren Bewältigung die alten feudalen Strategien nicht mehr hinreichen. Die mit der Befreiung der Bauern entstehende Masse von Bettlern und Armen kann nicht mehr auf die feudale Almosen- und Versorgungspflicht rekurrieren, einerseits, weil ihre Zahl zunimmt, andererseits, weil sie ja gerade Opfer einer Orientierung sind, die diese Schutzpflicht aufkündigt [27]. Sie verunsichern die Handelswege und stören das Stadtbild. Sie konfligieren mit den entstehenden bürgerlichen Ordnungsvorstellungen und stellen eine Provokation für die sich zentralisierende Gewalt in Form des Staates dar. Ähnlich widersprüchlich verhält sich die Lebensweise der Mitglieder des protoindustriellen Haushaltes gegenüber bürgerlichen Verhaltensmaximen, besonders die in diesem Rahmen entstehende "plebejische Öffentlichkeit" mit ihrem (relativ) exzessiven Prestigekonsum [28].

Die Subjekte der neuen Begrenzungen finden sich einerseits in den "alten" Kräften, der Reaktion und Gegenreformation, andererseits in Staat und Bürgertum. Die Methoden beinhalten ein breites Spektrum, von der Gewalt bis zum Vorbild. Offen zutage tritt die Disziplinierung etwa in der Blutgesetzgebung Eng-

---

25 BECKER et al. 1978

26 THEWELEIT 1977

27 AUMÜLLER 1974,32

28 KRIEDTKE et al. 1977,144ff

lands [29], den Internierungsstätten des Absolutismus [3o], der Verfolgung der Hexen, aber auch in dem Kampf gegen Prostitution, kollektive und öffentliche Vergewaltigungen und verschiedene Sexualpraktiken [32]. Wie sehr die Reaktion dabei selber den Prozeß der Entstehung von Selbstkontrolle und Selbstbeoachtung mitträgt ist beispielhaft an der Ausweitung des Geständnisses über die Sexualität demonstriert [33]. Erstreckte sich die Beichte früher nur auf die Geständnisse von Vollzügen, so wird jetzt die "Selbstprüfung der Gedanken, Begehren, wollüstigen Vorstellungen, Ergötzungen" gefordert [34]. Und gerade die Verbreitung von Kirchenglocke und Kirchenuhr läutet ein neues Zeitalter ein: es wird das Fundament geschaffen für die Verankerung einer linearen Zeitstruktur in der Bevölkerung [35].

Dem frühen Bürgertum liegt die Selbstbegrenzung nahe; sich selbst eine Ordnung zu verleihen ist genau das Prinzip, mit dem es den zünftischen Handwerkern gelang, ein konkurrenzloses subsistenzorientiertes Auskommen zu schaffen. Die wirksame Aufnahme des protestantisch-calvinistischen Weltbildes wird verständlich, wenn man die Erfahrung der Effizienz dieser Selbstdisziplinierung, deren kritische Potenz gegenüber dem konsumptiven Müßiggang und dem nicht maßvollen Leben des Adels gegenüber berücksichtigt.

Die bürgerliche Familie ist die Sozialform, mit der Entgrenzungsprozesse ihre relative Begrenzung erfahren. Mit der Begrenzung von Lust und Sexualität auf die Ehe wird die Gleichsetzung von "Fleischeslust und Sünde" überwunden; der Protestantismus drängt die Frau in das Haus zurück, wobei allerdings die Bedeutung des Hauses als Grundlage aller Lebensbereiche

---

29 MARX 1969,659ff

3o DÖRNER 1975

31 BECKER et al. 1978

32 FLANDRIN 1978,22off

33 FOUCAULT 1978,28ff

34 ebd. 3o

35 THOMPSON 1973

erhöht wird [36]. Die gleichzeitig entstehende Wesensideologie, mit der ein Zusammenhang von Frausein und Unvernunft, Irrationalität, Emotionalität, Passivität und Schutzbedürftigkeit konstruiert wird, legitimiert die "Verhäuslichung der Frau" und die Herrschaft des Mannes, die entsprechend dem feudalen Vorbild wieder als Herrschaft- und Schutzverhältnis eingerichtet wird. Bei der genaueren Besprechung der bürgerlichen Familie wird der Anteil der Frauen an ihrer Entstehung und Aufrechterhaltung deutlich werden.

Mit der bürgerlichen Familie entsteht - eher implizit - ein Setting, in dem die bürgerliche Subjektstruktur sich reproduzieren kann: Mutterliebe und Erziehung werden zu sozialen Institutionen.

Mit dem Erstarken des Bürgertums in wirtschaftlicher und politischer Hinsicht fällt die städtische Zunftordnung, und das Verlagssystem wird obsolet. Die Zentralisierung der Produktion bietet den Vorteil geringerer Transaktionskosten und des Einsatzes neuer Technik und Energieversorgung; beides wird selbst wieder ermöglicht durch die Zentralisierung auch kleiner Kapitalien in Form von Aktiengesellschaften, durch die Fortschritte in Naturwissenschaft und Technik. Das Fabriksystem entsteht; die Städte mit Industriebetrieben wachsen außerordentlich schnell. Auf welche Ressourcen an Arbeitskraft kann das Fabriksystem zurückgreifen?

In Bezug auf die rein quantitative Versorgung mit Arbeitskraft bieten sich die mit dem Bauernlegen Freigesetzten an; mindestens genauso wichtig für die Rekrutierung der Arbeiterschaft dürfte aber die geringer gewordene Bindungslosigkeit der dörflichen Bevölkerung sein, die ihrerseits wieder auf die Veränderung der dörflichen Struktur zurückgeht. Die Betroffe-

---

36 BECKER et al. 1978,21 ; dem entspricht die Auffassung von der weiblichen Sexualität: für die Puritaner war die sexuelle Lust von Frauen und Männern vergleichbar, die Calvinisten gingen von der Gottgegebenheit der Sexualtriebe bei beiden Geschlechtern aus; Frauen galten eher als leidenschaftlicher, weil ihre Fähigkeit zu rationaler Kontrolle geringer eingeschätzt wurde; sexuelle Aktivitäten konnten noch von Frauen ausgehen (COTT 1978,222).

nen werden sich von der Fabrikarbeit im allgemeinen eine Verbesserung ihres Lebens versprochen haben [37], ein Aspekt, der angesichts der Gewaltförmigkeit der ursprünglichen Akkumulation wohl zu wenig gesehen wird.

Schon vor der Fabrikarbeit zieht insbesondere die Institution der Dienstbotenschaft zunächst Frauen und Männer gleichermassen in die Städte, wobei die Ausdehnung der Dienstbotenschaft eng an das Entstehen eines eher konsumorientierten wohlhabenden Bürgertums gebunden ist. Die Institution besitzt in mehrfacher Hinsicht Bedeutung: erstens werden aufgrund ihrer Wirkung Landleute zu Städtern [38]; der Transformationsmechanismus setzt eng an den bäuerlichen Verhältnissen an, die Umstellung vollzieht sich langsamer, als wenn die Bauern direkt in die Fabrik gingen. Zweitens setzt die Verweiblichung der Dienstbotenschaft im 19. Jahrhundert männliche Arbeiter für die Fabrik frei und drittens ist damit eine reale Verbindung zwischen bürgerlichen und proletarischen Lebensweisen hergestellt, was vermutlich eine besondere Relevanz für die spätere "Familialisierung" des Proletariats hat. Hierbei handelt es sich wieder um heimliche, d.h. nicht von Subjekten intendierte Prozesse und Funktionen.

Insofern die Fabrik an gegebene Qualifikationen der Arbeitenden anknüpfen kann, nimmt sie zunächst keinerlei Rücksicht auf das Geschlecht oder Alter der Arbeiter: Männer, Frauen und Kinder werden gleichermaßen in den industriellen Verwertungsprozeß einbezogen. Zunächst wird sogar versucht, den ganzen Haushalt zu integrieren. Dies entspricht vor allem den Orientierungen der Mitglieder des protoindustriellen Haushaltes, in dem ebenfalls alle Personen zur Gesamtproduktion beitrugen, aber auch dem Verwertungsinteresse des Kapitals, eine extensive Ausweitung der Mehrwertproduktion vorzunehmen [39].

Die folgenden neuen Anforderungen müssen im proletarischen Haushalt auf der Basis der Orientierungen integriert werden, die den älteren Haushaltstypen entsprechen:

1. der Übergang zu abstrakter Arbeit und der gänzliche Verlust eigener Produktionsmittel,

---

37 SCHNEIDER 1967,121

38 McBRIDE 1976,118ff

39 MARX 1969, 353ff

2. der räumliche Mobilismus, bzw. der Übergang in das städtische Milieu [40],
3. die Auslagerung der Lohnarbeit aus dem Haushalt.

Die bloße physische Existenz der Arbeitskraft ist für das Fabriksystem gewährleistet. Problematischer ist es mit den für die Fabrikarbeit erforderlichen Motivationen und Qualifikationen. Dies bezieht sich weniger auf die gegenstandsbezogenen Fähigkeiten der Industriearbeiter selbst, weil das Kapital hier an gegebenen Qualifikationen anknüpfen kann oder aber die Arbeitsprozesse sich auf schwere körperliche Tätigkeiten reduzieren, so daß eher von einem Dequalifikationsprozeß auszugehen ist. Vielmehr handelt es sich um die mit der tauschbezogenen Überformung des Gegenstandsbezuges in Zusammenhang stehenden Fähigkeiten: Akzeptieren linearer Zeitstrukturen, Pünktlichkeit, Trennung von Arbeit und Leben, Verzicht auf Befriedigung vitaler Bedürfnisse während der Arbeit, Kalkulation u.a.m. Die bäuerliche Subsistenzorientierung führt z.B. dazu, daß mit der Steigerung der Entlohnung die aufgewendete Arbeit eingeschränkt wird; auch in dieser Hinsicht stellt der protoindustrielle Haushalt ein Setting dar, in dem Qualifikationen entwickelt werden, die von der Industrialisierung später aufgenommen werden können, z.B. die Verbreitung des Prestige-Konsums und damit auch einer neuen Einkommens-Orientierung. Die industriellen Anforderungen an das Sozialverhalten erfordern eine Umstrukturierung des Sozialcharakters [41].

Der Kampf gegen Müßiggang und Faulheit wird überall vorangetrieben: in Predigten, mit der Abschaffung von Jahrmärkten und Volksbelustigungen [42]. Innerhalb des Fabriksystems wird die neue Zeitorientierung und -disziplin durch Aufseher, Denunziantenbelohnung, Kontrollkarte und Lohnanreize durchzusetzen versucht. Dort wo sich die kapitalistische Arbeitsmoral auch mit Gewalt nicht durchsetzen läßt, wie z.B. bei der Institution des "Blauen Montags", soll dem wenigstens die Schärfe genommen werden, z.B. durch die Integration des Montags in

---

40 Noch 1900 waren etwa 30% der Haushalte mit 8 Mitgliedern in Essen im vergangenen Jahr umgezogen (BRÜGGEMEIER/NIETHAMMER 1978,148).

41 ZIEHE 1975,50

42 THOMPSON 1973,94,99

den bürgerlichen Kulturkonsum, das Anbieten von Festveranstaltungen [43].

Als besonders vorteilhaft für die Durchsetzung der neuen Orientierungen erweist sich das - damit gar nicht in direktem Zusammenhang stehende - Zerschlagen des dörflichen Kontextes und die damit verbundene Orientierungslosigkeit, Apathie und Verunsicherung der frühen Arbeiterschaft; deren frühe Widerstandsformen knüpfen auch durchwegs am "Alten" an, sei es in der Form der Maschinenstürmerei oder auch der Petitionen an die Obrigkeit, in denen an deren Schutzpflicht appelliert wird [44].

Als gelungen in der Angepaßtheit an die neue Funktionsweise der Gesellschaft kann die Sozialisation der Arbeiter gerade dann bezeichnet werden, als ihr eigenes Anspruchsverhalten sich innerhalb des neuen Rahmens bewegt; die Verinnerlichung der Zeitstruktur zeigt sich z.B. am Kampf um die Länge des Arbeitstages [45].

Auch das Entstehen des Armen- und Fabrikschulwesens wird wohl zunächst vor allem im Hinblick auf die Hervorbringung des neuen Sozialcharakters und der geforderten Fähigkeiten wie Zeitdisziplin, Unterordnung etc. zu sehen sein [46], insbesondere wenn die inhaltliche Irrelevanz des Unterrichtsstoffes für die Produktionsarbeiten berücksichtigt wird [47]. Die Einführung der Schulpflicht impliziert außerdem die Lösung von Problemen der Verwahrlosung und Disziplinierung, wie sie sich mit dem Verbot der Kinderarbeit bei gleichzeitiger Beibehaltung der Lohnarbeit beider Eltern ergeben.

Das Verbot der Kinderarbeit stellt die Antwort des Staates auf die mit der extensiven Kapitalverwertung einhergehenden Dysfunktionalitäten für eben diesen Verwertungsprozeß selbst, bzw. dessen Rahmenbedingungen dar. Die Kinderarbeit wird zum

---

43 REID 1979,286ff

44 VOBRUBA 1978, 136f

45 THOMPSON 1973,97

46 THOMPSON 1973,95; RÖDEL/GULDIMANN 1978,41; AUMÜLLER 1974, 46ff

47 ZIEHE 1975,50

einen verantwortlich gemacht für den mangelhaften körperlichen Zustand der Rekruten, womit die äußere Sicherheit und die Existenz des Staates selbst gefährdet werden und zum anderen in Verbindung gebracht mit der regionalen und qualifikatorischen Inflexibilität der Arbeiter angesichts erster kapitalistischer Krisenzyklen [48].

Diese für den sich entfaltenden Kapitalismus problematischen Erscheinungen stellen einen der Ausgangspunkte dar für die Familialisierung des proletarischen Haushaltes. Diese Familialisierung soll aber nicht funktionalistisch aus der damit einhergehenden Problemreduktion erklärt werden, sondern vielmehr als immer auch problematisches und widersprüchliches Resultat von

1. staatlichem Handeln, das diese Familialisierung als Ergebnis direkt anstrebt, wobei aber offenbleibt, ob damit ausgerechnet auch derartige andere Probleme angegangen werden sollen,
2. staatlichem Handeln, das diese Familialisierung als indirektes Ergebnis von Veränderungen in völlig anderen Bereichen hervorbringt und
3. Orientierungen, Wünschen und Bedürfnissen, die sich innerhalb der Arbeiterschaft selbst ausbilden und die an Erfahrungen der Arbeiter anknüpfen und zugleich Reaktion auf veränderte äußere Bedingungen sind.

Mit dem Verbot der Kinderarbeit entsteht Kindheit als abgrenzbare Phase auch im Proletariat; Kinder sind - zumindest der Norm zufolge - geschützt vor dem "eigentlichen" Leben. Die Schulpflicht hat Rückwirkungen in Richtung auf eine Disziplinierung der Eltern [49]. Ein weiteres Moment verordneter Familialisierung liegt im Zwang der Ehe, wie er mit der verschärften Verfolgung des Konkubinats auch faktisch zum Ausdruck kommt; dies dürfte seinen Grund allerdings weniger in dem staatlichen Bemühen um die Aufrechterhaltung des Gesamtarbeiters - eines bevölkerungspolitischen Momentes also - haben [5o], als vor allem in der Unterwerfung dieser Lebensform unter formal-rechtlich handhabbare Bedingungen.

---

48 HARTMANN 1974

49 FEUERSTEIN 1979,135

5O Dies ist der Kern der Argumentation von HEINSOHN/KNIEPER 1974,23ff

Staatliches Handeln fördert die Familialisierung indirekt durch Frauenschutzmaßnahmen und die Herstellung der Sozialstaatlichkeit. Diese kann auch als Versuch verstanden werden, das sich im Anschluß an die Orientierungslosigkeit der frühen Arbeiterschaft entwickelnde kollektive Anspruchsverhalten in systemintegrative Bahnen zu lenken [51]. Die selbständige Organisation von Versicherungen der Arbeiterschaft ("autonome Vergesellschaftung der Reproduktionsbedingungen") wird durch deren staatliche Organisation ("hoheitliche Vergesellschaftung") ersetzt und verbessert. Dies impliziert ein Moment sozialer Kontrolle insofern, als damit die Kollektivorientierung der Arbeiter gebrochen wird und an ihre Stelle ein individualisiertes Anspruchverhalten des Arbeiters an eine staatliche Organisation tritt [52]; dabei handelt es sich allerdings um eine relative Individualisierung, da die Inanspruchnahme der Versicherung sich meist auf dessen ganze Familie bezieht.

Die wichtigste Voraussetzung für die Herausbildung der proletarischen Familie liegt in der Durchsetzung des Familienlohnes. Erst die sich auftuende Schere höherer Arbeitereinkommen und sinkender Preise für die Subsistenzmittel aufgrund der Massenproduktion schafft die prinzipielle Möglichkeit für die Arbeiterfrau, weder industrieller Lohnarbeit nachgehen, noch einfache Warenproduktion betreiben oder Kostgänger versorgen zu müssen [53]. Die Erhöhung des Lebensstandards breiter Teile der Bevölkerung fördert die Trennung von Arbeitern und Armen, eine weitere Voraussetzung für die Verbürgerlichung der Arbeiterschaft [54]. Im Rahmen ausgedehnter Kampagnen zur Verminderung der Säuglingssterblichkeit wird die berufstätige Mutter als verantwortliches Subjekt stilisiert und in den Haushalt ge-

---

51 VOBRUBA 1978,138f

52 RÖDEL/GULDIMANN 1978,26ff,37f

53 Diese Bedingungen sind im Deutschen Reich gegen Ende des vergangenen Jahrhunderts gegeben; zwischen 1871 und 1913 steigen die Nominallöhne mit wenigen Einbrüchen schneller als die Lebenshaltungskosten (SCHNEIDER 1967,121). Die Ausgaben für Grundnahrungsgüter steigen in Preußen von 1851 bis 1911 um 114 vH, die Löhne erhöhen sich im gleichen Zeitraum um 268 vH (ebd.123).

54 ENGELSING 1973,22

drängt [55]. Ein direkter Transmissionsmechanismus bürgerlicher Familienverhältnisse in den proletarischen Haushalt scheint in der Dienstbotenschaft der Frauen zu bestehen. Mittels des Dienstbotenstatus kommen relevante Teile der weiblichen Unterschicht in direkten Kontakt mit dem bürgerlichen Lebensmilieu. Bis zur Mitte des vergangenen Jahrhunderts verdingte sich etwa 10% der Bevölkerung als Dienstboten; 85% davon waren Frauen. Da die Dienstbotenzeit ein biographisches Durchgangsstadium darstellt, kann davon ausgegangen werden, daß eine große Zahl von Arbeiterfrauen in ihrer Lebensgeschichte eng mit dem bürgerlichen Leben konfrontiert wurde. Es ist sehr wahrscheinlich, daß auf diese Weise für das Bürgertum relevante Normen und Werte in die Unterschicht transferriert werden [56].

Im Proletariat selbst könnte die Motivation zu Privatisierung und Abschottung gerade durch die Entstehung einer proletarischen Kultur und Öffentlichkeit hervorgerufen werden. Mit der Konsolidierung des proletarischen Lebens restabilisieren sich auch die alten "community ties" und alte Formen sozialer Kontrolle werden reinstitutionalisiert. Dies widerspricht der mit der Mobilität errungenen Unabhängigkeit von kontextueller Kontrolle.

Die Industrialisierung verändert aber auch die nicht-proletarischen Lebensverhältnisse erheblich. Für viele zünftische Handwerker bringt die Gewerbefreiheit Konkurrenzunfähigkeit und Proletarisierung. In dieser Situation liegt es nahe, mit Hilfe gesetzlicher Bearbeitungsmonopole jeweils ganze Gruppen von Konkurrenten vom Markt fernzuhalten, bzw. hinauszudrängen. Dieses Bemühen kann auf die mit der bürgerlichen Familie entstandene Ideologie über das Wesen der Frau und deren Zuordnung zur Hauswirtschaft rekurrieren und erlaubt es, die ganze Gruppe der Frauen in einzelnen Gewerbezweigen als selbständige Konkurrentinnen auszuschließen [57]. In dem Maße, in dem die Frauen dann als Selbständige vom Markt verdrängt sind, wird die We-

---

55 DYHOUSE 1978

56 McBRIDE 1979,119f

57 GERHARD 1978,36ff

sensideologie verstärkt und reifiziert; zugleich entsteht der Zusammenhang zwischen der Höhe des Frauenanteils bei einzelnen Arbeiten und der Bewertung der Arbeit. Da die Beschäftigung der Frauen in abhängiger Stellung dagegen weiterhin erlaubt ist, hat diese Veränderung in jedem Falle auch die Bedeutung, daß die Herrschaft des Mannes über die Frau auch unter den neuen ökonomischen Bedingungen aufrechterhalten wird; auch hierbei handelt es sich vermutlich eher um ein implizites Ergebnis eines aus anderen Gründen vorangetriebenen Prozesses.

Am engsten an die Verhältnisse der bürgerlichen Familie knüpft die Unternehmerfamilie an; allerdings verliert die Arbeit der Frau ihre für die wirtschaftliche Existenz der Hauswirtschaft wesentliche Bedeutung und erhält weitgehend repräsentativ-reproduktiven Charakter. Frauen treten als industrielle Unternehmerinnen m.W. nicht auf. Der wichtigste Grund hierfür dürfte zunächst in der Zuordnung der Männer zu jenen Wirtschaftsbereichen des Hauses liegen, mit denen der Übergang von der Gebrauchswertproduktion zur Kapitalakkumulation vollziehbar ist. Daneben spielen sicherlich weitere Momente eine Rolle. Wenn z.B. die besondere Bedeutung der Reisen der frühen Industriellen für die Verbreitung des technischen know how betont wird [58], so läßt sich diese Anforderung erheblich besser in die Normalbiographie bürgerlicher Männer integrieren als in die der Frauen.

Neben der Industriellen-Familie wächst im Zusammenhang mit der Ausdehnung des Staatsapparates und dem Bedarf der Unternehmen an hochqualifizierten Technikern der Typus der <u>statusorientierten spätbürgerlichen Familie</u> aus der alten bürgerlichen Familie heraus. Dieser Typus ist gekennzeichnet durch die vollständige Auslagerung der den Bestand des Haushaltes sichernden Arbeit aus diesem; im Gegensatz zur Entstehung der proletarischen Familie erfolgt die Trennung von Erwerbssicherung und Haushalt im Anschluß an die Familialisierung.

Die zentrale Aufgabe dieser Familie besteht in der Herstel-

---

58 REDLICH 1968,344

lung des Standes. Mit der Aufklärung und dem Erstarken des Bürgertums wird die feudale Herrschaftsordnung mit ihrer durch Geburt abgesicherten und zugeschriebenen Standeszugehörigkeit obsolet. Leistungsideologie, Karrierewege und achieved status sind Resultate des bürgerlichen Kampfes gegen die alte Ordnung. Jede neue Ungleichheitsordnung muß sich auf das Gebot formaler Gleichheit beziehen und bedarf neuer Legitimationen.

Eine besondere Stellung im Rahmen der Perpetuierung sozialer Ungleichheit nimmt das Berufssystem ein. Mit den Berufen entstehen Indikatoren für die Standesangemessenheit, indem an sie Prestige und Reproduktionschancen geknüpft sind [59]. In dem Maße, in dem das Ergreifen des Berufes an feste Ausbildungswege gebunden wird, kann soziale Ungleichheit mittels Berufe perpetuiert werden, ohne daß das formale Gleichbehandlungspostulat tangiert wäre, wenn die unterschiedlichen Herkunftsmilieus ihren Kindern verschiedene Grundqualifikationen mit auf den Weg geben, die im Schul- und Ausbildungssystem höchst unterschiedlich in die inhaltlich geforderten Fähigkeiten passen.

Üblicherweise wird in der Familiensoziologie der mit der Industrialisierung und der Entstehung von Dienstleistungseinrichtungen verbundene Funktionsverlust der Familie betont; die vorangegangene Darstellung zeigt allerdings gleichzeitig eine erhebliche Zunahme der Aufgaben der Familie. Von diesen Veränderungen ist wesentlich die Arbeit der Frau betroffen; mit der Verringerung der Hausarbeit im engen Sinne [60] verliert die Tätigkeit der Frau allerdings die Bedeutung von Arbeit. Sie wird umgangssprachlich auch nicht mehr so benannt - im Gegensatz zu den Resten von Haus<u>arbeit</u>, die verbleiben. Der Verlust der Bedeutung von Arbeit ist eng gekoppelt mit der Ideologie

---

59 BECK/BRATER 1978,44ff

60 Damit sind die umgangssprachlich unproblematisch zu benennenden eindimensionalen Arbeiten gemeint, wie Kochen, Bügeln, Waschen usw.; die Struktur der Hausarbeit geht nicht in der Addition derartiger Arbeiten auf (OSTNER 1978).

über das Wesen der Frau [61].

Die Distanzierung des Bürgertums von den Unterschichten entfremdet Herrschaft und Dienstbotenschaft voneinander. Deren Verhältnis gewinnt immer mehr den Charakter der Lohnarbeit, wobei es außerdem von den für die Dienstboten negativen Momenten der feudalen Herrschaft überlagert ist und kaum mehr ihre Ergänzung findet in der patriarchalischen Sorgepflicht der Herrschaft [62]. Mit der zunehmenden Distanzierung wird das Verhältnis von Dienstbotenschaft und Herrschaft problematischer; die Kontrollerfordernisse steigen und die Dienstboten nehmen Alternativen wahr, sobald sie sich ihnen bieten: Heirat oder Fabrikarbeit. Bei beiden Personengruppen existieren Motivationsansätze, das Verhältnis aufzulösen [63].

Eine Reihe von Entwicklungsprozessen fördert die Möglichkeit und Bereitschaft des Bürgertums, auf die Dienstboten zu verzichten: einerseits vermindern das wachsende Marktangebot von Konsumgütern, der expandierende Dienstleistungssektor und die Verbesserung der Haushaltstechnik die Notwendigkeit der Beschäftigung von Dienstboten, andererseits führt die Dienstbotenverknappung zu erheblichen Lohnsteigerungen der Dienstboten [64]. Damit setzt sich im Bürgertum die <u>Reduzierung der Haushaltsgröße</u> durch. Die <u>moderne Kleinfamilie</u> entsteht.

Eine ähnliche Entwicklung zeigt sich auch für die proletarische Familie. In dem Maße, in dem der Bereich klassisch produktiver Lohnarbeit an Bedeutung verliert und das Ausbildungssystem schulische und berufliche Ausbildung auch proletarischen Kin-

---

61 z.B. v.STEIN zit. n. GERHARD 1978,67f

62 GERHARD 1978,55

63 BOCK/DUDEN 1977,155; der Umfang des häuslichen Personals nimmt gegen Ende des 19.Jahrh. stark ab. Dies stellt auch eine Folge des reduzierten Reservoirs für die Dienstbotenschaft dar, wie sie sich mit der Verschiebung der Bevölkerungskonzentration in Stadt und Land ergibt. Bis 1850 liegt der städtische Bevölkerungsanteil unter 25%, zwischen 1850 und 1910 steigt dieser Anteil auf 60%.

64 BOCK/DUDEN 1977,155

dern in stärkerem Maße zugänglich macht entwickelt sich eine strukturgleiche moderne Kleinfamilie hier quasi von unter her.

Für diese moderne Kleinfamilie gelten die üblicherweise in der Familiensoziologie diskutierten Funktionen der Familie für die Individuen und die Gesellschaft: Sozialisation, Plazierung, Konsum, gemeinsames Wirtschaften, Freizeitgestaltung, aktuelle Reproduktion der Arbeitskraft. Variationen innerhalb dieses Typus lassen sich mit dem Schichtbegriff relativ gut erfassen[65]. Kennzeichnend für diese Kleinfamilie ist der Zusammenhang von Beruf und Hausarbeit mit seiner geschlechtsspezifischen Zuordnung der Arbeitsbereiche und seiner Komplementarität. Beide Bereiche sind zunächst strukturgleich im Hinblick auf die Zeitperspektive und die Familienzentrierung; die Ehe ist lebenslang konzeptualisiert und der Beruf soll lebenslange Reproduktion ermöglichen; die berufliche Arbeit dient der Familie genauso wie die Hausarbeit . Beide Institutionen besitzen eine "doppelte Zweckstruktur"[66]. Indem sie den involvierten Individuen je unterschiedliche Zwecke erfüllen, werden gleichzeitig gesellschaftliche Zwecke erreicht.

In dieses Verhältnis von Beruf und Familie sind allerdings Widersprüche eingelassen, die zu gegenwärtig beobachtbaren Veränderungen führen. Als Subjekte dieser Veränderung erscheinen vor allem die Frauen.

Die geschlechtsspezifische Zuordnung zu den einzelnen Bereichen ist immer prekär, weil die Einbeziehung der Frauen in das Erwerbsleben nach Maßgabe konjunktureller Notwendigkeiten naheliegt[67], das Gleichheitsgebot zu einer Gleichbehandlung der Geschlechter in der Grundausbildung führt, und die Frauen damit immer strukturellen Brüchen in ihrer Biographie ausgesetzt sind, die eine glatte Sozialisation in die traditionelle Frau-

---

65 Wenngleich die dabei auftretenden Probleme nicht unerheblich sind; vgl. die entspr. noch unabgeschlossene Diskussion in der empirischen Sozialisationsforschung

66 BECK/BRATER 1978,276

67 JURCZYK 1978

enrolle nahezu verunmöglicht [68].

Zugleich zeichnen sich Veränderungen der Anforderungsstruktur der Hausarbeit ab, die im Gegensatz stehen zur Wesensideologie des Frauseins. Die Pädagogisierung der Erziehung beinhaltet ja gerade die Ablehnung der Auffassung, gelingende Erziehung erfordere nichts weiter als den Ausdruck weiblichen Wesens. Die Verberuflichung der Hausarbeit zeichnet sich dabei zugleich als eine der Strategien ab, mit denen altes Frauenbild und bruchhafte weibliche Sozialisation mit den gesellschaftlichen Ansprüchen genauso in Einklang gebracht werden können wie mit den Tendenzen radikaler Individualisierung, die vom Berufssystem ausgehen.

Der Beruf bietet vor allem Männern Möglichkeiten zur Formierung individualisierter Identität durch Karrieremöglichkeiten, besonderen Gratifikationen, Ausbildungs- und Mobilitätsentscheidungen. Zunehmende Flexibilitätsanforderungen erlauben und erfordern eine weitgehende Kontextunabhängigkeit, wobei dem durchaus nicht widerspricht, daß die Männer gerade angesichts dieser vermehrten Unsicherheiten in der Familie Kontinuität suchen.

Die Frauen werden dabei allerdings zu bloßen Anhängseln, wobei ihnen sogar die Möglichkeit zu abgeleiteten oder "Huckepack"-Identitäten ("Frau Hofrat") weitgehend eingeschränkt wird; die Isolation der Familie und die Mobilität verhindern die zur Konstitution solcher Identitäten erforderlichen Außenwahrnehmungen und Fremdhandlungen und die Phasen der weiblichen Sozialisation, in denen Individualität abgefordert wird erlauben keine Formierung derartiger Persönlichkeitsstrukturen mehr. Realisationsstrategien des Kapitals tragen das ihre dazu bei, indem die Werbung sich an individuelle Bedürfnisse und Ängste richtet; und die realistischerweise verringerte Tragfähigkeit des Glaubens an die lebenslange Existenz der Ehe und damit der ökonomischen Sicherung der Frau bildet eine weitere handfeste Grundlage von Unabhängigkeitsbestrebungen. Umgekehrt scheint

---

68 LEVY 1977, PROKOP 1976

es durchaus denkbar, daß diese von Frauen induzierten Veränderungen im Sinne der Verbreitung flexibler und unabhängiger Individuen implizit funktional in die Entwicklungstendenzen des Beschäftigungssystems greifen.

In dieser kurzen Darstellung wurden die folgenden Sozialformen entwickelt:

Bauernhof
(Grundherrenhof)
(aristokratischer Hof)
zünftisch-frühbürgerlicher Haushalt
protoindustrieller Haushalt
bürgerliche Familie
statusorientierte Familie
proletarischer Haushalt
(proletarische Familie)
(moderne Familie)

Die nicht in Klammern stehenden Typen werden im folgenden etwas genauer im Hinblick auf ihre innere Struktur, die geschlechtsspezifische Aufgabenverteilung, die Bewertung der Arbeiten, in ihrem Verhältnis zu Gesellschaft und Öffentlichkeit dargestellt.

3. Typologie der Sozialformen

3.1. Bauernhof

Beim bäuerlichen Hof handelt es sich um eine in wirtschaftlicher Hinsicht relativ autarke, in sozialer Hinsicht allerdings weitgehend vorstrukturierte Institution. Die Autarkie bezieht sich darauf, daß die zum Lebensunterhalt und zur Produktion erforderlichen Mittel nahezu ausschließlich innerhalb des Hofes produziert und gehortet werden, d.h. ein Rückgriff auf den Markt oder andere Produzenten nur in geringem Maße möglich ist. Die Autarkie wird relativiert durch die starke externe Vorstrukturierung der Produktionsvollzüge, wie sie in der Größe der Anbaufläche, der Bestimmung der Anbaufolge, der brauchmäßigen Festlegung inhaltlicher Subsistenzannahmen, der Quantität integrierbarer Arbeitskraft usw. gegeben sind. Mit der Vorstrukturierung ist die relative Beliebigkeit der konkreten personalen Füllung des Hofes und das hohe Maß an öffentlichem Zugang und sozialer Kontrolle gemeint, dem das Innere des Hofes unterliegt. Subjekte dieser Strukturierung sind das Dorf und der Fronhof [69].

Für die feudale Ordnung stellt der Hof als ganzes die relevante Bezugsgröße dar. Der Hof hat Abgaben zu entrichten, wird vererbt oder neu besetzt, trägt eine vom Namen des Besitzers unabhängige Bezeichnung [7o]; dem Hof wird eine eigene Gerichtsbarkeit, resp. ein (Hof-)Friede eingeräumt und der Hofvorstand ist verantwortlich für die Handlungen seiner Mitglieder. Umgekehrt begreifen sich die Personen des Hofes als Mitglieder und werden so behandelt. Die Ausbildung einer persönlichen Identität ist insofern weder möglich noch nötig.

Produktionsleitendes Motiv ist die "Idee der Nahrung" [71], worunter sowohl die eigenen Subsistenzmittel als auch die Abgaben an den Fronhof zu verstehen sind; die Arbeiten sind naturnah, gebrauchswert- und aufgabenorientiert. Naturnähe impliziert die für ständisch-agrarische Gesellschaften typische "Temporalstruktur", eine zyklische Lebens- und Arbeitszeit, die sich eng anlehnt an natürliche Rhythmen von Gestirnen, Gezeiten, Tieren, Pflanzen und Mensch [72]. Andere Arbeiten wie Produktion der Arbeitsmittel, Veredelung von Grundstoffen, Feiern von Festen füllen die Zeit.

---

69 SOMBART 1928,53ff; FLANDRIN 1978,51f,63; die dörfliche Bindung scheint relevanter als die verwandtschaftliche (ebd.65).

7O ROMMEL 1975

71 SOMBART 1928,48; HILTON 1977,481

72 OLK u.a. 1979,158; OSTNER 1978; THOMPSON 1973,52ff

Es wäre nicht sinnvoll für agrarisch-ständische Gesellschaften von einer Trennung von Arbeit und Freizeit zu sprechen [73]. Dem entspricht die Tatsache, daß es begriffsgeschichtlich das Wort "Freizeit" in der heutigen Bedeutung noch gar nicht gibt und daß der zusammengezogene Gebrauch von "frey" und "zeyt" seit dem 14. Jahrhunder eine Zeit gesteigerten Rechtsschutzes, gesteigerten Friedens und erhöhter Freiheit: Marktfriedenszeit meint.[74].

Arbeit und Leben, Arbeit und Handlung oder Tätigkeit fallen noch nicht in der uns heute bekannten Weise auseinander. Kennzeichnend ist die Mehrdimensionalität und Diffusität von Handlungen: damit ist die Vielzahl von Bedeutungen gemeint, die ein und dieselbe Handlung für den Handelnden besitzt: Das Herstellen von Gebrauchsgegenständen ist immer auch Kunst; Spinnen und Weben geht einher mit Sich-Treffen, Erzählen, Singen; aber Spinnen ist gleichzeitig auch Aufpassen auf das Feuer, Herstellen der Herrschaftsordnung etc. Die einzelnen Dimensionen und Funktionen sind nur analytisch auseinanderzuhalten. Selbst Festlichkeit und Arbeit werden begrifflich kaum auseinandergehalten, da "religiöse Zeremonie und Arbeit als gleichermaßen nützlich und sinnvoll angesehen werden" [75]. Das ist die Grundlage dessen, was oft als "Einheit von Produktion und Reproduktion" bezeichnet wird.

Die immer prekäre Ertragslage und die Abgabenordnung erzwingen den Beitrag aller Mitglieder des Hofes zur Subsistenz. Umgekehrt setzt die feste Zuordnung von Hof und Anbaufläche auch einen bestimmten Personalbestand zwingend voraus.[76]. Daraus folgt einerseits, daß die zentralen Positionen des Hofes perma-

---

73 OLK u.a. 1979,158

74 NAHRSTEDT 1972,31f

75 OLK u.a. 1979,158

76 Diese Zuordnung in Westeuropa ist auf die Knappheit bebaubaren Landes zurückzuführen und verhindert die in Osteuropa übliche "cyclical redistribution of land" entsprechend dem variierenden Personalbestand der Höfe (ANKARLOO 1979, 111).

nent besetzt sein müssen und andererseits, daß die Anzahl der Nur-Konsumenten möglichst gering sein soll. Dienstbotenschaft und Heiratsordnung (vor allem Heiratsbeschränkung [77]) können als funktionale Antwort auf diese Anforderungen begriffen werden: die beiden Institutionen sind außerdem aufeinander zugeschnitten.

Mit der Dienstbotenschaft erfolgt die "cyclical redistribution of labor" [78]. Entsprechend der Größe des Hofes und der aktuellen Zyklussituation, d.h. der personellen Ausstattung mit eigenen Kindern regulieren die Höfe einen Ausgleich hinsichtlich der Versorgung mit Arbeitskraft durch ihre Absorption oder Emission. Die rechtliche Koppelung von Eheschließung und ökonomischer Potenz des Mannes sichert die Unabhängigkeit der produktionsmittellosen Dienstbotenschaft.

Dienstbotenschaft und Heiratsordnung führen zu einem relativ hohen Erstheiratsalter der Frauen [79]. Damit erlangen die Institutionen zwei (vermutlich eher) implizite (also heimliche und nicht beabsichtigte) Funktionen. Es wird Geburtenkontrolle ausgeübt, weil zu vermuten ist, daß die Frauen weniger Kinder gebären (sicherlich nicht: keine) als für den Fall der Nichtexistenz der Heiratsregelung zu erwarten wäre. Und außerdem wird der bei der Geburt relativ häufige Tod der Mutter zumindest für die Zeit deren maximaler körperlicher Leistungsfähigkeit ausgeschlossen.

Eine weitere implizite Funktion der Dienstbotenschaft besteht in der sozialen Kontrolle des Hofes, der durch sie faktisch der dörflichen Öffentlichkeit zugänglich wird. Und schließlich ist durch die zyklische Redistribution der Arbeitskraft auch die Verbreitung jeglicher Fortschritte der Produktionsweise institutionalisiert und gesichert.

Die Notwendigkeit des Beitrags aller zur Subsistenz impli-

---

77 Zur Geschichte der Heiratsbeschränkung siehe MITTERAUER/SIEDER 1977,146ff

78 ANKARLOO 1979,112

79 ANKARLOO 1979,112

ziert die permanente Mitarbeit auch der Kinder und Alten [80], was umgekehrt bei der weitgehenden Identität von Arbeit und Leben auch deren vollständige Teilhabe am Leben des Hofes mit sich bringt.

Von daher ist ein Setting geschaffen, das für die Kinder die Aneignung aller gesellschaftlich erforderlichen Fähigkeiten durch das einfache <u>Mitleben</u> ermöglicht [81]. Sozialisation [82] findet implizit statt, Erziehung als Institution gibt es nicht; im Hinblick auf die Möglichkeit, den anderen zu erwünschten Handlungen zu veranlassen existiert auch kein Unterschied zwischen Kindern und untergeordneten Erwachsenen: Bei Androhung von Strafe wird diese Handlung eben einfach verlangt.

Die Gleichartigkeit der einzelnen Höfe erlaubt die Beliebigkeit des konkreten Ortes, an dem der einzelne sozialisiert wird und stellt damit die Voraussetzung für das Weggeben eigener und das Aufnehmen fremder Kinder dar.

Die Anpassung an die Vollzugsordnung interner <u>Herrschafts-</u> und Machtstrukturen impliziert die permanente Einübung in die Herrschaftsstruktur der höfischen Gesellschaft insgesamt. Diese Herrschaftsordnung wird tagtäglich <u>hergestellt</u> durch die Ausübung der Befehlsgewalt, die Arbeitsverteilung, die Mahlzeitenordnung, die Sitzordnung [83], die Züchtigungen [84] u.a.m. Die Einhaltung dieser internen Herrschaftsordnung wird wiederum

---

80 Der "Austrag", also die Versorgung des alten Bauernpaares nach der Hofübergabe ist deshalb vor allem bei relativ wohlhabenden Bauern und erst zu Zeiten hoher Produktivität zu treffen; entsprechend nimmt die Dreigenerationen-Stammfamilie erst unter diesen Bedingungen zu.

81 MITTERAUER/SIEDER 1977,120; WEBER-KELLERMANN 1977,88; ZIEHE 1975,45ff. Selbst sexuelle Beziehungen zwischen Erwachsenen und Kindern scheinen keine Seltenheit gewesen zu sein (JOHANSEN 1979,42f; FOUCAULT 1978,44f).

82 zu den inhaltlichen Qualifikationsanforderungen siehe FEUERSTEIN 1979,23ff

83 FLANDRIN 1978,124f; WEBER-KELLERMANN 1977,93

84 BEARD 1947,243; PLANCK 1974,177f

auf dörflicher Ebene kontrolliert [85].

Die Herrschaft des Hofherren über die Frau und derer beider Herrschaft über die Kinder und Dienstboten beinhaltet - im Gegensatz zur internen Statushierarchie der Dienstboten - aber immer auch die Schutzpflicht und legitimiert sich dadurch [86]. Es handelt sich also um ein nicht tauschförmiges System von Leistung und Gegenleistung, womit alle individuellen und kollektiven Krisensituationen (wie Krankheit, Mißernte etc.) auf der Ebene des Hofes bewältigt werden sollen.

Voraussetzung für diese Bewältigung ist ein interner Distributionsmechanismus der Lebensmittel, der gerade nicht dem - sowieso nicht bemeßbaren - Beitrag des einzelnen zum gemeinsamen Output folgt, deshalb allerdings keineswegs egalisierend sondern vielmehr eben Ausdruck der Herrschaftsordnung selbst ist.

Mit der hierarchischen Strukturierung wird zugleich ein einfaches Prinzip der Entscheidungsfindung verwirklicht, das sich auf den personalen Willen des einzelnen im Rahmen gewaltförmig durchsetzbarer Willensentscheidungen je Übergeordneter stützt. (Es gibt ja auch weder Institutionen zur Ausbildung von persönlichen psychischen Eigenschaften, die etwa empathische Bedürfnisabwägung ermöglichten oder aber solcher, die vertragliche Vereinbarungen absichern könnten, wie etwa den bürgerlichen Staat.)

An dem Verhältnis von Schutzpflicht und Heiratsordnung zeigt sich wieder die interne Konsistenz feudaler Hofordnung: Der Herr der Wirtschaft kann seiner Schutzpflicht ja überhaupt nur nachkommen, wenn er ökonomisch potent ist.

Herrschaft legitimiert sich also nur über den vom Herren gewährten Schutz, nicht über den echten oder fiktiven Beitrag einzelner zur Subsistenz; derartige Legitimationen werden aber dort sichtbar, wo keine Schutzpflicht besteht: innerhalb der Dienstbotenschaft. Deren interne Hierarchie ist eng an die in-

---

85 BENARD/SCHLAFFER 1978,21; BOCK/DUDEN 1977,148; WEBER-KELLERMANN 1977,89

86 PLANCK 1974,179

haltlichen Arbeiten der Dienstboten gekoppelt.

Das Problem der Bewertung von Arbeit stellt sich dem feudalen Hof auf der Ebene der Herrschaft überhaupt nicht. Dies zeigt sich auch an der Tatsache, daß Männer und Frauen gleichermaßen zu Fronarbeiten herangezogen werden. Männer- und Frauenarbeit unterscheidet sich zwar inhaltlich, nicht aber im Hinblick auf ihre Bewertung

Eine genaue inhaltliche Bestimmung der geschlechtsspezifischen Arbeitsverteilung steht noch aus. Fest steht, daß es die heute "typischen" Frauenarbeiten noch kaum gibt [87]. Kindererziehung existiert als Aufgabe noch nicht, Säuglingspflege scheint sich auf Stillen und Steckkissenwickeln zu beschränken [88]. Sauberkeit und Gemütlichkeit stellen noch keine Anforderungen dar, die Eßsitten und die Speisenzusammenstellung und -anzahl [89] minimieren die damit in Zusammenhang stehende Arbeit. Gewaschen wird selten. Dagegen geht es um die Anleitung der Dienstboten, die Versorgung von Geflügel und Kleinvieh, von Obst- und Gemüsegarten, um die damit zusammenhängenden Marktgeschäfte (sobald der Markt sich entwickelt) oder um das Überwachen der Feuerstelle und die Mitarbeit bei der Ernte und die Veredelung der Rohprodukte: Dreschen, Backen, Spinnen, Weben usw[90]. Von Bedeutung scheint also nicht nur die von der Familiensoziologie betonte produktive Funktion früherer "Familien", sondern vor allem auch die Tatsache, daß dies auch die Arbeit der Frauen ist.

Kinder "machen" also kaum Arbeit, andererseits erbringen sie auch wenig anderes als Arbeit; die Erfüllung psychischer Bedürfnisse[91] für die Eltern ist mangels Beziehung zwischen

---

87 BOCK/DUDEN 1977; GERHARD 1978,30

88 SHORTER 1975,259ff; TEUTEBERG/BERNHARD 1978,183

89 BECKER et al. 1978,55; LOFTS 1976,25ff

90 BOCK/DUDEN 1977,126; BECKER et al. 1978,55; GERHARD 1978, 24f; PINCHBECK 1974,207ff

91 wie sie für die heutige Situation etwa in RICHTERs (1971) Typologie dargestellt sind: Kinder als Partnersubstitut, als Abbild, ideales Selbst usw.

Eltern und Kindern nicht möglich. Dies erklärt sich zunächst schon aus demographischen Verhältnissen [92]: außerordentlich hohe Säuglings- und Kindersterblichkeit, Wochenbettsterblichkeit und zeigt sich u.a. an der hohen Zahl der Infantizide [93]. Unter diesen Bedingungen wären stark emotionalisierte Beziehungen zu Kindern selbstmörderisch [94]. Die Bedeutung von Kindern ist nicht auf einer emotionalen Belastung/Glück-Skala angesiedelt, sondern liegt vor allem in ihrer wirtschaftlichen Auswirkung: das Kind erbringt zunächst Versorgungsprobleme, stellt dann eine nützliche Arbeitskraft dar und sichert (im Falle des Erben) möglicherweise die Versorgung im Alter.

Aber auch in den Beziehungen der Erwachsenen spielt Liebe keine Rolle. Damit soll die faktische Existenz von Liebesbeziehungen nicht prinzipiell in Frage gestellt werden, die romantische Liebe dürfte allerdings weder für den Alltag noch für die Partnerwahl irgendeine Bedeutung besitzen. Eheschließung, Liebe und Sexualität sind noch nicht eng gekoppelt [95].

Eheschließungen folgen sachlich-sachhaften Überlegungen, sowohl im Hinblick auf den Zeitpunkt als auch auf die Partnerwahl. Beides wird von den Eltern bestimmt, wobei hier die Bäuerinnen offenbar wesentlich beteiligt sind [96]; der Grundherr muß den Ehekonsens erteilen, wofür eine Gebühr erhoben wird, die wiederum die Heirat von Dienstboten und Armen erschwert [97]. Spezifische Produktionsbedingungen, Besitzgrößen und die dörfliche Öffentlichkeit führen zu impliziten Exogamie- und Endogamieregelungen [98]. In einzelnen Regionen wird selbst die Gebährfähig-

---

92 BOCK/DUDEN 1977,133; MITTERAUER/SIEDER 1977,50f

93 JOHANSEN 1979,51ff

94 SHORTER 1975,262

95 MITTERAUER/SIEDER 1977,44ff

96 BEARD 1947,241; LINDE 1974,199; MITTERAUER/SIEDER 1977,146; WEBER-KELLERMANN 1977,62ff

97 BEARD 1947,242

98 MITTERAUER/SIEDER 1977,146ff; LINDE 1974,179; FLANDRIN 1978,49 berichtet von außerordentlich hohen dörflichen Endogamieraten

keit der Frau zu einer Voraussetzung der Eheschließung [99]. Die wegen der hohen Wochenbettsterblichkeit und der Notwendigkeit zur Besetzung zentraler Positionen des Hofes oft erforderlichen Zweit- und Drittehen mit den sich daraus ergebenden teilweise beträchtlichen Altersunterschieden der Eheleute [100] stellen einen weiteren Hinweis auf die Irrelevanz von Liebesbeziehungen dar. Liebe kann sich auch als Norm in diesem Kontext nicht ausbilden, bzw. bedeutet Verläßlichkeit, Versorgung etc.[101].

Sexuelle Beziehungen innerhalb der Ehe sind eher als Konsequenz der Verheiratung anzusehen als umgekehrt [102]. Insbesondere für die verheirateten Männer stellt die Ehe keine besondere Treueverpflichtung dar, außereheliche Sexualbeziehungen gelten als nicht besonderes [103], was angesichts der kontextuellen Normalität unehelicher sexueller Beziehungen derjenigen, denen die Eheschließung verwehrt bleibt verständlich ist. Sexualität ist weder privatisiert noch erotisiert [104]. Dem entspricht auch die architektonische Struktur: es gibt keine privaten Räume, die Angehörigen schlafen oft in einem Raum, oft mehrere in einem Bett [105]. Die dörflichen Feste sind üblicherweise eng mit Sexualität verknüpft [106].

---

99 gemeint ist die Institution des "Probeliegens" (MITTERAUER/SIEDER 1977,150)

100 LASLETT 1977, nach ANKARLOO 1979,112

101 Angesichts sich differenzierender Beziehungen auch innerhalb des Bauernhofes entsteht hierbei später die Problematik der "bösen Stiefmutter" (FLANDRIN 1978,56ff)

102 MITTERAUER/SIEDER 1977,146

103 v.USSEL 1977,83

104 v.USSEL 1977,124f zitiert eine Reihe von Autoren, denen zufolge eine grobe, naive, liebe- und wonnelose Sexualität vorherrschte, weniger Phantasieerlebnisse damit verbunden seien, die Dauer des Koitus beschränkter sei und eine Vorbereitung des Koitus nicht existiere. Das Zeigen von Zärtlichkeit gelte als unmännlich, in der Bauernehe werde kaum geküßt.

105 FLANDRIN 1978,117ff

106 SHORTER 1973

Die Eheschließung impliziert für die Männer eigentlich immer die Übernahme von Herrschaft, d.h. auch die faktische Statuserhöhung. Gleiches gilt für die Frau, die allerdings in der hofinternen Herrschaftshierarchie immer Abhängige des Mannes bleibt. Diese Reorganisation der Herrschaftsbesetzung erbringt erhebliche Probleme, wird zunächst üblicherweise erst mit dem Tode des Hofherren vollzogen und später durch immer prekäre Altenteilsverträge ersetzt [1o7]. Aus diesem Grunde ist - insbesondere für frühe Höfe - auch nicht vom verbreiteten Vorkommen der Mehrgenerationen-Stammfamilie auszugehen, die eher unter spezifischen Bedingungen zustandekommt [1o8].

3.2. Der zünftisch-frühbürgerliche Haushalt

Der zünftisch-frühbürgerliche Haushalt bildet die Sozialform, innerhalb derer die historisch neuen Anforderungen spezifischer Arbeitsteilung und Markteingebundenheit auf der Basis wesentlicher Elemente des bäuerlichen und grundherrschaftlichen Hofes integriert werden.

Die relative Unabhängigkeit von der feudalen Gesellschaftsverfassung ergibt sich vor allem dadurch, daß die Haushalte Eigentümer ihrer von Grund und Boden abgehobenen Produktionsmittel sind und ihren Schutz selbst und mittels bezahlter Söldner gemeinsam organisieren. Der frühbürgerliche Haushalt wird zum relevanten Subjekt der marktbezogenen Wirtschaftsprozesse allerdings noch eingebunden in die Zunftverfassung, die den Handlungsspielraum des Haushaltes erheblich einengt und diesen selbst in seinem Inneren weitgehend strukturiert.

Aus der Struktur des bäuerlichen Hofes wird zunächst die "Idee der Nahrung" [1o9], das Bedarfsdeckungsprinzip als Produktionsziel übernommen und durch zünftische Regelungen abgesichert. Der relevante Kontext hinsichtlich der Art, Quantität

---

1o7 MITTERAUER/SIEDER 1977,193ff

1o8 MITTERAUER/SIEDER 1977,38ff

1o9 SOMBART 1928,188ff

und Qualität der Produktion ist nicht mehr der Grundherr oder das Dorf, sondern die Zunft. Die Zunft ist allerdings keineswegs nur eine Interessengemeinschaft Produzierender, sondern umschreibt vielmehr eine "Lebensform, Daseinsgestaltung und Wertordnung", auf die sich der Genosse in seinem Denken, Werten, Verhalten und Handeln [11o] abstimmen muß.

Die Zunft bildet die Organisationsform relativer Selbstbegrenzung der Zunftmitglieder angesichts deren Emanzipation aus der feudalen Ordnung. Ebenfalls vom bäuerlichen oder grundherrschaftlichen Hof stammt das Prinzip der Vertretung des Haushaltes durch dessen Vorstand in der Zunft, üblicherweise des Mannes. Damit ergibt sich eine tendenzielle Zuordnung der Männer zu dem in der weiteren Entwicklung relevanter werdenden Marktbereich.

Mit der Emanzipation des frühbürgerlichen Haushaltes im Rahmen der Stadtverfassung geht allerdings das die Herrschaftsordnung des Bauernhofes stützende Moment der Gleichstrukturierung von Gesellschaft und Hof verloren; damit verliert auch die Unterordnung der Frau ihre Selbstverständlichkeit. Eine selbständigere Stellung erlangen die Meisterfrauen auch mit dem Tode ihres Mannes, da aufgrund des Wegfalls der feudalen Ordnung nun kein Subjekt mehr gegeben ist, das die alte Herrschaftsordnung wiederherstellte, wie dies etwa die Neustiftung des Lehens im grundherrschaftlichen Zusammenhang der Fall war. Die Zunftordnung ermöglicht für diesen Fall die Wiederverheiratung der Meisterwitwe, womit zugleich eine gesellschaftliche Institution zur Versorgung der Witwen geschaffen ist. Die relative Unabhängigkeit der Frauen zeigt sich auch an der Möglichkeit zur Gründung eigener Zünfte oder der Mitgliedschaft in einigen vorwiegend aus Männern sich zusammensetzenden Zünften und schließlich an Lebensmöglichkeiten, die von Männern unabhängig waren, etwa als Beginen oder Marketenderinnen [111].

Mindestens seinem Anspruch nach sieht der zünftisch-frühbürger-

---

11o BRAUN 1973,258f

111 BEARD 1947; BECKER et al. 1978,61ff ; BÜCHER 191o

liche Haushalt allerdings die Herrschaft des Mannes vor. Die Zunftordnung greift weit in die Struktur des Haushaltes ein; sie beinhaltet Regeln hinsichtlich der Standesgemeinschaft der Ehefrau genauso wie über die Anzahl der zugelassenen Lehrlinge und Gesellen und damit der Größe des zünftisch-frühbürgerlichen Haushalts. In den meisten Zünften ist die "Zugehörigkeit zum Amt", das Leben als Geselle an die Ehelosigkeit geknüpft. Dies gilt nicht für besonders arbeitsintensive Gewerbe, in denen eine große Anzahl ausgebildeter Handwerker bei gleichzeitiger Knappheit der Meisterstellen erforderlich ist. Hier können die Gesellen einen eigenen Haushalt gründen, wobei deren Frauen wieder bestimmte Bedingungen erfüllen müssen, z.B. dürfen sie noch nicht geboren haben oder schwanger sein [112].

Normalerweise allerdings sind Lehrlinge und Gesellen vollständig in den Haushalt integriert. Sie sind in gleicher Weise Schutzangehörige des Haushaltes des Meisters wie die eigenen Kinder oder die Frau oder andere Dienstboten. Ihre Zahl bleibt im allgemeinen gering, einmal wegen des begrenzten Produktionsumfangs des zünftisch-frühbürgerlichen Haushalts, zum anderen, weil der Gesellenstatus üblicherweise als zeitlich befristetes Durchgangsstadium aufgefaßt wird und die Zahl der verfügbaren Meisterstellen sich nicht zu sehr von der Anzahl der möglichen Kandidaten entfernen soll.

Bei allen Ehelosigkeitszünften besteht - neben der Möglichkeit des Einkaufes in neu eingerichtete Meisterstellen - der Zwang zur Einheirat zur Übernahme der Meisterstelle. Bei der Verheiratung mit der Meisterswitwe entstehen zwar keine "vergnüglichen Ehen", aber dem frischen Meister steht eine geschäftserfahrene Frau zur Seite [113].

Die vollständige Aufnahme in den Haushalt des Meisters und die fehlende Differenzierung zwischen dem Erlernen des Gewerbes, der Ausführung aller anderen zur Erhaltung der Wirtschaft erforderlichen Arbeiten und dem Dienen erlaubt die vollständige

---

112 SCHWARZ 1975

113 ebd. 41

Qualifizierung für die Übernahme der Meisterschaft durch das bloße Mitleben. Das handwerkliche Apprenticeship knüpft damit an das höfische Pagen-Apprenticeship an und stellt ein sozialisations-relevantes Setting dar, in dem neben der spezialisierten Produktionsfähigkeit auch das Gesamt ständischer Lebensweise, wie angemessener Konsum- und Lebensstil, Auftretensweise, Sorgeverhalten usw. erworben werden können [114].

Im Hinblick auf die Qualität der Beziehungen ergeben sich keine Unterschiede zum bäuerlichen Hof. Sie sind unromantisch, von sachlichen Notwendigkeiten geprägt. Die Kinder werden nach der Geburt üblicherweise zu Ammen außer Haus gegeben, die Säuglingssterblichkeit ist außerordentlich hoch; eine besondere Mutter-Kind-Beziehung existiert noch nicht, die Erziehung bedient sich im wesentlichen der Strafe [115]. Der Haushalt ist weitgehend öffentlich, Privatheit noch nicht ausgebildet [116].

3.3. Der protoindustrielle Haushalt

Im protoindustriellen Haushalt bleiben wesentliche Momente der Struktur des Bauernhofes erhalten: die Einheit von Produktion und Reproduktion, die "labor-consumer-balance" [117], die interne Distribution, der Immobilismus, der Zeitrhythmus und die Bedeutung des dörflichen Kontextes.

Unter Einheit von Produktion und Reproduktion wird zunächst verstanden, daß ein- und derselbe Sozialverband beides regelt, wobei die faktische Kontrolle über beide Prozesse bei den Arbeitenden liegt. Labor-consumer-balance bedeutet, daß das Produktionsziel von den unmittelbaren Konsumptionsbedürfnissen des Sozialverbandes bestimmt wird, daß ausschließlich die Bruttoerträge der Gesamtproduktion zählen und die Erzielung eines Mehrproduktes, das über die Reproduktion des gegenwärtigen Le-

---

114 FEUERSTEIN 1979,57 . Siehe dort auch die inhaltliche Bestimmung einzelner Fähigkeitsanforderungen.

115 SHORTER 1975,266,276

116 JOHANSEN 197 ,45

117 MEDICK 1976,263

bens hinausgeht, nicht beabsichtigt ist.

Produktionsziel ist also jeweils die Wiederherstellung des Lebens auf derselben Stufe, die Konsumptionsbedürfnisse orientieren sich an normierten und tradierten Gewohnheiten. Der Arbeitsaufwand wird dann gesteigert, wenn ein direkter Mehrverbrauch angestrebt wird, z.B. bei der Geburt eines zusätzlichen Kindes; Produktivitätssteigerungen haben eine Einschränkung des Arbeitsaufwandes zur Folge.

Hinsichtlich der Distribution des Haushaltseinkommens, bzw. des Haushaltsproduktes besteht keine individuelle Zuordnung entsprechend der Arbeitsleistung. Die tendenzielle "Vergeldlichung" erlaubt allerdings die individuelle Zuordnung der Einkommen, was langfristig nicht ohne Einfluß auf die Sozialbeziehungen des späten protoindustriellen Haushalts bleibt. (s.u.)

Die Anfertigung gewerblicher Produkte wird zunächst als Ergänzung der landwirtschaftlichen Produktion verstanden (Füllarbeit). Der protoindustrielle Haushalt reproduziert sich damit mindestens teilweise außerhalb des Warenkreislaufes durch eigene Gebrauchswertproduktion; dies ermöglicht zunächst ungleiche Tauschbeziehungen zwischen den Verlegern und den Gewerbetreibenden, wobei letztere unter dem Wert ihrer Arbeitskraft entlohnt werden können.

Der Zeitrhythmus wird wesentlich von der eigenen Gebrauchswertproduktion bestimmt und selbst das Verlagssystem führt noch zu keiner bedeutsamen zeitlichen Synchronisationsanforderung. Materiallieferungen erfolgen unregelmäßig, auch die Gewerbeproduktion ist teilweise vom Wetter abhängig [118].

Der (traditionelle) Immobilismus des Hofes und Haushaltes hat zur Folge, daß die Nachfrage nach Arbeit im haus-gewerblichen Bereich auf ein "zero-opportunity-cost"-System trifft, d.h. für die ehemaligen Bauern besteht nur eine (subjektive) Alternative zwischen dieser Arbeit und Müßiggang [119]. Der Immobilismus fördert daher die ungleichen Tauschbeziehungen. Gleichzei-

---

118 THOMPSON 1973,88f

119 MEDICK 1976,263

tig sind mit ihm aber Momente der Aufhebung des protoindustriellen Haushalts angelegt, da er eine volle Integration in den Arbeitsmarkt mit einem flexiblen Arbeitsangebot verhindert. Der Immobilismus wird andererseits verstärkt durch die gewerbliche Wirtschaft, weil die Gewerbetreibenden die Möglichkeit bekommen, sich durch Geldeinkünfte Eigentum und Immobilien zu schaffen, wobei allerdings langfristige Verschuldungen in Kauf genommen werden müssen. Diese verstärken ihrerseits die Notwendigkeit weiterer gewerblicher Produktion.
Der Wunsch zur Eigentumsbildung geht auf ein traditionales Moment zurück: Der Einheit von Vermögen und Einkommen, wie sie in der landwirtschaftlichen Produktion real gegeben ist. Allerdings steigt innerhalb der Immobilien die Bedeutung eines Hauses oder eines Teils desselben gegenüber dem Boden [12o].

Die durchschnittliche Haushaltsgröße der ländlichen Gewerbetreibenden liegt zunächst nur wenig unter der des Hofes. Ein Grund hierfür besteht in dem Charakteristikum der gewerblichen Produktion, daß Grenzbeträge weniger schnell sinken als in der landwirtschaftlichen Produktion, d.h. daß jeder Neuarbeiter den output proportional erhöht. Es werden vor allem Verwandte: Witwen, Nichten und Neffen, unverheiratete Geschwister in den Haushalt einbezogen [121]. Die Kinder verlassen das Haus nicht mehr, um Dienstboten zu werden - diese altersspezifische Durchgangsphase verliert ihre Bedeutung bei den ländlich Gewerbetreibenden völlig.

Die Art der Produktion hat auch Konsequenzen für das generative Verhalten. Die Zeugung einer möglichst hohen Zahl kindlicher Arbeitskräfte vermag die Produktionsfähigkeit der Familie zu steigern, wobei allerdings zu berücksichtigen ist, daß dabei die Arbeitskraft der Frau mindestens beeinträchtigt wird und die Kinder in der ersten Phase nur Kosten verursachen. Dies führt zu den von THUN beschriebenen Lebenszyklus-Besonderheiten: "Mit der Geburt der Kinder werden die Eltern arm,

---

12o SCHNEIDER 1967,29

121 MEDICK 1976,275

mit ihrem Heranwachsen reich, mit ihrer Verheiratung verfallen sie wieder der Dürftigkeit" [122].

Allerdings ist auch beim protoindustriellen Haushalt nicht mit dem Auftreten der Drei-Generationen-Stammfamilie zu rechnen. Dies vor allem wegen des stark sinkenden Heiratsalters, das im Rahmen dieses Haushaltstyps für Männer bei ca. 22-23 Jahren, für Frauen bei ca. 18-19 Jahren liegt. Die Möglichkeit hierfür entsteht selbst wieder durch die ökonomische Veränderung.

Die Gewerbewirtschaft entkoppelt Reproduktionsmöglichkeit und agrarische Basis. Der Verlust der Bedeutung des Bodens als Arbeitsgegenstand und damit der Spezifika seiner Bearbeitung lassen parallel Erbrecht und Patriarchat unwichtiger werden. Heirat und Familiengründung "verlieren ihre 'sachhafte' Bestimmung durch die Besitzverhältnisse, nicht jedoch ihre sachliche Fundierung im Produktionsprozeß" [123].

Die Spezifika gewerblicher Produktion drängen geradezu in die Richtung früher Haushaltsgründung, wenn die Kinder im häuslichen Produktionsprozeß sowohl alle notwendigen Fähigkeiten zur selbständigen Produktion erworben haben, als auch gerade im Vollbesitz ihrer Arbeitskraft sind. Die Produktionsbedingungen verhelfen darüberhinaus bereits den Kindern und Jugendlichen zu eigenem Einkommen und führen zur Möglichkeit relativ früher Unabhängigkeit [124]. In dem Maße, in dem sich den Kindern eigene Verdienstmöglichkeiten erschließen, verringert sich die Möglichkeit der Eltern, deren Schicksal zu bestimmen. Solange die Kinder sich im Elternhaus befinden, zahlen sie den Eltern Kostgeld, was als eine Art Freikauf von der elterlichen Autorität betrachtet wird [125]. Entsprechende Veränderungen ergeben sich für die Partnerwahl. Nach wie vor besitzen die Gründe für die Wahl des Partners ökonomischen Charakter: Zentrale Bedeutung erlangen nunmehr die spezifischen Arbeitsfähigkeiten im gewerb-

---

122 ebd. 272

123 ebd. 268

124 SCHNEIDER 1967,18f

125 ebd. 28

lichen Bereich. Es lassen sich hohe Raten endogamer Hochzeit in den einzelnen Gewerbebereichen nachweisen [126].

Das Haushaltssystem insgesamt bleibt die strukturelle Arbeitseinheit; erforderlich wird ein hohes Maß von Kooperation und funktionaler Integration. Die Arbeitsteilung innerhalb des Haushaltes wird relativ flexibel gehandhabt; dies gilt auch für die geschlechtsspezifische Zuordnung. Im protoindustriellen Haushalt übernimmt der Mann mit der Gewerbearbeit häufig Arbeiten, die traditionellerweise den Frauen zufielen: Weben, Spitzenklöppeln, Handspinnen etc., umgekehrt übernimmt die Frau gewerbliche Produktionsfunktionen, die vorher Domäne der Männer waren: Messer- und Nagelschmiedarbeiten, Organisation des Vertriebes usw. Hinsichtlich der übrigen Arbeiten ist unter den spezifischen ökonomischen Bedingungen oft eine Umkehr der traditionellen Verteilung zu beobachten: Die Männer erledigen die häusliche Arbeit, während die Frauen der gewerblichen Arbeit nachgehen [127].

Die Tauschwirtschaft bringt allerdings auch eine Veränderung der häuslichen Arbeiten mit sich: Eine ganze Reihe von Konsumgegenständen wird nicht mehr selbst angefertigt, sondern über den Markt bezogen. Kleidung z.B. wird innerhalb des protoindustriellen Haushalts kaum mehr produziert; dies auch, weil sich die Kleidung selbst verändert, sie nunmehr tendenziell auch dem Prestigekonsum dient und damit mit dem herkömmlichen Erfahrungswissen gar nicht mehr selbst herstellbar ist. In ähnlicher Weise verändert sich die Ernährung: Das Motiv des Prestigekonsums legt auch hier die Kopie der bürgerlichen Verleger nahe, andererseits erfordern die veränderten Arbeitsaufgaben eine andere Speisenzusammensetzung (weniger derbe Kost, leichter verdauliche Speisen) [128].

Die Produktionsanforderungen schaffen neue Bedürfnisse: Die stimulierende Wirkung von Kaffee, Tee, Alkohol erleichtert die eintönige Tätigkeit. Der Prestigekonsum wird möglich durch

---

126 MEDICK 1976,269

127 SCHNEIDER 1967,28

128 ebd. 51

den geldvermittelten Marktzugang. Notwendig wird er vor allem deshalb, weil die fehlende Eigentumsgrundlage im Boden und die geringere Einsehbarkeit des Haushaltes die Kenntnis der tatsächlichen Verhältnisse des anderen erschweren. "Nicht mehr der Stand ist luxusbildend, sondern der Luxus standesbildend"[129].

Der individuelle Konsum bleibt aber immer eingebettet in die dörfliche Öffentlichkeit. Es wird am alten Festkalender festgehalten, aus konjunkturellen Gründen entstandene Mehreinkünfte werden bei kollektiven Festen in Luxuskonsum umgesetzt.

Die verstärkte Festpraxis als Folge konjunktureller Überschüsse weist auf die Kollektivorientierung des protoindustriellen Haushaltes hin; der dörfliche Kontext ist noch nicht zerstört. Gemeinsame Feste sind nicht nur sinnliche Freuden, sondern auch symbolische Repräsentation des gemeinsamen Lebenszusammenhanges[13o].

Mit der Einschränkung geschlechtsspezifischer Arbeitsteilung geht auch die entsprechende Verminderung der Differenzen im Bereich des Konsum- und Sexualverhaltens einher; der öffentliche Luxuskonsum bleibt nicht nur den Männern vorbehalten: Frauen rauchen und trinken genauso in der Öffentlichkeit. Die sexuellen Aktivitäten und Verhaltensweisen der Geschlechter gleichen sich an, Erotik und Sexualität durchdringen den alltäglichen Arbeitsbereich, wozu durch den gemeinsamen Arbeitsraum die Voraussetzung geschaffen wird[131].

Die Wohnungssituation der Heimwerker scheint ziemlich unterschiedlich. Die Reduktion der landwirtschaftlichen Produktion erlaubt zunächst eine Verkleinerung des Anwesens; die frühen und vermehrten Ehen und die größere Kinderzahl erfordern jedoch insgesamt einen erhöhten Wohnraum, es entstehen viele der typischen kleinen Heimarbeiter-Häuschen[132]. Die spezifischen, regional unterschiedlichen Möglichkeiten zum

---

129 KRIEDTKE et al. 1977,146ff; SCHNEIDER 1967,51

13o KRIEDTKE et al. 1977,144f

131 MEDICK 1976,281f

132 SCHNEIDER 1967,69

Hausbau und -erwerb bedingen aber, daß das Zusammenleben grosser Personengruppen auf engstem Raum im 18. Jahrhundert keine Seltenheit ist.

Der Umgang mit Geld ist dem Haushalt noch ziemlich unvertraut. Geld wird weder als Wertaufbewahrungsmittel benützt, noch zur Vorsorge für individuelle Unglücksfälle [133].

3.4. Die bürgerliche Familie

Als ganzes Haus [134] übernimmt die bürgerliche Familie zunächst Merkmale vorgängiger Hof- und Haushaltstypen. Die Größe des Haushaltes, die Vielfalt und Vielzahl involvierter Personen, die internen Herrschafts- und Distributionsstrukturen bleiben erhalten. Mit dem letztgenannten Prinzip erfüllt sie gerade angesichts obsolet gewordener feudaler Schutzverpflichtungen und noch nicht entwickelter öffentlicher und beruflicher Hilfseinrichtungen Versicherungscharakter für individuelle Subsistenzprobleme, Unfälle, Krankheiten, Alter, was auch juristisch als Verpflichtung abgesichert wird [135].

Neu ist die Emotionalisierung einzelner Beziehungen und die Herauslösung der Familie aus dem starren Netz inhaltlich konkreter Vorschriften und Zwänge, verbunden mit dem tendenziellen Verlust der öffentlichen faktischen Kontrollierbarkeit. Die Sicherung bürgerlicher Gleichheitsrechte des Individuums und die der kapitalisitischen Warenproduktion vorausgesetzte "Verträglichkeit" der Tauschpartner erfordert von ihrem Anfang

---

133 ebd.31

134 Das ganze Haus (BRUNNER 1974) nicht im Gegensatz zur Familie zu begreifen, mag zunächst überraschen. Dies soll eine vorschnelle Gleichsetzung von Emotionalisierung und Isolierung aufbrechen, wie sie für BRUNNER konstitutiv für den Familienbegriff zu sein scheint. Die Gleichsetzung von ganzem Haus und Familie bei RIEHL (SCHWÄGLER 1973,17) deutet jedoch auf differenzierte Entwicklungsschritte hin: innerhalb des ganzen Hauses erhalten zunächst einzelne Beziehungen eine besondere emotionale Qualität und erst die Industrialisierung fördert die strukturelle und räumliche Isolation dieser Familie.

135 DÖRNER 1974,43f

an die Verrechtlichung der Familie, die Klärung von Verantwortlichkeiten, Verpflichtungen, Besitz- und Eigentumsverhältnissen [136]; damit ist der Familie ein neuer struktureller Rahmen gegeben mit allerdings erheblich größeren Spielräumen zur Ausgestaltung und erschwerter Kontrollierbarkeit.

Die Herrschaftsstruktur des ganzen Hauses bleibt gewahrt, wobei die bürgerliche Freiheits- und Gleichheitsideologie allerdings neue Legitimationen erzwingt. Die innerfamilialen Machtdifferenzen zwischen Männern und Frauen, Eltern und Kindern können dadurch aufrechterhalten werden, daß die Gewährung von Schutz (als die eine Seite des Herrschaftsverhältnisses) als Notwendigkeit deklariert wird angesichts der wesensgemässen Schutzbedürftigkeit und Hilflosigkeit von Frauen und Kindern. Die Infantilisierung von Frau und Kind rechtfertigt die "Verhäuslichung der Frau", trägt zur "Entstehung der Kindheit"[137] bei und impliziert den Versorgungszwang für die Männer. Die Versorgungspflicht erfordert die volle Geschäftsfähigkeit des Mannes; als Vertragspartner muß er frei sein gegenüber vertragsbehindernden Bedingungen, die Familie als sein Anhängsel muß in ihrem eigenen Interesse mobilitätsbereit sein, die wirtschaftliche Kalkulation des Mannes darf durch Eigenaktivitäten der anderen Familienmitglieder nicht gestört werden. Dies ist bereits im frühen Familienrecht der bürgerlichen Gesetzgebung kodifiziert [138]. Die Sorgepflicht beinhaltet die Ausstattung der Kinder mit Ausbildung, Aussteuer und eigener wirtschaftlicher Grundlage.

Das Konzept der Kindheit verringert den Legitimationsbedarf den Frauen gegenüber und fördert deren Verhäuslichung. Erstens bleibt die Wesensideologie damit nicht auf die Frauen beschränkt: Sie gewinnt durch die Übertragung auf die Kinder wegen derer anthropologischer Versorgungsbedürftigkeit in frühen Phasen an Plausibilität, und zweitens gelangen die Frauen

---

136 ebd. 47

137 ARIES 1979; JOHANSEN 1978,117ff

138 DÖRNER 1974,44ff

mittels dieser Konstruktion selbst in eine entsprechend übergeordnete Herrschaftsposition den Kindern gegenüber. Die Abgrenzung der Kindheitsphase wird insofern nötig und konsequent, als die Ausbildung zum Erwachsenen komplexer wird, die entsprechenden Anforderungen wachsen; dem bürgerlichen Vernunftanspruch gegenüber verkörpern Kinder das Irrationale und damit wird es auffällig, sichtbar und erlangt die Bedeutung einer notwendigen Durchgangsphase. Die Verhäuslichung der Frau fördert die Verhäuslichung des Kindes und damit das Verschwinden von Irrationalität aus der Öffentlichkeit [139]. Der Rückzug der Frau in das Haus erleichtert das Durchhalten der spezifisch-universalistischen Beziehungsmuster in der Öffentlichkeit und das affektiv neutrale Vertragsverhalten; gerade angesichts der zunehmenden Relevanz der Emotionalität in diesem Kontext wird durch die geschlechtsspezifische Bereichstrennung die strukturelle Voraussetzung für die Verwirklichung der kapitalistischen Wirtschaftsweise angemessenen Persönlichkeitszüge geschaffen.

Die Geschlechts-Homogenisierung der Arbeitsbereiche Haus und Markt bringt zwei weitere Vorteile mit sich: einerseits wird die aus anderen Gründen erforderliche Treue der Frau strukturell wahrscheinlicher und andererseits müssen die gänzlich unterschiedlichen Anforderungen der Bereiche, z.B. im Hinblick auf ihre zeitliche Strukturierung [14o] nicht innerhalb einer Person ausbalanciert werden.

In zweierlei Hinsicht verändert sich die Herrschaft in der Familie inhaltlich: im Hinblick auf die Ausübung von Gewalt und den elterlichen Einfluß auf die Gründung der eigenen Familie durch die Kinder.

Die Zentralisierung der Gewalt im absolutistischen und bürgerlichen Staat widerspricht der Ausübung von körperlichen Züchtigungen in personalen Beziehungen, ja sogar der Veröffentlichung von Verhalten, das assoziativ mit Aggression verbunden

---

139 INSTITUT FÜR SOZIALFORSCHUNG 1973,64

14o OLK et al. 1979; OSTNER 1978; THOMPSON 1973

ist [141]. Insofern wird die Gewaltanwendung innerhalb der Familie problematisch; das frühe Familienrecht erklärt die Züchtigung der Frau durch den Mann für ungesetzlich [142], in Bezug auf die Kinder und die Dienstboten bleibt das Recht erhalten. Die Züchtigung der Kinder wird allerdings durch die Pädagogisierung der Erziehung neu legitimiert und die Ausübung der Gewalt nimmt eine von der bürgerlichen Subjektstruktur überformte Gestalt an: sie wird ritualisiert und beherrscht, Zornesausbrüche und Raserei werden verfemt. Festzuhalten bleibt allerdings, daß die Familie das Gewaltmonopol des Staates nicht vollständig durchhält und auch in Bezug darauf der Öffentlichkeit gegenüber einen gegenstrukturellen Charakter annimmt.

Der Norm zufolge wird die Herrschaft der Eltern schließlich im Hinblick auf die Familiengründung der Kinder, sowohl was den Zeitpunkt als auch den Partner betrifft eingeschränkt. Faktisch beinhaltet dies wohl vor allem das Recht der Kinder, mißliebige Partner nicht zu heiraten [143]; Exo- und Endogamiegebote beziehen sich auf den Herkunftsstand des anderen, auf dessen Möglichkeit, die Familie zu versorgen, nicht mehr auf sachhafte oder sachliche Grundlagen [144].

Das Konzept der romantischen Liebe beinhaltet zugleich feudalkritische Aspekte und dient der Abgrenzung des Bürgertums vom Adel [145]. Die Freiheit zur Wahl des Ehepartners ist Konsequenz der bürgerlichen Freiheitsrechte und zugleich Voraussetzung des vertraglichen Charakters der Ehe: die formale Freiheit der Vertragspartner muß gewährleistet werden. Insofern widersprechen sich ehelicher Vertragscharakter und konstitu-

---

141 ELIAS 1976

142 DÖRNER 1974,44ff

143 ebd.38

144 Möglicherweise ist allerdings die Voraussetzung der Eheschließung, die Liebesfähigkeit der Frau im Hinblick auf deren spätere Arbeit in der Familie, die liebevolle Versorgung der Kinder zu interpretieren und damit doch wieder ein sachlicher Zusammenhang zwischen Partnerwahl und erforderlicher Fähigkeitsstruktur gegeben.

145 GERHARD 1978,80

ierende Liebesbeziehung nicht, weil beides die Freiwilligkeit im Sinne der Unabhängigkeit von der Entscheidung anderer impliziert. Die Irrationalität der Liebesentscheidung wird durch den Vertragscharakter allerdings zurückgenommen.

Liebe wird für die Partnerwahl in dem Maße relevanter, in dem der besondere Charakter der familialen Beziehungen die Ablösung der Kinder von der Familie erschwert [146]. Die Liebes-Beziehung der Ehegatten wird zum konstituierenden Moment für die Familie überhaupt; körperliche Nähe und Sexualität machen u.a. - an die Liebesbeziehung gekoppelt - den gegenstrukturellen Charakter der Familie aus, weil beide Momente aus der Öffentlichkeit verbannt werden. Sexualität wird zur ehelichen Pflicht und zwar für Männer und Frauen gleichermaßen, allerdings zeigen sich inhaltliche Veränderungen: die Anwendung empfängnisverhütender Methoden nimmt zu [147].

Dies liegt angesichts der hohen Wochenbettsterblichkeit zunächst im Interesse der Frau und führt zu einer Verringerung der Kinderzahl, wobei sich die Haushaltsgröße allerdings kaum verändert, weil die Kinder nun nicht mehr in fremde Haushalte zum Stillen oder zur Ausbildung gegeben werden.

Das Stillen der Säuglinge durch die leiblichen Mütter ist Ausdruck der veränderten Beziehung ihnen gegenüber, Mutterliebe wird sozial bedeutsam [148]. Die geringere Kinderzahl bildet die Voraussetzung für den besonderen Charakter der Beziehung zum einzelnen Kind und die "Verkindlichung" des Kindes erlaubt es den Frauen, die eigene Infantilisierung zu ertragen. Die dadurch verbesserte Säuglingspflege senkt die Säuglingssterblichkeit und verstärkt damit im Rückkoppelungseffekt die Möglichkeit zu intensiven Beziehungen. Der explizite Bezug der Mütter auf die Säuglinge und Kleinkinder verändert deren Lebensbedingungen zentral: das Steckkissen verschwindet, die Nahrungsmittelzusammenstellung wird bewußter gehandhabt, und es entsteht [149] ein

---

146 TYRELL 1976

147 FLANDRIN 1978,227ff, 244ff, 275ff

148 SHORTER 1975,263

149 TEUTEBERG 1978,88

sozialisationsrelevantes Setting, das die Ausbildung der bürgerlichen Fähigkeiten und Tugenden fördert. Die frühkindliche Sauberkeitserziehung bildet die Grundlage für die Ausbildung typischer Züge des analen Zwangscharakters und damit der Fähigkeiten wie Ordnung, Pünktlichkeit, Fleiß, Sparsamkeit [15o]. Die emotionale Beziehung zur Mutter schafft allerdings Ablösungsprobleme und Inzestprobleme, die mit einer rigiden Entsexualisierung der Mutter-Kind-Beziehung beantwortet werden; für das Kind bietet sich als Lösung der Problematik die Identifikation mit dem Vater (als Lösung des ödipalen Konfliktes) an, was die Funktionalität der Sozialisation in diesem Setting erhöht. Die ökonomische Potenz und erfahrbare Autorität des Hausvaters dem ganzen Haus gegenüber erleichtert diese Identifikation. Dies ist zugleich der wesentliche Mechanismus des Übergangs von bloßen Fremdzwängen in Selbstzwänge [151].

Indem die Liebe den Kindern gegenüber zur Norm wird, enttäuscht das Kind umgekehrt mit einem Fehlverhalten immer auch diese Liebe. Dieser Mechanismus scheint für die Effektivität der Sozialisation genauso relevant wie der oft betonte Zwang zur Anpassung an die elterlichen Wünsche mittels der Aussicht auf das spätere Erbe.

Umgekehrt werden die Kinder für die Frauen immer auch zum Erfüller projektiver psychischer Bedürfnisse: die Mädchen müssen genauso werden wie sie selbst, weil sie ansonsten die psychische Struktur der Mütter bedrohen und die Jungen können als Stellvertreter eigene selbst nicht lebbare Bedürfnisse erfüllen. Voraussetzung für die Wirksamkeit des Settings ist die Möglichkeit, das Inzesttabu und die ödipale Konstellation aufrechtzuerhalten, und dies könnte die Grundlage für die besonderen moralischen Vorschriften sein, denen die bürgerliche Frau im Hinblick auf die Einhaltung der ehelichen Treue ausgesetzt ist [152]. Die eheinterne Sexualität scheint allerdings noch kei-

---

15o ZIEHE 1975,52

151 ELIAS 1974,92

152 DÖRNER 1974,42f; ELIAS 1974,92

neswegs prüdisiert und tabuisiert [153]. Der gegenüber der Gesellschaft besondere Charakter der familialen Beziehungen erfordert aber auch Fähigkeiten, die im bloßen Erleben der familialen Realität nicht ausbildbar sind. Darüber hinaus führt die Infantilisierung der Kinder und ihre Behütung zum Fernhalten gesellschaftlicher Realitäten, zur Einräumung eines Schutzraumes, was später im Erklären und Aufklären in nunmehr allerdings vernünftiger, sprachlich reduzierter Form ausgeglichen werden muß. In diesem Zusammenhang wird das Konzept der Erziehung und die Pädagogisierung der kindlichen Entwicklung bedeutsam. Deren Verantwortung liegt entsprechend der Herrschaftsstrukturierung der Familie beim Hauswirt und -herrn [154], deren alltägliche Durchführung wird zur Arbeit der Frau.

Die neue Qualität der Gatten- und der Eltern-Kind-Beziehung führt nicht nur zu einer verstärkten Abschottung der Familie gegenüber der Öffentlichkeit, zu ihrer Privatisierung, sondern auch zu einer Distanzierung gegenüber der Dienstbotenschaft, die nach wie vor mit im ganzen Haus lebt und den Herrschaften untersteht [155]. Die vorgängige Identität des Status der Kinder und der Dienstboten löst sich auf. Die Distanzierung verstärkt sich dadurch, daß die Dienstboten nicht nur nicht zur eigenen Familie gehören, sondern darüberhinaus aus völlig anderen Sozialformen mit anderen Relevanzstrukturen stammen. Die Pädagogik warnt insofern realistischerweise vor dem ungünstigen Einfluß der Dienstbotenschaft auf die Entwicklung der Kinder. Umgekehrt erfordert die Wirtschaft des ganzen Hauses und der hohe Anteil eigener Produktion nach wie vor die Anwesenheit der Dienstboten, die zunehmende Notwendigkeit der Herstellung des

---

153 DÖRNER 1974,56

154 ebd.61

155 ENGELSING 1973,184ff; DÖRNER (1974) weist auf den ambivalenten Charakter der Dienstbotenschaft im Familienrecht des Preußischen Allgemeinen Landrechtes von 1794 hin: im "Grundriß vom Aufbau des Staates" heißt es einerseits: "Die Verbindung zwischen Ehegatten, ingleichen zwischen Eltern und Kindern macht die häusliche Gesellschaft aus" (§3). und: "Doch wird auch das Gesinde mit zur häuslichen Gesellschaft gerechnet" (§4).

Standes verstärkt sie sogar [156].

Diese interne Differenzierung und Privatisierung der Familie findet ihren Ausdruck in der Neuordnung der räumlichen Struktur des ganzen Hauses, dem Entstehen von Kinder- und Dienstbotenräumen, der Privatisierung der Schlafräume und der Einrichtung von Salons [157].

3.5. Die statusorientierte spätbürgerliche Familie

Auf der Basis der vorausgehenden Familialisierung geht der Sozialform der spätbürgerlichen Familie der Charakter des ganzen Hauses verloren, indem die innerhäusliche Produktionsfunktion sozial unbedeutend wird und sich weitere Differenzierungsprozesse innerhalb der Hauszugehörigen ergeben. Kennzeichnend ist zunächst die vollständige Auslagerung bestandserhaltender Erwerbsarbeit oder unternehmerischer Tätigkeit aus dem Haushalt, die Entflechtung von Wirtschaft und Familie. Die geschlechtsspezifische Zuordnung zu den einzelnen Bereichen bleibt dabei genauso erhalten wie die Anwesenheit familienfremder Personen im Haushalt. Die Größe des Haushaltes verändert sich damit noch kaum. Diese Veränderungen schlagen sich räumlich-architektonisch im Übergang vom eigenen Haus zur großzügigen repräsentativen Stadtwohnung nieder.

Die Ausdehnung des Marktes und die Entwicklung der Haushalttechnik, sowie erweitertes staatliches Handeln haben erhebliche Veränderungen der Haushaltsführung zur Folge: die Versorgung von Alten und Kranken wird ausgegliedert, die Produktion von Kleidung und Nahrung eingeschränkt, die Versorgung mit Wasser und Energie erleichtert u.a.m. [158]. Erhebliche Teile der Ausbildung der Kinder werden angesichts komplexer werdender Qualifikationsanforderungen des Marktes und von Verberuflichungsprozessen an das ebenfalls stark expandierende Ausbildungssystem abgetreten.

---

156 ENGELSING 1973,184ff,248ff

157 v. USSEL 1973,1o5; FLANDRIN 1978,11off

158 ENGELSING 1973,234; GERHARD 1978,64

Dies bildet die Grundlage für die Entwertung der Arbeit der Frau, bzw. für den Verlust des Charakters von Arbeit, den deren Tätigkeit erfahren. Die faktische Einbuße unmittelbar sinnvoller Arbeiten besonders großbürgerlicher Frauen wird auch als Grundlage der bürgerlichen Frauenbewegung angesehen[159]. Gleichzeitig erwachsen der Frau allerdings neue Aufgaben: sie muß in der Lage sein, Häuslichkeit und reproduktives Klima herzustellen [160], sie muß repräsentieren und parlieren können; sie soll mit dem ihr vom Mann zugeteilten Wirtschaftsgeld wirtschaften, kalkulieren und buchhalten können, angesichts der erweiterten Marktaktivitäten ein über die lapidare Konsumfunktion weit hinausgehendes Unterfangen. Daneben verbleibt ihr die Organisation des Haushaltes und die Beaufsichtigung des Dienstpersonals, wobei diese Aufgabe durch die fortschreitende Distanzierung von Herrschaft und Dienstbotenschaft komplizierter wird. Mit dieser Distanzierung wächst außerdem die Erziehungsarbeit der Kinder, die nicht mehr dem Personal überlassen werden kann. Diese Aufgabenstruktur erfordert auch für die Mädchen eine organisierte Ausbildung außerhalb der eigenen Familie.

Mit dem Verlust der wirtschaftlichen Bedeutung der Frauenarbeit in der spätbürgerlichen Familie geht auch die gemeinsame Gegenständlichkeit für die Gattenbeziehung verloren[161]. Gleichzeitig eröffnet sich den Ehegatten allerdings ein neuer gemeinsamer Gegenstand: die <u>Herstellung des gemeinsamen Standes</u>. In dem Maße, in dem mit der Durchsetzung des Bürgertums und dessen Gleichheitsanspruch die formalen Standesschranken fallen, besteht für die spätbürgerliche Familie die Notwendigkeit, die sozialen Unterschiede je neu herzustellen und dies in dreifacher Hinsicht: individuell lebensgeschichtlich, alltäglich situativ und intergenerational.

<u>Situativ</u> wird die Abgrenzung nach unten und oben erreicht durch "standesgemäßes Benehmen", Haltung, Sitten, Konsumstandards,

---

159 DÖRNER 1974,68; GERHARD 1978,64

16o GERHARD 1978,67ff

161 FREUDENTHAL 1934

Konversation [162]; spezielle Strategien bestehen z.B. darin, sich im Hinblick auf den Konsum radikal auf qualitativ hochwertige Waren zu beschränken oder Konversationen in mehreren Sprachen führen zu können.

Für die intergenerationale Standesvererbung noch relevanter ist, für Männer vor allem, die Berufsausbildung. Mit der Institutionalisierung von Berufsschablonen durch die Koppelung von Beruf, Prestige, Reproduktionschancen ist ein struktureller Indikator für die Standeszugehörigkeit gegeben. Die inhaltliche und formale Koppelung an Ausbildungsgänge verlangt von den Eltern, die Voraussetzungen für das erfolgreiche Absolvieren durch die Söhne zu schaffen, wollen sie auch in ihrem eigenen Interesse ihrer Funktion sozialer Plazierung gerecht werden.

Beide "Standesherstellungsprozesse" erfordern bei den Betroffenen relativ lange Aneignungsprozesse, für Frauen zeitlich geringer als für Männer. Damit entsteht die Adoleszenz als zeitlich abgrenzbare Lebensphase mit sozialer Bedeutung [163]. Dem entspricht die Entwicklung des Ausbildungswesens [164] mit der Herausbildung der Bildungsanstalten für höhere Töchter, der Ausdehnung des Universitätswesens und der Etablierung von Real- und Gewerbeschulen und polytechnischen Anstalten [165].

Innerhalb der Beziehung der Ehegatten gibt es geschlechtsspezifische Differenzen im Hinblick auf den Beitrag zur Herstellung des gemeinsamen Standes. Der Mann erwirtschaftet das standesgemäße Einkommen und ein entsprechendes Berufsprestige, die Frau sorgt für die standesgemäße Repräsentation, Haushaltsführung und Kindererziehung. Nach wie vor existiert für die spätbürgerliche Familie ein gemeinsames Systemziel, und die Familie wird von der Umwelt als Einheit aufgefaßt und behandelt. Beide Ehegatten besitzen eine Standesidentität; inso-

---

162 ENGELSING 1973,15ff

163 DEMOS 1969

164 zur spezifischen Ausbildungssituation von Mädchen siehe KÖSSLER (1979,61ff)

165 ZIEHE 1975,53,60; WALDEYER 1974

fern wäre es nicht richtig, für die Frau hier von einer nur abgeleiteten Identität zu sprechen, selbst wenn dies wegen der von der Amts- oder Berufsbezeichnung des Mannes abgeleiteten Anrede der Frauen naheliegt. Es handelt sich dabei um Standesbezeichnungen, zu denen der Mann mittels des Berufes oder Amtes nur seinen Teil beiträgt. Dem entspricht die Regel, daß die bürgerliche Frau erst heiratet, wenn der Stand der Männer feststeht oder sich deutlich abzeichnet, also nach dessen abgeschlossener Berufsausbildung und Militärzeit. Für die Männer ergibt sich damit ein relativ hohes Heiratsalter. Die geschlechtsspezifische Ausbildung der Frauen ist früh beendet und deren Verbleib in der Herkunftsfamilie bis zur Verheiratung legt für sie ein relativ frühes Heiratsalter nahe. Dies ist funktional insofern, als für Frauen damit keine Belastungen und Bedürfnisentwicklungen üblich werden, wie sie auftreten, wenn vor der Gründung einer eigenen Familie die Herkunftsfamilie verlassen wird [166]. Darüber hinaus erleichtert der Altersunterschied der Ehegatten das Akzeptieren der Herrschaftsbeziehung auf Seiten der Frau.

Umgekehrt geht mit dem Unsichtbarwerden der männlichen Arbeit für die Familie und der Vermittlung über Geld und Prestige auch ein Verlust väterlicher Gewalt einher. Die umfassende Gewalt des Hausherren wird reduziert auf kontrollierte Entscheidungsrechte, die väterliche Gewalt wird zum eingeschränkten Pflichtrecht und mit der staatlich geregelten Volljährigkeit bleibt die Eheschließung formal unbeeinflußt von Familieninteressen und die volle Geschäftsfähigkeit der Frau gewährleistet [167].

Die Genese der verschärften viktorianischen Moral mit ihrer extrem sexualfeindlichen Konsequenz für die Frauen ist unklar.[168] Sie ist zunächst funktional als weiteres Moment der Kontrolle in dem Moment, als der Mann das Haus verläßt. Sowohl die Moral selbst als auch die damit einhergehende Erotisierung bilden

---

166 LEVY 1977; PROKOP 1976

167 DÖRNER 1974,117

168 ELIAS 1974,89; COTT (1978) ist der Auffassung, daß die viktorianische Leidenschaftslosigkeit den Frauen erhebliche Vorteile brachte und deshalb von ihnen aufgenommen wurde.

neue Kriterien der Abgrenzung gegenüber nicht bürgerlichen Schichten [169]. Und schließlich scheint damit der Prozeß zunehmender Selbstkontrolle, zunächst abgestützt durch moralische Schablonen, innerhalb der Familie selbst, die zuvor ja gerade einen Raum relativer Entgrenzung darstellte, vorangetrieben zu werden.

Die Institution der Dienstbotenschaft verändert sich vollständig: sie ist nun gekennzeichnet von Verweiblichung, Verberuflichung und Distanzierung der Herrschaft. Die Verweiblichung des Hauses und der Verlust produktiver Funktionen [17o] die Reduzierung des männlichen Dienstpersonals. Die frühere Identität von Dienstbote, Diener, Geschäftsgehilfe und Kind ist aufgebrochen; die Beziehungen werden funktional spezifisch und verberuflicht: der Mensch ist für den anderen nur noch Geschäftsgehilfe oder nur noch Diener [171]. Dies gilt vor allem für die Männer, und in diesem Zusammenhang entsteht der Beruf des korrekten Livreedieners, neben dem Kutscher und Gärtner eines der wenigen Residuen männlicher Dienstbotenschaft. Angesichts der Funktionsauslagerung und der technischen Fortschritte verlagert sich die Bedeutung der Dienstbotenschaft von der wirtschaftlichen Notwendigkeit weg hin zum Statusindikator.

Die mit der Herstellung des Standes verbundenen Momente implizieren allesamt die Distanzierung der Herrschaft von der Dienstbotenschaft: Verkehrskreise, Sprache, Lektüre, Benehmen, Ausbildung usw. [172]. Der Verlust gemeinsamer Lebensführung impliziert die Notwendigkeit vertraglicher Beziehung; der Vertrag räumt der Herrschaft allerdings anachronistisch-patriarchalische Rechte ein, was zwar einerseits den Übergang ländlicher Frauen in das städtische Milieu erleichtert, insgesamt jedoch zu einer problematischen Beziehungsstruktur führt, weil

---

169 Das Bürgertum greift immer wieder scharf die sexuelle Promiskuität der Aristokratie an und vertritt zunehmend das Ideal sexueller Selbstbeherrschung und verbaler Prüderie (COTT 1978,223).

17O ENGELSING 1973,235

171 ebd.226

172 ebd.187ff,246

damit feudale Unfreiheiten für die Dienstboten verbunden sind, die weit über das Maß zeitlich befristeter vertraglicher Unfreiheit im üblichen Lohnarbeitsverhältnis hinausgehen Im Einzelfall mag das patriarchalische Verhältnis umgekehrt den Dienstboten besondere Vorteile erbracht haben [173].

Die Distanzierung von Dienstbotenschaft und Herrschaft bietet auf der anderen Seite den Kindern in der spätbürgerlichen Familie bereits die Möglichkeit, angemessenes Verhalten zu erlernen; sie wachsen in einer häuslichen Sphäre auf, in der Befehlen und Bedientwerden Selbstverständlichkeiten darstellen[174]. Auf der anderen Seite erlaubt das Setting auch die Ausbildung korrektes, selbstdiszipliniertes Handeln den Untergebenen gegenüber.

3.6. Der proletarische Haushalt

Der proletarische Haushalt stellt die Sozialform dar, mit der die neuen Anforderungen fabrikmäßiger Lohnarbeit auf der Basis von Merkmalen des protoindustriellen Haushaltes oder des bäuerlichen Hofes integriert werden. Erhalten bleiben zunächst das Ziel der Subsistenzerwirtschaftung, der Beitrag aller Haushaltsmitglieder zur wirtschaftlichen Sicherung, die internen Distributionsmechanismen, der Versicherungscharakter, die Bedeutung von Ehe und Beziehung, in eingeschränktem Maße die Öffentlichkeit des Haushaltes sowie die Nicht-Existenz einer Kindheitsphase.

Der Haushalt steht drei wesentlichen neuen Anforderungen gebenüber:
- dem Übergang zu abstrakter Arbeit und dem gänzlichen Verlust eigener Produktionsmittel,
- der nahezu vollständigen Auslagerung der subsistenzerwirt-

---

173 ebd. 259

174 ebd. 24o

schaftenden Arbeit aus dem Haushalt und

- dem städtischen Milieu, einem hohen Maß räumlicher Mobilität und damit verbunden dem Zerreißen des alten dörflichen Kontextes [175].

Solange kein Familienlohn gezahlt wird ist der Beitrag aller Haushaltsmitglieder zur Sicherung der Subsistenz erforderlich [176]. Der Zerfall des dörflichen Kontextes führt zu einer Verunsicherung der inhaltlichen Subsistenzannahmen und erlaubt eine Entlohnung, die gerade das Überleben sichert. Im Hinblick auf die wirtschaftliche Sicherung des Haushaltes ist es gleichgültig, welche Form die Arbeit der Mitglieder annimmt. Die Männer gehen üblicherweise lebenslang der Lohnarbeit nach, für die Frauen gelten lebens- und haushaltszyklische Differenzierungen: sie arbeiten als Kinder und Jugendliche in der Fabrik, im zweiten Lebensjahrzehnt zeigt sich eine Abnahme der außerhäuslichen Arbeit, die ihren Höhepunkt in der dritten Lebensdekade hat; der Anteil lohnarbeitender Frauen nimmt im vierten Jahrzehnt wieder zu, um dann bis zum Alter von etwa 7o Jahren relativ konstant zu bleiben. Die Gründe liegen zunächst in der Geburt von Kindern, deren eigenem Beitrag zum Einkommen und später das Weggehen der Kinder, die Invalidität oder der Tod der Männer[177]. Aber auch wenn Frauen oder Kinder keiner Lohnarbeit nachgehen, erhöhen sie durch ihre Arbeit den familialen Input: Eigenproduktion von Konsumgütern, einfache Warenproduktion oder Versorgung von Kost- und Schlafgängern gegen Entgelt. Das Eigentum oder der Besitz eigener Produktionsmittel, einer kleinen Parzelle Land gilt als Privileg [178].

Die Relevanz der "sittlichen Ökonomie", worunter moralische Grundannahmen hinsichtlich der Ökonomie und ein "volkstümlicher Konsens darüber, was auf dem Markt, in der Mühle, in der Backstube usf. legitim und was illegitim sei" verstanden wird [179],

---

175 BRÜGGEMEIER/NIETHAMMER 1978,148

176 SCHNEIDER 1967,118

177 ebd. 1o2

178 PULS 1979,2o1

179 THOMPSON 1979,16

räumt auch der hausarbeitsnahen Arbeit der Frau eine wichtige Bedeutung ein; der relevante Regulationsmechanismus des familialen Unterhaltes liegt nicht nur auf der Einkommensseite sondern auch auf der Ausgabenseite; es existiert ein hochempfindliches Konsumentenbewußtsein. Solange sich abzeichnende Verschlechterungen der materiellen Ressourcen nicht nur mittels Lohnforderungen bekämpft werden sondern auch auf der Ebene von Preis und Qualität ist der tendenziell den Frauen zugeordnete Bereich genauso relevant, was sich auch an dem Beitrag der Frauen an den politischen Kämpfen der Zeit, den Lebensmittelunruhen zeigt [18o]. Räumliche Mobilität vermindert allerdings auch tendenziell die Bedeutung dieses Zusammenhanges.

Der Zerfall der dörflichen Öffentlichkeit führt über die Befreiung des Lohnarbeiters von Produktionsmitteln und feudaler Abhängigkeit hinaus auch zu einer Befreiung von sozialer Kontrolle und rigider kontextueller Eingebundenheit [181]. Das zusammenhanglose Nebeneinander in der Stadt verändert dies zunächst auch nicht. Dennoch bleibt der proletarische Haushalt öffentlich, vor allem durch die beengten Wohnverhältnisse und die aus ökonomischen Gründen erforderliche Anwesenheit haushaltsfremder Personen, wie Kostgänger und Schlafgänger. Umgekehrt ist diese "halboffene Familienstruktur" wieder funktional für die Integration von Nichtstädtern in das städtische Milieu [182].

Die Beziehungen zu diesen Personen besitzen allerdings vertraglichen Charakter und sind funktionsspezifisch; entsprechend den räumlichen Verhältnissen ist von dem Bemühen um Abschottung auszugehen [183]. Damit gibt es in dem proletarischen Haushalt Privatheit als Intimität zulassenden Raum noch nicht [184]. Dem Nachhinken im Prozeß der Zivilisation entspricht der geringe Grad an Körperfeindlichkeit und "Verhäuslichung körperlicher

---

18o ebd. 19,49

181 SHORTER 1977

182 BRÜGGEMEIER/NIETHAMMER 1978,152f; SCHNEIDER 1967,139

183 BRÜGGEMEIER/NIETHAMMER 1978,156; EHMER 1979,152

184 PULS 1979,211

Verrichtungen" [185]. Viele Personen schlafen in einem Raum, manchmal in einem Bett; ein Bett wird im Schichtwechsel an zwei Kostgänger vermietet; die Funktionstrennung von Räumen ist kaum bekannt, meist nicht praktizierbar.

Dem geringen Grad an Privatheit entsprechen die weiterhin unromantischen Verhältnisse innerhalb der Familie; die Möglichkeit freizügiger Partnerwahl beinhaltet noch keineswegs die Notwendigkeit der dauerhaften Romantisierung der Beziehung [186].

Mit dem Übergang von der protoindustriellen Gesellschaft ins Fabriksystem und der damit verbundenen Dequalifizierung der Arbeit verliert die Partnerwahl ihre letzte sachhafte Bestimmung: alle impliziten Endogamievorschriften werden obsolet. Der Proletarierhaushalt kann ökonomisch existieren, gleich woher seine Mitglieder kommen und welche Ausbildung sie genossen haben. Dies führt vor allem zu Veränderungen gegenüber dem bäuerlichen Herkunftsmilieu: der Herabsetzung des Heiratsalters und steigenden Illegitimitätsraten [187]. Die Zerstörung des dörflichen Kontextes, der die Legitimisierung gezeugter Kinder erzwang läßt Versorgungsprobleme für die ledigen Mütter und ihre Kinder entstehen - eine Problematik, die in zeitgenössischen Liedern immer wieder auftaucht [188].

Das niedrige Heiratsalter für beide Geschlechter trägt zu einer Reduktion der Haushaltsgröße bei, weil die Eheschließung über kurz oder lang zur Neolokalität führt. Die spezifische Art der Erwirtschaftung der Subsistenz legt die Integration weiterer Personen unter wirtschaftlichem Aspekt nicht mehr nahe, da nun nicht mehr die Kooperation und das gemeinsame Produkt mit prinzipiell nicht quantitativ zurechenbaren Anteilen im Vordergrund steht, sondern das additive Zusammenlegen individueller Einkommen; von daher ist es prinzipiell gleichgültig, ob man alleine oder in einem größeren Verband lebt. Die Zahl eigener

---

185 GLEICHMANN 1979,254f

186 JONES 1979,352ff

187 CASPARD 1979,124; SHORTER 1977,294

188 KÖLLMANN 1978,17ff

Kinder braucht allerdings nicht reduziert zu werden, da diese ihren Beitrag zum Haushaltseinkommen liefern, solange Kinderarbeit nicht verboten ist [189].

Der reduzierte Haushalt, ohne die nicht in die Wirtschaft einbezogenen Kostgänger, verfügt damit allerdings über eine geringere Elastizität des Arbeitseinsatzes, d.h. die aufgewendete Arbeit kann nicht mehr den spezifischen Erfordernissen angepaßt werden, wie etwa der Geburt eines Kindes, der Krankheit eines Haushaltsmitgliedes oder der Versorgung von Alten. Damit besteht faktisch auch die Notwendigkeit für die Alten, sich selbst zu versorgen. Im Falle individueller Notfälle muß üblicherweise das Pfandhaus in Anspruch genommen werden oder der Haushalt muß sich verschulden.

Die Zeitstruktur des Haushaltes ist den Vorgaben der Fabrik oder des Schulwesens angepaßt. Indem die Kinder bestimmten Anforderungen ausgesetzt sind, wie etwa der Pünktlichkeit am Arbeitsplatz oder der Fabrikschule und die Eltern für deren Erfüllung verantwortlich sind, werden sie selbst zur Anpassung an diese Erfordernisse gezwungen und dahingehend sozialisiert[19o].

Die schulische Sozialisation der Kinder ist vor allem im Hinblick auf diejenigen Fähigkeiten von Bedeutung, die von den Kindern im häuslichen Kontext nicht mehr erwerbbar sind, weil das unmittelbare Mitleben unmöglich wird. Innerhalb des Haushaltes gibt es allerdings noch keine Trennung der Lebensbereiche von Erwachsenen und Kindern; es gibt keinen Unterschied zum Lernmodell des protoindustriellen Haushaltes oder des bäuerlichen Hofes. Dies gilt auch für die Versorgung der Kinder und Säuglinge. Kinder entstehen ungeplant und sollen baldmöglichst das Familieneinkommen aufbessern helfen. Die Kindersterblichkeit ist außerordentlich hoch [191]. Dies geht wiederum zusammen mit dem geringen Grad an emotionaler Beziehung zu den Kindern. Begründet wird die Säuglingssterblichkeit vor allem

---

189 KORTE 1979,417f

19O Darauf macht NEIDHARDT (1968) für familiale Sozialisation generell aufmerksam.

191 SHORTER 1975,274ff; TEUTEBERG 1978,195ff

durch die fehlerhafte Zusammensetzung der Nahrung, selbst wieder Konsequenz von Armut und außerhäuslicher Arbeit der Frau. An diesem Punkt setzten die späteren Kampagnen zur Verhäuslichung der proletarischen Frau an [192].

Auch ansonsten bleibt die Hausarbeit und damit ein spezifischer Arbeitsbereich für die Frau rudimentär. Die Ernährung entspricht weitgehend der auch im protoindustriellen Haushalt üblichen [193] und ist einfach zuzubereiten; Kleidung wird vom Markt bezogen. Die Wohnverhältnisse erfordern ebenfalls keinen besonderen Arbeitsaufwand. Von zeitgenössischen bürgerlichen Hauswirtschaftlern und Ökonomen wird mit großer Beliebtheit vermerkt, daß die mangelhafte Ausbildung der Frau die Zusammenstellung eines Speiseplans verhindert, der bei gegebenen Mitteln einen erheblich höheren Nährwert erzielte [194]. Vorratshaltung und die damit verbundenen Arbeiten sind wegen des fehlenden Geldes und Platzes ebenfalls nicht üblich [195].

---

192 DYHOUSE 1978; TEUTEBERG 1978,193f

193 SCHNEIDER 1967,122; PULS 1979,2o3

194 z.B. THUN 1879, zit. n. TEUTEBERG 1978,216

195 SCHNEIDER 1967,124f

Anne Klein

ZUR IDEOLOGIE DES WEIBLICHEN CHARAKTERS IM 19. JAHRHUNDERT

Inhaltsübersicht

1. Einleitung und Problemstellung

Aussagen über die Frau sind bis zum 18. Jahrhundert als Standesdefinitionen anzusehen, die sich auf die Rechte, Pflichten und Verrichtungen innerhalb des Hauses beziehen. Seit dem ausgehenden 18. Jahrhundert - mit der beginnenden Auflösung des "ganzen Hauses" - läßt sich demgegenüber eine neue Qualität solcher Aussagen nachweisen. An die Stelle von Standesdefinitionen treten Charaktereigenschaften. Der "Geschlechtscharakter" - der Begriff selbst bildete sich im 18. Jahrhundert heraus -, wurde "als eine Kombination von Biologie und Bestimmung aus der Natur abgeleitet und ... als Wesensmerkmal in das Innere der Menschen verlegt" (HAUSEN 1976,369f.) [1].

Die Ideologien, die sich um die Frau zu bilden begannen, sehe ich im Zusammenhang mit den im 19. Jahrhundert einhergehenden sozioökonomischen Veränderungen. Die ständische Gesellschaftsordnung wurde abgelöst von kapitalistischen Wirtschafts- und Gesellschaftsstrukturen, die die Auflösung der sozialen, wirtschaftlichen und politischen Einheit des "ganzen Hauses" zur Folge hatten. War das "ganze Haus" im Feudalismus die Basiseinheit der Gesellschaft, war quasi selbst die Gesellschaft, so änderte sich diese Situation grundlegend mit der industriellen Warenproduktion und der Entstehung des bürgerlichen Staates. Die neuen Produktions- und Organisationsverfahren machten die Herausnahme der Produktion aus dem Hause notwendig, und mit der staatlichen Organisation der Gesellschaft wurden die an das

---

1 Die Schriften, die sich mit dem weiblichen Charakter beschäftigten und die im ausgehenden 18. Jh. und im 19. Jh. in großer Fülle erschienen, waren verfaßt von Philosophen, Anthropologen, Medizinern, Pädagogen: CAMPE: "Über die allgemeine und besondere Bestimmung des Weibes"; MÖBIUS: "Über den physiologischen Schwachsinn des Weibes"; SCHOPENHAUER: "Über die Weiber"; FREUD: "Einige psychische Folgen des anatomischen Geschlechtsunterschieds"; L.v. STEIN: "Die Frau auf dem Gebiete der Nationalökonomie" - um nur einige zu nennen.

"ganze Haus" geknüpften Sozial- und Herrschaftsstrukturen hinfällig. Mit der Ausübung des Rechts durch den Staat verlor die patriarchalische Autorität ihre Legitimationsbasis.

Hier lassen sich insbesondere drei Gesichtspunkte herausstellen. Einmal die Herauslösung der Berufssphäre aus dem Familienverband: die Trennung von Beruf "Produktion" und Hausarbeit "Reproduktion" (vgl. dazu BOLLINGER in diesem Band); zum anderen die Entpolitisierung des Hausstandes durch die staatliche Organisation der Gesellschaft: die Entstehung von Öffentlichkeit und Privatheit; und zum dritten die besondere Lage des Bürgertums im Frühkapitalismus. Die räumliche Trennung von Produktion (Manufaktur, Fabrik) und Reproduktion (Herstellung und Wiederherstellung des Arbeitsvermögens im privaten Bereich von Haus und Familie) wurde unter den wirtschaftlichen Bedingungen der industriellen Warenproduktion erforderlich. Mit ihr entstand die moderne Form der Nur-Hausarbeit (BOCK/DUDEN 1977), denn während im "ganzen Haus" Arbeitsteilung noch hauptsächlich Produktionsteilung [2] war, entwickelte sich erst mit der Trennung von Beruf und Hausarbeit eine neue Form geschlechtsspezifischer Arbeitsteilung: die Frau arbeitete "reproduktiv" im Haus, der Mann "produktiv" im Beruf (vgl. dazu auch BOLLINGER in diesem Band).

Reproduktionsbezogene Hausarbeit ist als Voraussetzung und Bedingung beruflich organisierter Arbeit anzusehen (BECK-GERNSHEIM 1976,35), denn die tauschorientierte Wirtschaftsweise [3] bedarf zunächst der Sicherung der unmittelbaren Reproduk-

---

2 "Die geschlechtsspezifische Arbeitsteilung im "ganzen Haus" war hauptsächlich "Produktionsteilung". Beide, Mann und Frau, arbeiteten unmittelbar gebrauchsorientiert für ihren gemeinsamen (einschließlich Gesinde) Alltagsbedarf (also: subsistenzwirtschaftlich) und jeder Arbeitsbereich (z.B. die weibliche Arbeit in und um das Haus oder die männliche Feldarbeit etc.) war für sich genommen selbständig, produktiv und autark" .(OSTNER 1978,36)

3 Im Gegensatz zur hier idealtypisch gesehenen bedarfsorientierten Wirtschaftsweise des "ganzen Hauses".

tion (vgl. OSTNER 1978). Ist Hausarbeit notwendige Ergänzung zur Berufsarbeit, dann heißt das auch: die industrielle Produktionsweise war und ist ohne private "familiale Reproduktion" nicht möglich. Damit wird Hausarbeit zur gesellschaftlich notwendigen Arbeit (OSTNER 1978, BECK-GERNSHEIM 1976 und Einleitung in diesem Band).

Die mit der Trennung von Beruf und Hausarbeit einhergehenden unterschiedlichen Rollenverpflichtungen von Mann und Frau ließen sich zunächst nur ideologisch durchsetzen. Eine Synthese von Mann und Welt, Frau und Haus [4] wurde unter Hinweis auf eine unterschiedliche psychische Struktur von Mann und Frau geschaffen. Damit ließen sich die gewünschten Verhältnisse - die Trennung von Beruf und Hausarbeit - als natürlich erklären. Meine These lautet somit: Die Ideologie vom weiblichen Charakter diente dazu, die Frau für die notwendig gewordene (Haus-) Arbeit in der Familie zu verpflichten.

Die Auseinanderentwicklung der Arbeitsfelder von Mann und Frau vollzog sich zunächst nur in der bürgerlichen Familie und in der Familie des Lohnarbeiters. Allerdings waren lediglich im gebildeten Bürgertum die sozioökonomischen Vorbedingungen für ein vornehmlich auf Privatheit und Intimität beruhendes Familienleben erfüllt. Seinen Aufstieg kulturell am Adel orientierend, konnte das Bürgertum seinerseits durch sein Familienleben als soziales Vorbild dienen: Wesentliche Aufgabe der Frau war es hierbei, ihrem Mann als Statussymbol und Objekt der Repräsentation zu dienen.

Zur Vorgehensweise:
Die Veränderungen, die sich für die soziale und psychische Situation der Frau unter frühkapitalistischen Verhältnissen ergaben, werde ich getrennt abhandeln: Einmal unter dem Gesichtspunkt der Stellung des Bürgertums, und zum anderen unter dem Gesichtspunkt der Trennung von Beruf und Hausarbeit. Vorweg soll jedoch geklärt werden: Wie konnten die Ideologien entstehen? Welche Vorarbeiten wurden geleistet und von wem? Den Boden für die Ideologien bereitete die Klassik und Romantik. Diese These möchte ich nun belegen.

---

4 Noch in der Hausväterliteratur wurden Frau u n d Mann durch das Haus, d.h. b e i d e wurden durch Ehe und Familie definiert (vgl. HOFFMANN 1959).

2. Der "weibliche Charakter" als Rechtfertigung und Absicherung patriarchalischer Herrschaft

Der Patriarchalismus, der sich auf die wirtschaftlichen und gesellschaftlichen Besonderheiten der feudalen Produktionsweise gegründet hatte, war ein wichtiges Moment bei der Befestigung feudaler Herrschaftsstrukturen. Mit der Auflösung der feudalen Verhältnisse durch die politischen und wirtschaftlichen Umwälzungen des ausgehenden 18. und frühen 19. Jahrhunderts und der Übertragung der "Hausgewalt" an die Justiz, verlor der Patriarchalismus seine Grundlage (vgl. dazu GERHARD 1978,145). Das Vehikel "Geschlechtscharakter" sollte nun dazu dienen, brüchige Herrschaftsstrukturen zu kitten, denn während in der ständigen Gesellschaft die unterschiedlichen Rollenverpflichtungen von Mann und Frau noch durch unmittelbare Herrschaft abgesichert waren - sie waren im Stand verankert - wurden jetzt diese Herrschaftsstrukturen hinfällig. Die traditionell autoritären und arbeitsteiligen Strukturen, einmal ins Wanken geraten, konnten unter Hinweis auf eine natürliche Bestimmung der Geschlechter aufrechterhalten werden. Das Gegebene wurde psychologisiert.

J.G. FICHTE leistete einen nicht zu unterschätzenden Beitrag zur Festigung brüchiger Herrschaftsstrukturen mit der Schaffung eines neuen Eheideals. Mit seiner Eheauffassung fand das bürgerliche Eherecht seine argumentatorische Basis. Es gelang ihm, sein streng patriarchales Eheideal direkt aus dem Naturrecht abzuleiten (vgl. dazu WEBER 19o7,3o6). Unter Bezugnahme auf die "Natur" der Frau arbeitete FICHTE eine idealistische Rechtfertigung des Gegebenen und damit alter Herrschaftsstrukturen heraus.

Der Naturrechtsgedanke war insbesondere bei der Liberalisierung des Eherechts für die Stellung der Frau von Wichtigkeit. Die Ehe wurde als Gesellschaft ursprünglich Gleicher auf den Boden der Vertragstheorie gestellt. Die Eheschließung wurde - nun verstanden als Rechtsvertrag zwischen zwei Individuen - zu einem Akt des bürgerlichen Rechts (vgl. WEBER 19o7,295 und MÖHRMANN 1977,26).

"Indem die neue Vertragsform ausschließlich auf der Übereinstimmung zweier einzelner beruhte, wurde der von der Kirche proklamierte Er-soll-dein-Herr-sein-Standpunkt zumindest theoretisch relativiert. Die Frau befand sich damit nicht mehr in der gleichen Besitzrelation zum Mann wie Haus, Hof und Hund und hörte auf, sein absolutes Eigentum zu sein" (MÖHRMANN 1977,26).

Die Anwendung vertragsrechtlicher Prinzipien auf die Ehe war durch die Auflösung der Verknüpfung von Ehe und gemeinsamer Hauswirtschaft [5] möglich geworden. Die Ehe, vormals der "Zusammenschluß von Mann und Frau zum Zwecke der Sexualität, der Kinderaufzucht, des Wirtschaftens und der gemeinsamen Religionsausübung" (HAUSEN 1976,372), begann sich mit dem Übergang von der feudalistischen zur kapitalistischen Produktionsweise mehr und mehr zur "Liebesehe" hin zu entwickeln. Die individuelle Einstufung von Mann und Frau als vertragsfähige Einzelpersönlichkeiten hatte ein anderes Gesellschaftsverständnis als das autoritär-patriarchale zur Grundlage (vgl. WEBER-KELLERMANN 1974,1o1). Eine partnerschaftliche und gleichberechtigte Beziehung zwischen Mann und Frau wäre zumindest theoretisch möglich gewesen.

2.1. Die Selbstaufgabe der Frau als "weibliche Würde"

FICHTEs spezielle Eheauffassung lieferte eine ideologische Begründung der rein rechtlich überholten Vormachtstellung des Mannes, noch bevor es in Deutschland überhaupt zur Auflösung der feudalen Verhältnisse kam. Sein Eherecht richtete sich bewußt und explizit gegen einen auch nur bürgerlichrechtlich gleichen Status der Frauen (vgl. GERHARD 1978,145).

FICHTE sah den Zweck der Ehe nicht mehr in der gemeinsamen Wirtschaft. Als wirtschaftlicher Zusammenschluß hinfällig geworden, erkannte er ihr den Selbstzweck zu. Die Ehe sei ein

---

5 Die Hausväterliteratur betonte vor allem die wirtschaftliche Seite der Ehe und des häuslichen Lebens: Das Haushalten besteht im "arbeitsteiligen Zusammenwirken von Mann und Frau" und ihrer "gegenseitigen Unterstützung im Hauswesen". Der beiderseitigen Neigung als Grundlage für eine gute Ehe wird keine Bedeutung beigemessen (vgl. HOFFMANN 1959,11off.).

durch Natur und Vernunft bestimmtes Verhältnis und sie sei "ihr eigner Zweck" (FICHTE 1796, zit. nach KLUCKHOHN 1922,326). Die Ehe, als die "gänzliche Verschmelzung zweier ... Individuen in eins" (ebd. 329), müsse auf Liebe begründet sein.

Welche "ungeheure sittliche Größe" (so KLUCKHOHN 1922,327) in den Gedanken FICHTEs liegt, läßt sich jedoch erst ermessen, wenn man FICHTEs "Erkenntnis" von der Verschiedenheit männlicher und weiblicher Liebe hinzuzieht. FICHTEs Zentralgedanke war, daß das Wesen der weiblichen Liebe und die Würde des Weibes in der vollkommenen und sich ganz unterordnenden Hingabe an den geliebten Mann beruhe (vgl. ebd. 328). Das heißt: Die historisch gegebene und im Patriarchat verankerte Unterordnung der Frau wurde zu einer Charaktereigenschaft und Verhaltensanweisung, die ihrem "natürlichen Wesen" entsprechen sollte.

Die logische Schlüssigkeit ergibt sich wie folgt: Für den Mann sei die Befriedigung des Geschlechtstriebes im Zeugungsakt vernünftig, da aktiv, aber:

"Im unverdorbenen Weibe äußert sich kein Geschlechtstrieb, und wohnt kein Geschlechtstrieb, sondern nur Liebe; und diese Liebe ist der Naturtrieb des Weibes, einen Mann zu befriedigen" (FICHTE 1796,311).

Dadurch daß sie sich zum Mittel für den Zweck des Mannes mache, gebe sie ihre Persönlichkeit auf, die sie aber zurückerhalte, indem es aus Liebe geschehe. Weil die Frau in der Liebe und damit in der Ehe ihre Persönlichkeit hergebe, fordere ihre eigene Ehre, "die unbegrenzteste Unterwerfung unter den Willen des Mannes" (FICHTE 1796, zit. nach KLUCKHOHN 1922,329). Der Rückgriff auf die "Natur der Ehe" erlaubte FICHTE konkrete juristische Folgerungen. Die geschickteste Ableitung ist zweifellos die, den Frauen die aus dem Naturrecht abgeleiteten, an sich gleichen Rechte [6] doch zu verweigern: Da die Frauen als Vernunftwesen den Männern gleichwertig seien, stünden ih-

---

6 "Jeder, der Menschenantlitz trägt, hat den Anspruch darauf, über sich selbst und die Gestaltung seines eignen Daseins zu verfügen, denn "von Natur" sind alle Menschen "frei" und "gleich" und mit demselben Anspruch auf "Glück" geboren" (WEBER 19o7,293).

nen selbstverständlich dieselben Menschen- und Bürgerrechte zu wie den Männern. Fraglich sei es nur, ob sie ihre Rechte ausüben wollten, hingen doch ihre Tugend und Würde von ihrer freiwilligen Unterwerfung ab.

"Diejenige, welche ihre Persönlichkeit mit Behauptung ihrer Menschenwürde hingibt, gibt notwendig dem Geliebten alles hin, was sie hat ... Das Geringste, was darauf folgt, ist, daß sie ihm ihr Vermögen und alle ihre Rechte abtrete, und mit ihm ziehe. Nur mit ihm vereinigt, nur unter seinen Augen, und in seinen Geschäften hat sie noch Leben und Tätigkeit. Sie hat aufgehört, das Leben eines Individuums zu führen; ihr Leben ist ein Teil seines Lebens geworden, (dies wird trefflich dadurch bezeichnet, daß sie den Namen des Mannes annimmt)" (FICHTE 1796, zit. nach GERHARD 1978,146).

Da der natürliche und sittliche Zweck der Ehe nur durch die Unterwerfung der Frau verwirklicht werden könne, solle der Staat auch darauf verzichten, sie als juristische Persönlichkeit zu betrachten. So lieferte FICHTE mit seinem reaktionären Eherecht die perfekte Begründung und Absicherung patriarchalischer Herrschaft, die mit der Entstehung der bürgerlichen Gesellschaft in Gefahr geraten war. Die historisch gegebene Unterordnung der Frau wurde als natürlich ausgegeben. Sie konnte zu einer Charaktereigenschaft werden.

Die Selbstaufgabe der Frau wurde bei FICHTE zur weiblichen Würde. Je größer ihr Opfer, umso vollkommener sei die Befriedigung ihres Herzens (vgl. KLUCKHOHN 1922,329). Daß gerade die Selbstaufopferung, das Leben für und durch den anderen eine Eigenschaft ist, die die auf Haus und Familie bezogene Arbeitsweise erfordert, wird im weiteren nachzuweisen sein.

2.2. Die idealistische Grundlage der neuen Ehe- und Familienverhältnisse

Die deutsche Klassik und Romantik legten die idealistische Grundlage, auf der sich die gewünschten Ehe- und Familienverhältnisse durchsetzen konnten: Die deutsche Klassik und Romantik wollten "zu einer tieferen Erkenntnis der sich gegenseitig ergänzenden Wesenszüge der Geschlechter gelangen" (BLOCHMANN 1966,44). Vor allem der frühen deutschen Romantik ging es darum "das Besondere beim anderen Geschlecht genauso zu respektieren wie beim eigenen" [7] (ebd.). Idealbild war die Verbindung der in der Frau zur Vollkommenheit entwickelten Weiblichkeit mit der im Manne zur Vollkommenheit entwickelten Männlichkeit "zur vollen ganzen Menschheit" (SCHLEGEL, zit. nach MÖHRMANN 1977,29).

Sowohl die Aufklärung als auch die Klassik und Frühromantik betonten die Gleichwertigkeit von Mann und Frau. Während jedoch die Aufklärung die Gleichheit der Frau mit dem Manne vor allem darin begründet sah, daß sie ebenso viel leisten und ebenso schwer arbeiten konnte wie der Mann, war für die Klassik und Frühromantik Gleichheit von Männern und Frauen gleichbedeutend mit der "Darstellung der Menschheit in den Geschlechtern" (vgl. PROKOP 1976,15o). Diese zunächst emanzipatorischen Impulse der Naturrechtslehre, die den Frauen in der Frühromantik zu geistiger Freiheit und Selbstbestimmung [8] verholfen hatten, wandelten sich mit den Bestrebungen, das unterschiedliche Wesen der Geschlechter immer präziser herauszubilden, in ein Herrschaftsmittel. Aus der Idee der Ergänzung der Geschlechter zu harmonischer Einheit entwickelte sich eine

---

7 Die frühromantische Generation suchte in der Frau die ebenbürtige Gefährtin. Sie wollte die freie Menschlichkeit, die Auflösung der Geschlechterrollen und die Aufhebung der Unterdrückung der Frau (siehe dazu PROKOP 1976 und MÖHRMANN 1977).

8 Die Romantikerinnen, das war jener kleine Kreis von Frauen des Adels oder des gehobenen Bürgertums, die im "geselligen Umgang, im Privatunterricht und durch Lektüre eine den Männern gleichwertige Bildung genossen hatten. und für eine kurze Epoche im Zentrum des deutschen Geistesleben standen" (GERHARD 1978,135). Zu diesen Frauen gehörten CHARLOTTE VON STEIN, CAROLINE VON HUMBOLDT, CAROLINE MICHAELIS-BÖHMER-SCHLEGEL-SCHELLING, RAHEL VARNHAGEN, BETTINA VON ARNIM, THERESE HUBER u.a. Die Salons, die einige dieser Frauen führten, waren Begegnungsstätten der Intellektuellen und Künstler der Zeit.

"Charakterologie" und "Geschlechterpsychologie" [9], die HAUSEN eindeutig in Zusammenhang mit der Suche nach einer Rechtfertigung patriarchalischer Herrschaft bringt (vgl. HAUSEN 1976,375). Mit schöngeistigen Argumenten wurde der Beweis zu erbringen versucht, daß sich der wahre Charakter des Weibes nur innerhalb der Häuslichkeit und unter Verzicht auf ihre Gleichstellung entwickeln könne. Als beispielhaft für den Versuch der "weiteren Sicherung der rechtlichen Privilegierung der Männer" zieht HAUSEN die von WELCKER im Staatslexikon unter dem Stichwort "Geschlechterverhältnisse" vorgetragene Argumentation heran:

"Kaum bedarf es wohl noch besonderer Beweisführungen, daß bei solchen Verschiedenheiten der Geschlechter, bei solcher Natur und Bestimmung ihrer Verbindung, eine völlige Gleichstellung der Frau mit dem Manne ... der menschlichen Bestimmung und Glückseligkeit widersprechen und ein würdiges Familienleben zerstören würde, daß dabei die Frauen ihrer hohen Bestimmung im häuslichen Kreise und für die Bildung der nachfolgenden Geschlechter, daß sie dem Schmucke und der Würde der Frauen, der wahren Weiblichkeit und ihrem schönsten Glücke entsagen ... müßten (WELCKER 1838, zit. nach HAUSEN 1976,376).

Zusammenfassend läßt sich sagen, daß,während man noch bis zur 1. Hälfte des 18. Jahrhunderts von einer geistigen und seelischen Gleichartigkeit von Mann und Frau ausgegangen war, sich dies seit der 2. Hälfte des 18. Jahrhunderts zu ändern begann. Seit ROUSSEAU suchte man den Unterschied der Geschlechter in der Psyche. ROUSSEAU, der mit der Erziehung der Sophie darlegte, daß die Natur die Frau nicht als Selbstzweck, sondern lediglich für den Mann geschaffen habe [1o], fand in medizini-

---

9 "KANT hält 1798 seine Vorlesungen über 'Anthropologie in pragmatischer Hinsicht', wobei dem 'Charakter des Geschlechts' ein Teil seiner Ausführungen gilt und ihn das als pragmatisch interessiert, 'was der Mensch als frei handelndes Wesen aus sich selber macht, machen kann und soll'. Noch eindeutiger läuft HUMBOLDTs 'Plan einer vergleichenden Anthropologie' von 1795 auf die Spezifizierung der 'Geschlechtscharaktere' hinaus, die er ebenfalls mit dem Ziel betrieben haben will, Kenntnis des Menschen, 'wie er ist' und 'wozu er sich entwickeln kann' zu gewinnen" (HAUSEN 1976,374).

1o La femme est faite specialement pour plaire à l'homme (ROUSSEAU 1762).

schen Schriften wirksame Unterstützung [11]. Während Anatomen des frühen 18. Jahrhunderts Mann und Frau auch körperlich fast als gleich ansahen, wurde an "ihren gesamten körperlichen und geistigen Anlagen, deren vorherrschende Eigenschaften Schwäche und 'Sensibilité' seien", bewiesen, "daß die Frauen zu schwerer Arbeit und zum Studium nicht geeignet" seien (KLUCKHOHN 1922, 1o4). Die Funktion der Schriften sehe ich so: Bei den Frauen sollte der "Sinn für die häusliche Glückseligkeit" (KNIGGE 1788) und für ihre "Bestimmung als Gattin, Hausfrau und Mutter" (CAMPE 1789) geweckt werden. Das häusliche Leben und die Abhängigkeit vom Manne sollten die alleinige Bestimmung der Frau sein, da sie "nicht zum eigentlichen selbständigen Wesen" geschaffen sei (BRANDES, zit. nach KLUCKHOHN 1922,3o9). Die Definition und Befestigung dieser Rolle wurde zum wesentlichen Bestandteil der sich nun entwickelnden Vorstellung über Familie.

Diese Bedingungen, die zur Stabilisierung und Durchsetzung der neuen Familienverhältnisse beigetragen haben und die sich als Familienideologie charakterisieren lassen, sollen nun an der konkreten Situation der Frau erläutert werden. Es soll betont werden, daß sich ein vornehmlich auf Privatheit und Intimität basierendes Familienleben zunächst nur in bürgerlichen Kreisen etablieren konnte, d.h. dem neuen Stand der Gelehrten und Beamten, der sich weniger durch Besitz als durch Bildung vom alten Handwerksbürgertum unterschied (DUDEN 1977, 131 und BOLLINGER in diesem Band).

---

11 So z.B.: ROUSSEL: "Système physique et moral de la femme" in der deutschen Übersetzung von MICHAELIS, "Physiologie des weiblichen Geschlechts", 1786 und T.L. v. BISCHOFF (18o7 - 1882), der aufgrund von Hirn- und Schädelstudien eine Theorie über die Minderwertigkeit des weiblichen Gehirns entwarf.

3. Die konkrete Situation der Frau im aufstrebenden Bürgertum

3.1. Die Frau als Darstellerin des männlichen Status

Das Bürgertum befand sich unter frühkapitalistischen Verhältnissen als neue Schicht auf der Suche nach einer eigenen Identität. Seine Lage läßt sich als Zwischenstellung zwischen "Proletariat" und "Bourgeoisie" definieren (vgl. ENZENSBERGER 1976,2) [12]. Es erstrebte ökonomisch die Stellung der Bourgeoisie und eiferte seinen kulturellen Werten nach, war aber sozial zugleich davon bedroht, in die Reihen des Proletariats herabzusinken. Die wesentliche Aufgabe, die die Frau des Bürgers zu erfüllen hatte, war, ihm als Statussymbol und Objekt der Repräsentation zu dienen, um seine Zugehörigkeit zur Bourgeoisie nach außen hin beweisen zu können.

Je weniger sich der Wohlstand des Mannes in seinem sichtbaren Eigentum verkörperte, umso mehr traten Statussymbole in den Vordergrund wie im Besitz von Bildung und einer schönen, nichtarbeitenden Frau zu sein. Bei diesen Idealen orientierte sich der Bürger am Adel, der körperliches Arbeiten als deklassierend ansah. So verweist z.B. ZINNECKER auf die soziale Bedeutung der Demonstration von Müßiggang durch den weiblichen Teil des Bürgertums. Die streng arbeitsteilige Trennung von leistungsmäßigem Erwerb und repräsentierender Darstellung der gesellschaftlichen Position habe auf dem Statuskampf der bürgerlichen Männer im Frühkapitalismus beruht.

"Die soziale Vermittlung der Position und die Abgrenzung gegenüber rangniedrigen Gruppen geschieht entweder in Form des demonstrativen Müßiggangs oder in Form des demonstrativen Konsums. Durch den Müßiggang wird signalisiert, daß man sich die Freisetzung aus dem Arbeitsprozeß und ein unproduktives Dasein gestatten kann; durch den stellvertretenden Konsum der Frau wird das Ausmaß der Wohlhabenheit als Indikator für die Höhe der sozialen Stellung angezeigt" (ZINNECKER 1973,1o2).

---

12 Nach ENZENSBERGER ist das (Klein-)Bürgertum "weder die herrschende (Bourgeoisie) noch die ausgebeutete (Proletariat), sondern die Klasse dazwischen", d.h. sie ist, ebenso wie das Proletariat, nicht im Besitz der Produktionsmittel, befindet sich aber hinsichtlich ihrer Arbeitssituation in einer privilegierten Stellung (ENZENSBERGER 1976,2).

Die Frau wurde zum Repräsentationsobjekt für den Status des Mannes. Ohne eine dekorative Hülle vorweisen zu können, verlor sie ihre Existenzberechtigung. Ihre graziös-zarte Weiblichkeit [13] wurde durch eine Mode, mit der ihr unproduktives Dasein zum Ausdruck kommen sollte, unterstrichen. Unpraktische schleppende Röcke und unförmige Hüte, die vor allem kostspielig sein mußten, waren in Mode. Und mit Korsett, Wespentaille und eingeschnürtem Oberkörper ließ sich in der Tat nur "schön" und dekorativ sein (vgl. dazu ZINNECKER 1973,97ff.).

Wie ZINNECKER zeigt, besteht ein enger Zusammenhang zwischen "höherer Mädchenbildung" und den sozialen Mobilitätsstrebungen bürgerlicher Familien (vgl. ebd. 1oo). Die Mädchen sollten auf die "Ausübung einer normgerechten Muße" (ebd. 97) vorbereitet und dem Bildungsstandard ihrer Männer angepaßt werden; denn der ansteigende Standard der außerhäuslichen Ausbildung des Mannes im 19. Jahrhundert konnte nicht ohne Rückwirkungen auf die Mädchenbildung bleiben. So wurde die Gründung von Mädchenschulen zu Beginn des 19. Jahrhunderts damit gerechtfertigt, daß Mädchen soweit gebildet sein müßten,

"daß sie in der Lage seien, im häuslichen Bereich die Gedanken ihrer gebildeten Männer verständig aufzunehmen und bei gesellschaftlichen Anlässen die angeschnittenen Themen zu einer sinnvollen Konversation zu verknüpfen" (ebd. 64).

In gleicher Weise begründete die Versammlung deutscher Mädchenschulpädagogen zu Weimar 1872 die Notwendigkeit der Frauenbildung damit,

"daß der deutsche Mann nicht durch die geistige Kurzsichtigkeit und Engherzigkeit seiner Frau an dem häuslichen Herde gelangweilt und in seiner Hingabe an höhere Interessen gelähmt werde, daß ihm vielmehr das Weib mit Verständnis dieser Interessen und der Wärme des Gefühls für dieselben zur Seite stehe" (TWELLMANN 1972,297).

---

13 Das Schönheitsideal wird durch die jeweiligen Arbeitserfordernisse mitgeprägt. Noch im "ganzen Haus" war eine schöne Frau eine Frau, die arbeiten konnte: "Vollbusigkeit und stramme Waden sind unerläßlich. Zierpuppen sind ... nichts für den Bauern. Er braucht ein strammes Weib für Arbeit und Kinder" (BAUER in BUSCHAN 1914,344).

Der Objektcharakter der Frau in Sachen Mädchenbildung äußerte sich zum einen darin, daß die bürgerlichen Familien ihre gebildeten Töchter in der Gesellschaft zur Absicherung des Sozialstatus vorzeigen konnten. Zum anderen erhöhte die "Erziehung des Mädchens zur Dame" die Chance, einen statushohen Ehemann zu finden, was wieder Rückwirkungen auf das Sozialprestige des Elternhauses hatte (vgl. ZINNECKER 1973,1o1).

Auch für den hauswirtschaftlichen Bereich gilt: Erst mit der Abwanderung der Warenproduktion in außerhäusliche Bereiche und dem Verschwinden der Vorratswirtschaft aus den städtischen Haushalten, konnte sich der Aufgabenbereich der Frau von der vielbeschäftigten Hausmutter im "ganzen Haus" zur "Darstellerin des männlichen Status" wandeln. FREUDENTHAL und EGNER beschreiben die sich im Laufe der Industrialisierung vollziehenden Strukturveränderungen hinsichtlich der städtischen bürgerlichen Haushaltung [14] folgendermaßen:

Das Wohnhaus wird durch die Ausgliederung von beruflichen, produktiven und geselligen Funktionen erst wirklich zum Wohnhaus. Durch die stärkere Fluktuation der Bevölkerung und der fortschreitenden Urbanisierung des Bürgertums nehmen die Mietwohnungen zu. Mit der Verringerung von Wohnraum in den nun üblich werdenden Etagenwohnungen, treten auch die Wirtschaftsräume in den Hintergrund. Diesem Prozeß entspricht die neue Form der Warenbeschaffung. Die Zunahme des Warenangebots und die verbilligte Massenherstellung machen die ausgedehnte Vorratswirtschaft hinfällig (vgl. FREUDENTHAL 1934,39f. und EGNER 1964, 69ff.).

Hier soll nicht die These des Funktionsverlustes der Familie (vgl. NEIDHARDT 197o,66) untermauert werden. Eher trifft der Hinweis auf einen Funktionswandel (vgl. ROSENBAUM 1978,115f.) die Situation: Die komfortablere, den bürgerlichen Repräsentationswünschen angepaßte Ausstattung des bürgerlichen Haus-

---

14 Es soll darauf hingewiesen werden, daß sich selbst die städtischen bürgerlichen Haushaltungen sehr unterschieden. FREUDENTHAL (1934) hat die verschiedenen Haushaltstypen der städtischen bürgerlichen (und proletarischen) Haushaltung vom Ende des 18. bis zum Ende des 19. Jahrhunderts differenziert beschrieben.

halts machte viel Arbeit [15]. Die Mehrzahl dieser Arbeiten führte die bürgerliche Frau jedoch nicht selbst aus, sondern wies sie dem Dienstpersonal zu, das aus Statusgründen unerläßlich war. Bedingt durch die Landflucht stand es in großer Anzahl und billig zur Verfügung. Selbst hier, im hauswirtschaftlichen Bereich, spiegelte sich das eingangs beschriebene, zwiespältige Verhältnis des Bürgers zur körperlichen Arbeit wieder. Eigenes Handanlegen war für die Hausfrau verpönt. Ihre Aufgabe sollte es lediglich sein, das Haus ihres Mannes zu führen: Ihre häusliche Tätigkeit erstreckte sich auf die geistige Leitung des Haushalts, auf seine Organisation und Disposition. Zu ihren beaufsichtigenden Funktionen kamen die mit der bürgerlichen Lebens- und Wohnweise verbundenen zahlreichen geselligen und repräsentativen Aufgaben.

Wenn auch mit der disponierenden, organisierenden und repräsentierenden Tätigkeit keine körperliche Arbeit verbunden war, waren die Frauen davon voll und ganz in Anspruch genommen. Es läßt sich hier eine Verschiebung von Arbeitsinhalten und -anforderungen erkennen: Die bürgerliche Frau führte zwar nur saubere und sehr individuelle Arbeiten mit eigener Hand aus, das bedeutete aber nicht, daß sie deshalb gar nichts tat. Sie war mit völlig neuen Erwartungen und Anforderungen (schön sein, repräsentieren, anweisen, gebildete und verständige Zuhörerin ihres Mannes sein, normgerechte Muße ausüben) konfrontiert. Diesen Anforderungen gerecht zu werden, war psychisch sehr aufwendig und bedeutete für die Frauen in anderer Weise als früheres Arbeiten "tun" (Funktionswandel).

---

15 Die umfangreiche Literatur über die richtige Haushaltsführung, die von HENRIETTE DAVIDIS (1861) herausgegeben wurde, vermittelt einen Eindruck vom Zuwachs der Hausarbeit. Die dem "häuslichen Wohlstand und Familienglück" dienenden Anweisungen liefern detaillierte Beschreibungen der zu verrichtenden häuslichen Arbeiten.

3.2. Soziale und psychische Folgen für die Frau

Der steigende Wohlstand schuf dem Mann ein beständig wachsendes Tätigkeitsfeld, während mit dem sozialen Aufstieg des Bürgertums die Frau von einem Leben voller Tätigkeit, wie dies im "ganzen Haus" üblich war (vgl. BOLLINGER in diesem Band), zu einem Dasein der Untätigkeit überwechseln mußte [16]. Wie gezeigt, bot die Sphäre des Gesellig-Gesellschaftlichen die einzig legitime Betätigungsebene der Frau. Hieraus erklärt sich das in bürgerlichen Kreisen angestrebte Ideal der Berufslosigkeit für Frauen [17]. Erwerbstätigkeit für Frauen galt als etwas Anrüchiges und Unzulässiges. "Ein Mädchen von Familie" durfte um alles in der Welt keinen Beruf ergreifen" (WEBER-KELLERMANN 1974,127). Damit wurde die Auffindung eines Ehemannes für das bürgerliche Mädchen zu einer "ernährungstechnischen Notwendigkeit" (MÖHRMANN 1977,123) und das erzwungene Warten auf die Verheiratung zum Los der Mädchen. Was bedeutete dieses Ideal für die Frau?

FANNY LEWALD gibt in einem 1824 datierten Tagesplan "ein beredtes Dokument für die geregelte Monotonie der heranwachsenden Mädchen aus bürgerlichem Mittelstand" (MÖHRMANN 1977,118):

"Fünf Stunden an jedem Tag saß ich in der Wohnstube, an einem bestimmten Platz am Fenster ... und erlernte Strümpfe zu stopfen, Wäsche auszubessern, und beim Schneidern und anderen Arbeiten Hand anzulegen. Zwei Stunden brachte ich am Klavier zu, eine Stunde langweilte ich mich mit dem Inhalt meiner alten Schulbücher ... eine andere Stunde schrieb ich Gedichte zur Übung meiner Handschrift ab ... und am Abend (hatte ich) das

---

16 Sie war untätig in dem Sinne, daß sie bestimmte, als Arbeit betrachtete Verrichtungen nicht machte. Das bedeutete jedoch nicht, daß sie nichts tat. "Untätigkeit" war für die bürgerlichen Frauen oft genug sehr anstrengend und aufwendig.

17 Die Realität sah jedoch anders aus: Erstens reichte der Verdienst des Mannes in den breiten bürgerlichen Mittelschichten oft nicht aus, den Töchtern bis zu deren Heirat ein Auskommen zu gewähren. Zweitens wurde die Erwerbstätigkeit - und damit die Forderung nach Bildung und Ausbildung - zumindest für die unverheirateten und damit unversorgten Frauen des Bürgertums zur existentiellen Notwendigkeit (nach TWELLMANN 1972,364, blieben immerhin 4o % der Frauen unverheiratet).

niederschlagende Gefühl, den Tag über nichts Rechtes getan zu haben, und einen brennenden Neid auf meine Brüder, welche ruhig in ihr Gymnasium gingen ..." (LEWALD 1863,zit. nach MÖHRMANN 1977,119).

Das wartende Bürgermädchen gehörte allgemein in das Bild der Zeit. Die Frauen standen nicht nur in einer totalen materiellen Abhängigkeit vom Mann (vom Vater und dann vom Ehemann), sondern dieser wurde für sie auch zum ersehnten Prinzen, der sie aus dem Dornröschenschlaf zum Leben erwecken sollte. Die Herausbildung sogenannter "weiblicher Eigenschaften", wie das Kokettieren und Becircen des ersehnten Liebesobjektes - die Waffen der Frau - wird auf diesem ökonomischen Hintergrund verständlich. So stellte FANNY LEWALD 1875 fest:

"Unser ganzes Schicksal wurde auf einen Zufall gestellt, auf den Zufall, ob unsere Liebenswürdigkeit oder unsere Schönheit einen Mann so weit zu reizen und zu fesseln im Stande wären, daß er uns zu besitzen wünsche, und sich deshalb mit der Sorge für unsern standesmäßigen Unterhalt beladen würde" (LEWALD 1875, zit. nach MÖHRMANN 1977,125).

Viele Frauen reagierten, damals wie heute, auf die Begrenzung sinnvoller Arbeitsmöglichkeiten mit Krankheit. Das "Hausfrauensyndrom" (FRIEDAN 197o) der damaligen Zeit war eine sozial akzeptierte Kränklichkeit, ja die schöne Kranke verkörperte das Schönheitsideal der Zeit. Der Inbegriff zarter Weiblichkeit war die Schwindsüchtige: glänzende Augen, blasse durchsichtige Haut, rote Lippen (EHRENREICH/ENGLISH 1976,22). "Es war akzeptabel, ja sogar vornehm, sich mit Migräne, wegen der Nerven oder einer Unzahl rätselhafter Wehwehchen zu Bett zu begeben" (ebd. 19). So wundert es wenig, daß die Hysterieepidemie des 19. Jahrhunderts vor allem bei den Frauen der oberen Mittelschicht und der Oberschicht auftrat. Im Zeitalter der Anomalie weiblicher Sexualität und der "Ruhigstellung" der Frauen, muß der "hysterische Anfall" für viele Frauen einfach ein Ausbruch von "Wut, Verzweiflung oder einfach Energie gewesen sein" (ebd. 42).

Schließlich möchte ich noch auf eine weitere Folge der dargelegten sozioökonomischen Entwicklung für die Frau hinweisen: Mit der Perfektionierung ihrer wirtschaftlichen und sozialen Abhängigkeit wurde die vorbehaltlose Hingabe an den geliebten Mann und die unablässige Sorge um das Kind zum einzigen "Beruf" der Frau (vgl. auch MÖHRMANN 1977,68). Die verstärkte Hinwendung und Konzentration auf ihr Kind ersetzte den bürgerlichen Frauen des 18. und 19. Jahrhunderts "die verlorengegangenen produktiven Funktionen im und um das Haus" (OSTNER 1978,157). Erst für diese Frauen wurde das Kind "zum wichtigsten Arbeitsinhalt" (ebd.) (vgl. auch ARIES 1975 und SHORTER 1977) [18].

In ihrer ökonomischen und sozialen Abhängigkeit konnten die Frauen einen Ausgleich für ihre eigenen Aktivitätswünsche und ihre mangelhafte Lebenserfüllung nur finden, indem sie sich mit den Zielen und Aktivitäten ihres Mannes oder ihrer Kinder identifizierten und so stellvertretend durch sie lebten [19]. Reduziert auf den Objektstatus konnten und können sie nur durch sie Identität erlangen [2o].

4. Die sentimentale Auffüllung des Arbeitsbereichs Familie

4.1. Psychische Erwartungen an die Frau

Der vorangegangene Abschnitt sollte verdeutlichen, wie mit der Trennung von Beruf und Hausarbeit eine "unerwartete sentimentale Auffüllung des innerfamiliären Bereiches" (WEBER-KELLER-

---

18 Die familiensoziologische Basis (Mutter-Kind-Dyade als Grundeinheit der Kernfamilie) wird fragwürdig, wenn man die solidarische Beziehung zwischen Mutter und Kind nicht als immer schon vorhanden voraussetzt, sondern ihre Entstehung erst mit dem 18. Jahrhundert datiert.

19 In der geforderten Beschränkung der Frauen auf Mann und Kinder ist bereits ein Grund für die strukturelle Brüchigkeit der Institution Familie mit angelegt (vgl. OSTNER/PIEPER und JURCZYK in diesem Band).

2o Die psychischen Folgen, die sich aus einer symbiotischen Beziehung für das Kind als auch die Mutter ergeben, brauche ich hier nicht näher zu erläutern. Sie sind in der neueren soziologischen und psychologischen Literatur hinreichend bekannt (BATESON/JACKSON/LAING/LIDZ/WYNNE 1969, RICHTER 1969, CHESLER 1974, FRIEDAN 197o).

MANN 1974,1o7) einherging. Familienideologisch betrachtet, läßt sich diese Trennung als Spaltung in "feindliche Welt" und "freundliches Haus" (HAUSEN 1976,379) beschreiben. Dasselbe ist gemeint, wenn BRUNNER von der "Rationalität des Betriebes" und der "Sentimentalität der Familie" spricht (BRUNNER 1968). Die Gegensätze von Welt und Heim, Rationalität und Emotionalität wurden jeweils geschlechtsspezifisch zugeordnet.

Aus diesem Zuordnungsprinzip ergaben sich ungeheure psychische Erwartungen von seiten der bürgerlichen Männer an die Frau. Denn der Bürger, der "sein Dasein und seine ganze Kraft ... im ökonomischen, politischen und sozialen Tageskampf" (MARCUSE in HORKHEIMER 1936,4o) einzusetzen hatte, erwartete von der Frau einen Ausgleich für die "Ungemütlichkeit der Verhältnisse" (ebd.). Er projizierte alle Wünsche von einer heilen und menschlichen Welt auf die Frau. In diesem Kontext erfuhr das Bild der Frau eine ideale Überhöhung. Sie wurde zur Trost- und Glücksspenderin und sollte stellvertretend für den Mann die menschliche Seinsweise realisieren, die er dem Leben in der bürgerlichen Gesellschaft aufopfern mußte (vgl. ZINNECKER 1973,12o).

"... in den esoterischen Wesenskräften der Frau (wurde) die Garantie einer überzeitlichen heilen Welt ... mehr oder weniger bewußt als Gegenkraft gegen die Realität beschworen... Die bürgerliche Familie, deren "Seele" die Frau ist, hat begonnen, als Oase des Friedens in einer unheimlicher werdenden Welt empfunden zu werden" (BLOCHMANN 1966,67f.).

Mit der Formulierung des "weiblichen Wesens" waren konkrete Rollenzuweisungen verbunden. Die von der Frau erwarteten Verhaltensweisen lassen sich als eindeutig auf den Mann und den häuslichen Bereich hin ausgerichtet analysieren: So stellte sich LORENZ VON STEIN seine Rückkehr von seinen Berufsgeschäften ins Haus als ein "Abstreifen der Tagesmühe", eine "innere Umwandlung" und "Umstimmung seines ganzen Wesens" vor. Zu dieser liebenden Dienstleistung bereit, erwartete ihn seine Frau "an der Schwelle des Hauses", um ihm mit ihrer "weichen Hand die Stirn zu glätten" und "ihre freundlichen Worte wie frische

Thautropfen auf die Mühen des Tages" fallen zu lassen (STEIN in GERHARD 1978,32o). Und CAMPE legte 1789 seiner Tochter ans Herz:

"Sey ... fest überzeugt, daß Geduld, Sanftmuth, Nachgiebigkeit und Selbstverläugnung die allerunentbehrlichsten Tugenden deines Geschlechts sind, ohne welche ein weibliches Geschöpf, das seine natürliche Bestimmung, d.i. Gattin und Mutter werden will, unmöglich glücklich und zufrieden leben kann" (CAMPE in GERHARD 1978,376).

ZINNECKER sieht die realitätsflüchtige Sehnsucht der bürgerlichen Ideologie vom "weiblichen Wesen" in zwei symbolischen Grundmustern verdichtet: Im Vergleich der Frau mit dem pflanzlichen Sein und in der Gleichsetzung von weiblicher und mütterlicher Existenz (ZINNECKER 1973,12o).

Da die Frau mit der Verweisung in den Arbeitsbereich Familie auch ausschließlich für die Aufzucht und Sorge der Kinder zuständig wurde [21], verwundert die Hervorhebung des mütterlichen Wesens der Frau nicht. Hier waren Charaktereigenschaften gemeint wie selbstloses Sich-Geben, Wärmen, Nähren, Pflegen, Liebkosen, Dulden, Empfangen, Gebären. Die Idee der Mütterlichkeit hat ihre Wurzeln in der Romantik, also in der Zeit, in der sich die Trennung von Beruf und Hausarbeit in den bürgerlichen Kreisen vollzog [22]. Bei der Vielfalt der postulierten fürsorglichen Eigenschaften konnte und sollte nur die Ar-

---

21 Bis zur Mitte des 18. Jh. hatte es selbst in den bürgerlichen Schichten eine von der Erwachsenenwelt abgetrennte Sphäre des Kindes nicht gegeben. Die Kinder wuchsen unmittelbar in den häuslichen Alltag hinein und verrichteten die gleichen Arbeiten wie die Erwachsenen. Erst mit der Trennung der Lebensbereiche in "Wohnen" und "Arbeit" (vgl. dazu auch PIEPER in diesem Band) konnte sich in jenen Schichten, die in relativem Wohlstand lebten, eine Mutter-Kind-Beziehung herausbilden. Die im 18. Jh. einsetzende bürgerliche Reformbewegung gegen die alten Arten der Kinderaufzucht brachte es mit sich, daß sich die Mutterrolle - hier gesehen als "symbiotische" Mutter-Kind-Beziehung - als die natürliche Bestimmung der Frau durchzusetzen begann (vgl. ARIES 1975, BOCK/DUDEN 1977).

22 Die Ideologien, die die Frau auf ihre Mutterrolle vorbereiteten, lieferten Pädagogen wie E.M. ARNDT und PESTALOZZI. Die mütterliche Funktion der Frau bekam unter ihrem Zutun einen fast sakralen Charakter (vgl. dazu BLOCHMANN 1966, 65).

beit in der Familie ihr "natürlicher Wirkungskreis" werden [23]. Ideologisch waren die Fronten zwischen Mann und Frau um die Mitte des 19. Jahrhunderts klar abgesteckt:

"Frauen (sind) die Repräsentanten der Sitte, der Liebe, der Scham, des unmittelbaren Gefühls, wie die Männer die Repräsentanten des Gesetzes, der Pflicht, der Ehre und des Gedankens; jene vertreten vorzugsweise das Familienleben, diese vorzugsweise das öffentliche und Geschäftsleben ..." (Allgemeine deutsche Real-Encyklopädie für die gebildeten Stände, Brockhaus 1865, zit. nach GERHARD 1978, S.139).

Ich möchte hierauf im einzelnen eingehen: Es zeigt sich jetzt deutlich, daß "Untätigkeit von Frauen" mit "von Arbeit frei sein" nur gleichgesetzt werden kann, wenn mit Arbeit ganz bestimmte Tätigkeiten assoziiert werden - und nur die. Die Entwicklung der emotionalen Anforderungen an die Frau zeigt aber gerade, daß diese Gleichsetzung nicht aufgeht, denn aus dem, was zunächst als Untätigkeit erschien, entwickelten sich allmählich echte Arbeitsinhalte (z.B. den psychischen Erwartungen und Anforderungen gerecht werden). Arbeit in der Familie wurde dennoch in der Wahrnehmung derer zu Nicht-Arbeit, die "Arbeit" dominant tauschbezogen definieren und damit nur bestimmte Tätigkeiten als Arbeit anerkennen.

4.2. Hausarbeit als "Arbeit aus Liebe"

Wie gezeigt, ist Hausarbeit notwendige Ergänzung zur Berufsarbeit, da physische und psychische Lebensbedürfnisse nicht nach unmittelbar über den Tausch (sprich Berufsarbeit) organisierten Arbeitszusammenhängen befriedigt werden können [24]. Die Arbeit

---

23 Selbst die bürgerliche Frauenbewegung, die sich für die "Emanzipation der Frau zur Arbeit" einsetzte, um die wirtschaftliche Notlage der unverheiratet gebliebenen Frauen zu beheben, ließ die Ehe und Mutterschaft als den "natürlichen Beruf der Frau" unangetastet. (Eine Ausnahme bildete DOHM 1874).

24 "Die Befriedigung der Lebensbedürfnisse kann ... nie allein über die Arbeit für den Tausch gesichert werden, sondern erfordert darüber hinaus immer auch noch Arbeit für die Reproduktion: reproduktionsbezogene Hausarbeit ist Voraussetzung und Bedingung beruflich organisierter Arbeit; sie ist Arbeit, von der die Lebenssicherung der Individuen, die Existenz der Gesellschaft unmittelbar abhängig ist - sie ist gesellschaftlich notwendige Arbeit" (BECK GERNSHEIM 1976,35).

der Frauen wurde, weil sie nicht Waren, sondern Gebrauchswerte schuf, gemessen an der in Geld bezahlten Tätigkeit des Mannes "unproduktiv". "Sie konnte idyllisch verklärt werden" (DUDEN 1977,134). Ihre Arbeit wurde zur "schön anzusehenden liebenden Zuwendung" (ebd.): zur "Arbeit aus Liebe".

Der Stellenwert weiblicher Arbeitsleistungen läßt sich vor allem durch die Position abschätzen, die die Frau durch sie innehatte. Erhielt die Frau in der gemeinsamen Familienwirtschaft durch ihre Arbeit eine gleichberechtigte soziale Stellung [25], so arbeitete sie jetzt nicht mit dem Mann sondern für ihn. Damit war sie auf seine Anerkennung verwiesen: Auf ihrer "anmutigen Tätigkeit" ruhte der "gefällige Blick" des Mannes (DUDEN 1977,135). Das heißt: Die Umbewertung der häuslichen Arbeit äußerte sich in ihrer Verklärung, die den Charakter der Arbeit überhaupt verschwinden ließ. "Arbeit aus Liebe" sollte Arbeit sein, die man (Mann!) nicht sehen sollte:

"Das Walten der wahrhaft liebenden, verständigen Gattin ist weit entfernt von allem geräuschvollen Treiben ... es soll Alles wenigstens den Anschein haben, als würde es mit Muße ausgeführt ... (und) die kluge und wahrhaft liebende Gattin (ist) darauf bedacht, dem Manne beim Eintritt in's Haus einen angenehmen Eindruck zu gewähren. Kehrt derselbe aus dem Berufsleben in seine Häuslichkeit zurück, so findet er im Wohnzimmer einen überaus gemüthlichen Aufenthalt, Ordnung und Reinlichkeit in der ganzen Umgebung und - eine reinliche, freundliche und gemüthliche Hausfrau ... (und) er sieht es am liebsten, daß die Kinder schon in ihren saubern Nachtkleidchen, rein gewaschen, ihm den Kuß zur guten Nacht entgegenbringen" (DAVIDIS in GERHARD 1978, S.3o6).

Der Lebensinhalt der Frau wurde die liebevolle Fürsorge für ihren Ehemann, dessen Anerkennung sie jedoch nach DAVIDIS Rat nicht erwarten solle, denn "es gäbe im Leben des Mannes ernste und wichtige Stunden, wo sein ganzes Denken in Anspruch genommen werde" (ebd. 3o9).

---

25 Die Bedeutung der Frau in der Ökonomie des "ganzen Hauses" resultierte aus ihrer spezifischen Arbeitsleistung. Die soziale Rolle und die Wertschätzung der Frau bestimmte sich allein nach den Arbeitserfordernissen. Ihre Arbeit brachte der Frau eine fast gleichberechtigte soziale Stellung ein, weil sie unmittelbar zur Ernährung in der gemeinsamen Wirtschaft beitrug (vgl. DUDEN 1977,13of.).

In der Minderbewertung der (Haus-)Arbeit in der Familie gegenüber der beruflichen (warenschaffenden) und damit "ernsten Arbeit" des Mannes, ist m.E. auch ein Grund für die größere Ängstlichkeit, die Unsicherheit und das geringere Selbstwertgefühl von Frauen zu suchen. Die Frau bekommt nichts Handgreifliches, Materielles für ihre Arbeit. In ihrer Belohnung ist sie auf soziale Anerkennung verwiesen, die sie in der Regel nicht einmal bekommt oder gar erwarten darf (so DAVIDIS).

5. Fazit: Die Verinnerlichung des "weiblichen Charakters" durch die familiale Form von Arbeit

Die (Haus-)Arbeit in der Familie als eine unmittelbar auf andere Menschen und ihre elementaren Lebensbedürfnisse bezogene Arbeit verlangt ganz bestimmte Fähigkeiten, wie andere Personen wahrzunehmen, auf sie einzugehen, ihre Bedürfnisse zu spüren etc. Damit sind in ihr Eigenschaften angelegt, die als personenzentriert bezeichnet werden können: Opferbereitschaft, unbegrenzte Fürsorge, das Zurückstellen der eigenen Bedürfnisse und Wünsche (vgl. BECK-GERNSHEIM 1976,38). Die Persönlichkeit der Frau wurde und wird entscheidend geprägt durch den "weiblichen Lebenszusammenhang" (PROKOP 1976): Familie, Haushalt, Kindererziehung und den damit verbundenen ökonomischen und sozialen Abhängigkeiten. So konnte sich die vorerst ideologisch vorgenommene Zuordnung der erwünschten weiblichen Verhaltensweisen durch die institutionell verfestigte Arbeitsteilung zwischen Mann und Frau und den Erziehungsprozeß allmählich in die arbeitende Person hineinverlagern. Daß diese Verinnerlichung nicht ganz so reibungslos verlief wie es hier aufgrund der knappen Darstellung den Anschein haben könnte, zeigt sich gerade heute an dem Widerstandspotential der Frauen, die die Arbeit in der Familie nicht als den einzig attraktiven Lebensinhalt empfinden und die nicht mehr gewillt sind, die traditionelle Rollenzuschreibung zu übernehmen.

Ilona Ostner/Barbara Pieper

PROBLEMSTRUKTUR FAMILIE
oder: Über die Schwierigkeit in und mit Familie zu leben

Inhaltsübersicht

1. Familie - "Eigenleben" auf der Grundlage von Abhängigkeit

In unserer westlichen Gesellschaft scheint die Idee der Freiheit nicht nur eng verbunden mit der Idee des "freien Unternehmertums" sondern auch mit der Idee der Familie. So gewinnen in der gegenwärtigen politischen Auseinandersetzung "Familie" und "Freiheit" wieder strategische Bedeutung. Die Gleichsetzung von "Bedrohung der Familie" und "Bedrohung der Freiheit" ist nicht einfach ein rhetorischer Schachzug bestimmter Politiker. Sie ist politisch wirksam, weil die meisten Menschen in unserer Gesellschaft immer noch das Private, vor allem in der Form der Familie eng verbinden mit der Möglichkeit persönlicher Freiheit, mit e i g e n e m Leben und Eigenleben, faßbar und sichtbar in den eigenen Kindern, dem eigenen Mann, der eigenen Frau, eigenen Wohnung, dem eigenen Haus [1]. Familie verheißt eine eigene Lebensgestaltung ohne fremde Einmischung von außen, verspricht die Möglichkeit eigener selbstbestimmter, sinnlicher Erfahrung in konkreten Tätigkeiten und zwischenmenschlichen Beziehungen. Wer "Familie" so mit persönlicher Freiheit und Selbstbestimmung verbindet, hat auch ein Interesse daran, Familie vor Einmischung von außen zu bewahren [2].

---

1 Die Gleichsetzung von Familie mit "Nest" oder "Schoß", mit Weiblichkeitsbildern in der Alltagssprache betont den Wunsch nach Rückzug, Abschottung, Uneinsehbarkeit der Familie und erklärt die emotionalisierte Beziehung zum eigenen Haus und zur eigenen Wohnung, wie sie z.B. auch in Untersuchungen zum Privatleben von Arbeitern zum Ausdruck kommt (vgl. WALD 1966, 37; ECKART, JAERISCH, KRAMER 1979).

2 Hier läßt sich dann auch eine partielle Interessenidentität zwischen einer Familienpolitik der "Entrechtlichung" (TYRELL 1979, 24) bzw. der Behinderung von Verrechtlichung der Familie und persönlichem Interesse an Nicht-Einmischung in Familie konstruieren und zugleich ein Stück weit die strukturfunktionale Theorie der Familie bestätigen. In dieser Theorierichtung hat Familie als "objektiviertes soziales Strukturmuster" "(...) ihr 'individuelles' Eigenleben, ihr partikularistisches und selbstzweckhaftes 'Für-sich-Sein' und privatisiertes Sonderdasein 'bei sich zu Hause in den eigenen vier Wänden'. Dabei meint der einzelfamiliale Partikularismus, daß den jeweils familial Zusammengehörigen die eigene Familie 'über alles zu gehen hat'; das aber impliziert auch: relative Indifferenz gegenüber anderen Familien, die ihrerseits noch gestützt wird durch das Einmischungstabu gegenüber fremden Privatangelegenheiten..." (TYRELL 1979, 53ff).

Aber: Wie privat, wie eigen, wie selbstbestimmt ist die Familie eigentlich? Wie sieht es denn mit der "Einmischung von außen" aus? Steht nicht dem Bedürfnis nach Erhaltung eines eigenen, freien und selbstbestimmten Bereiches Familie und dem persönlichen Interesse an einer Nicht-Einmischung Fremder in das eigene Familienleben entgegen, daß dieser Bereich persönlicher Freiheit und eigener Lebensgestaltung "erkauft" werden muß durch eine Vielzahl vielfältiger Abhängigkeiten? Der "Preis" für dieses Stückchen Freiheit und Eigenheit sind strukturelle und persönliche Abhängigkeiten, ökonomische, zeitliche, emotionale Verstrickungen, die einmal eingegangen, kaum auflösbar sind und sich je nachdem, ob es sich um Mann oder Frau, Erwerbstätigen oder Nicht-Erwerbstätigen, Eltern oder Kind in der Familie handelt, z.B. in Ausmaß und Auflösbarkeit unterscheiden. Was die Familie erst zum Freiraum, zum Bereich eigener Lebensgestaltung zu machen scheint, daß sie entbunden ist von der dauernden Sorge für den Lebensunterhalt, diese Freisetzung der Familie entpuppt sich sehr schnell als Abhängigkeit besonderer Art: "Eigenleben" in der Familie ist unauflöslich gebunden an die dauernde außerhäusliche Erwerbsarbeit wenigstens eines Familienmitgliedes; die Entscheidung für Kinder verlangt die Bereitschaft zu stärkerer Anbindung wenigstens einer Person an das Haus, die Familie. Immer mehr Lebens-Mittel, immer mehr Wissen, Techniken, immer mehr "know how" müssen über den "Markt" nachgefragt werden, dringen von außen in die Familie, "kolonialisieren" diese. Die Massenmedien beschleunigen diesen Prozeß.

1.1. Unterschiedliche Betroffenheit von Mann, Frau und Kind

Das Verhältnis von Freiheit, Freisein, Eigenleben in der Familie und Abhängigkeit, Verstrickung, Ausgeliefertsein ist widersprüchlich und sieht für den dauerhaft Erwerbstätigen, d.h. den Mann in der Regel, anders aus als für die nicht kontinuierlich erwerbstätige Frau oder die Kinder.

Eine eigene Familie zu ernähren, bedeutet in der Regel für den Mann, die eigene Arbeitskraft außer Haus dauerhaft in einer Form und unter Bedingungen zu verkaufen, die selten selbst ausgesucht und bestimmt werden können. Diese besondere Form von Abhängigkeit geht dem freien selbstbestimmten Leben nach der Erwerbsarbeitszeit voraus und strukturiert dieses nicht nur zeitlich. Familie als einmal intendierter Raum freier Lebensgestaltung wird - gerade für die nicht-erwerbstätigen Familienmitglieder wesentlich eingeschränkt durch das Interesse des dauerhaft Erwerbstätigen, s e i n e Familie für seine Eigeninteressen nach Ruhe, Entspannung und Wiedergutmachung negativer Erwerbsarbeitserfahrungen, z.B. Erfahrung persönlicher Zurücksetzung, von Unfähigkeiten, Hektik, Sinnlosigkeit zu nutzen [3].

Für die Frau als Ehefrau und Mutter heißt Freiheit und Unabhängigkeit zunächst Freisein von der Verpflichtung auf dauerhafte Erwerbsarbeit. Familie bietet Frauen die Möglichkeit einer gewissen Freiheit in der Gestaltung ihres Arbeitstages in der Familie, also die Möglichkeit eines selbstbestimmten Umgangs mit ihrer Arbeit, mit sich, den Kindern, dem Mann. Abhängigkeit kommt in den Familienalltag der Frau durch die Instrumentalisierung der Familie als Konsumbereich für die Zwecke des Marktes und durch die fortschreitende Pädagogisierung zwischenmenschlicher Beziehungen. Darüber hinaus ist die Freiheit der Frau in der Gestaltung des Familienlebens erkauft durch ihre ökonomische Abhängigkeit vom Mann, die leicht umschlagen kann in eine unmittelbar persönliche, in Zwang zur dauernden Unterordnung und in Gewalt; erkauft auch durch eine größere Bindung ans Haus und - je länger diese häusliche "Anbindung"

---

3 Neben der Möglichkeit des Interesses an einer Kompensation negativer Erfahrungen aus der Erwerbsarbeit in der Familie besteht die eines "Fortsetzungsverhaltens": Negative, aber auch positive Erwerbsarbeitserfahrungen setzen sich in der Familie fort. Familie und Erwerbsarbeit bieten die Möglichkeit der Wiederholung und/oder Auflösung lebensgeschichtlicher, also nicht nur familienspezifischer oder erwerbsarbeitsbedingter Erfahrungen (vgl. dazu: OSTNER/BECK-GERNSHEIM 1979, 3. Kapitel).

dauert - durch immer geringere Chancen am Arbeitsmarkt, d.h. durch wachsende Abhängigkeit von den Versorgungsleistungen des Mannes. So kann das Kind zum Gegenstand der Erprobung eigener Fähigkeiten und der Wiedergutmachung erfahrener Unterdrückung und Minderwertigkeit werden, zum Objekt, das nur schwer freigegeben werden kann.

Kindliche Freiheit heißt zunächst formal Freiheit vom Zwang, den Lebensunterhalt zu verdienen [4]. Was der Kindheit oft geneidet wird, jenes Prinzip "Lust", die noch fehlende oder geringe Auseinandersetzung mit der wirklichen Welt, wie sie jenseits von Familie beginnt, bedeutet für das Kind oft, daß es betrogen wird um Wirklichkeit, um die Möglichkeit, selbst Erfahrungen zu sammeln (vgl. Barbara PIEPER in diesem Band), da, wo es total und unausweichlich den Interessen, Wünschen und Projektionen der Eltern, der elterlichen Gewalt und Sorge ausgeliefert ist; wo es sein eigenes Leben oft mühevoll und oft ein Leben lang den Eltern abringen muß.

---

4 Die "Dauerentlastung" der Familie, d.h. insbesondere von Mutter und Kind von der außerhäuslichen Arbeit für den Lebensunterhalt, hat Platz gemacht für die dauerhafte Bearbeitung des Kindes: "'Erziehung' ist unter Bedingungen der bürgerlichen Kultur nicht mehr etwas, das nebenher abgewickelt werden kann oder sich naturwüchsig selbst vollzieht. Ganz im Gegenteil: die Erziehung der Kinder rückt als mit hoher Bewußtheit und Sensibilität besetzte familiale Sonderthematik in den Mittelpunkt des Familienlebens, und dazu gehört auch ganz wesentlich, daß (...) die Rolle des Kindes ganz explizit als eine der innerfamilialen Erziehung und des familiären Schutzes zutiefst bedürftige Rolle d e f i n i e r t wird" (TYRELL in PROSS 1979,34 - Hervorhebung von den Verf.). Es hat mehr als zwei Jahrhunderte gedauert, bis eine Bewegung - "Erziehung? - Nein danke!" auf das Recht des Kindes auf Selbstbestimmung bzw. auf die vielfältigen Verkehrungen dieses Rechtes durch Erziehung des Kindes hingewiesen hat. Für den Antipädagogen Braunmühl ist Erziehung "(...) keineswegs Kommando, Strafe, Gewaltanwendung, sondern in erster Linie definiert als die vielfältigen sublimen Maßnahmen, das Kind zu einem erwünschten, den Eltern genehmen Verhalten zu veranlassen, ihm mithin einen fremden Willen aufzuzwingen, sei es auf die netteste (...) Weise" (FRANKFURTER RUNDSCHAU v. 9.4.1979; vgl. auch BRAUNMÜHL 1979 [2]).

Diese Hinweise sind verkürzt und unvollständig. Sie erfassen weder die Möglichkeiten selbstbestimmter Lebensgestaltung für jeden einzelnen in der Familie noch die verschiedenen Formen und das Ausmaß der für Familie konstitutiven Abhängigkeiten. Sie können aber einen Einblick geben in die für Familie typische Spannung von Eigenleben, Unabhängigkeit einerseits, Abhängigkeit, Fremdbestimmung andererseits.

Wo Familie verspricht, ein Bereich eigener unabhängiger Lebensgestaltung zu sein, besteht, wie wir gesagt haben, ein persönliches Interesse daran, daß sich Außenstehende nicht in das Familienleben einmischen. Weil aber in der Familie Abhängigkeit und Unabhängigkeit so eng miteinander verbunden sind, weil der Preis für die Freiheit und Unabhängigkeit des einen oft die Unfreiheit und Abhängigkeit des anderen ist, können wir auch von einem persönlichen Interesse an einer Einmischung "von außen" in die Familie sprechen, von der Notwendigkeit größerer Transparenz der Familienbeziehung und einer Fixierung von Regeln des Zusammenlebens, u.a. zum Schutz von Kindern und Frauen [5].

Die Begriffspaare Selbstbestimmung/Abhängigkeit und Interesse an Nicht-Einmischung/Einmischung sollen uns im folgenden helfen, so etwas wie eine "Problemstruktur Familie" zu ent-

---

5 Das Postulat der Nicht-Einmischung verkehrt sich angesichts der Alltagswirklichkeit vieler Familien schnell in Zynismus. Vielen, die Familie, diese besondere Form der Bearbeitung menschlicher Natur am eigenen Leib erfahren haben, dem "exklusiven Einfluß der Eltern ausgeliefert" (TYRELL) waren und noch immer kämpfen, um sich aus dieser verhängnisvollen Verstrickung zu lösen, mag bei folgenden Worten unbehaglich werden: "Das Politische System und das Erziehungssystem müssen es 'ertragen' können, daß die privatisierten Einzelfamilien sich in so außerordentlich hohem Maße selbst überlassen und die Kinder damit so folgenschwer dem exklusiven Einfluß ihrer Eltern ausgeliefert sind" (TYRELL 1979,44). Nicht-Einmischung bedeutet konsequent zu Ende gedacht, daß elterliche und eheliche Gewalt, subtile wie manifeste Formen der Gewalt, Mißhandlung, Vergewaltigung, allerdings auch die "Gewalttätigkeit" von Liebe vernachlässigt werden dürfen zugunsten eines abstrakten Begriffes von Privatheit und Freiheit der Familie.

wickeln. Das dialektische Verhältnis von selbstbestimmtem Eigenleben und Verstrickung in vielfältige Abhängigkeiten ist - so unsere erste These - konstitutiv für Familie und kennzeichnet jede Familie in besonderer Weise. Deshalb sind Interessen, Konzepte, politische und individuelle Strategien, die sich jeweils nur auf eine Seite dieses unauflöslichen dialektischen Verhältnisses beziehen, - Familie z.B. nur als Freiraum oder nur als Zwang thematisieren - letztlich zum Scheitern verurteilt [6]. Wenn für Familie diese unauflösbare Spannung von Freiheit und Verstrickung grundlegend ist, bedeutet das, - so unsere zweite These - daß die Handlungsweisen der einzelnen Familienmitglieder als Versuch interpretiert werden können, mit dieser Spannung zurechtzukommen und - im besten Fall - so etwas wie eine Balance von Abhängigkeit und Unabhängigkeit, Interesse an Einmischung und Nicht-Einmischung im Familienleben herzustellen und aufrechtzuerhalten. Inwieweit und unter welchen Umständen dieses schwierige Unterfangen gelingen kann, bleibt zu fragen. Wir wollen also im folgenden

---

6 Unter Schlagwörtern wie Reprivatisierung, Laisierung, Beseitigung der Expertenherrschaft bzw. der "Entmündigung des Bürgers" durch Experten und "zuviel Staat" usw. vereinigen sich gegenwärtig politische Strömungen verschiedenster Couleur und ganz unterschiedlich begründete Interessen nach Rückgewinnung und Wiederaneignung von Kompetenzen. Wir denken hier z.B. an Interessen nach eigener selbstbestimmter und selbstkontrollierter Verfügung über das eigene Leben, z.B. an das Interesse von Frauen an einer Wiedergewinnung von Kompetenzen über den eigenen Körper (vgl. KICKBUSCH 1979 und ausführlicher 3.1.). Einreihen lassen sich aber auch Interessen nach Erhaltung und Indienstnahme der Familie als "Gratisarbeitsbereich" u.a. für eine Senkung der wachsenden Sozialabgaben der öffentlichen Hand oder für eine Entlastung des Arbeitsmarktes (vgl. BÄCKER 1979 und Karin JURCZYK in diesem Band). Diese letztgenannten Interessen dürften jedoch zum Interesse von Frauen, ihr Leben in die eigene Hand zu nehmen, in Widerspruch geraten. Daß sich heute so gegensätzliche Interessen unter dem Deckmantel einer scheinbar gleichlautenden Parole zusammenfassen lassen, resultiert unserer Meinung nach aus einer undialektischen und polarisierten Betrachtung von Familie. Das Ausblenden jeglicher Dialektik und die nicht nur rhetorische Strategie der Polarisierung ist vorzüglich geeignet, um Emotionen in der Bevölkerung am Inhalt, um den es eigentlich gehen sollte,vorbei, anzuheizen und hinterrücks andere Inhalte als die vorgestellten durchzusetzen.

zu einem Begriff von Familie und zu einem Verständnis einiger Formen, in denen sich die Familienmitglieder in und mit der Familie auseinandersetzen, dadurch kommen, daß wir die verschiedenen und widersprüchlichen Momente des dialektischen Verhältnisses von Unabhängigkeit und Abhängigkeit in der Familie einander gegenüberstellen.

Wir wollen zunächst zeigen, daß die Familie, obwohl ihre Privatheit geschützt werden sollte, seit ihrem Bestehen von massiven "Einmischungen" durchzogen war. Eine kurze Analyse der Inhalte dieser "Einmischungen" in Familie soll uns helfen, so etwas wie eine "Problemstruktur Familie" abzustecken (Abschn.2). Daran anschließend werden wir zwei aktuelle Beispiele für Versuche vorstellen, wie Familien das Spannungsverhältnis von Eigenleben und Fremdbestimmtheit (vgl. 1.1.) "lernen zu leben": Was bedeuten die Perfektionierung weiblicher Arbeit in der Familie zu "Experten-Müttern" (3.1.) und der "Gang zum Experten" (hier: Familienberater) (3.2.) für die Familie? Und wie ist diese familieninterne und familienexterne Entwicklung zum Expertentum in und für Familie einzuschätzen?

1.2. "Einmischungen" in Familie - die Pädagogisierung von Körper und Seele [7]

Wir wollen in diesem Abschnitt historische und aktuelle Beispiele für einige typische Formen der Einmischung in Familie geben. In der letzten Zeit waren die entschiedensten Verfechter einer Erhaltung der Privatheit der Familie, die engagiertesten Kämpfer für eine Beseitigung der "Entmündigung der Bürger" durch "zuviel Staat" und Verrechtlichung jene, die gleichzeitig zum "Mut zur Erziehung" aufriefen. Unter diesem Motto sind seit Entstehen der Familie eifrige Pädagogen - Experten und Laien - angetreten und haben Körper und Seele des Menschen in einem Ausmaß berechnet, verplant verplant und zugerichtet, daß von einem "freien" und selbstbestimmten Umgang mit sich, den Kindern, den anderen, von einer eigenen kompetenten Zuständigkeit für die naheliegensten körperlichen und seelischen Belange keine Rede sein kann. Unwissenheit und Un-

7 Zu einer weiteren Form der "Einmischung", die für die Entstehung der Familie konstitutiv ist, die Pädagogisierung der Frauen, vergleichbar und gleichzeitig mit der "pädagogischen Produktion des Kindes" (RUTSCHKY) vgl. Anne KLEIN in diesem Band .

sicherheit im Umgang mit sich und anderen scheint die Familienmitglieder schon immer gekennzeichnet zu haben. So kann die Aufforderung zum "Mut zur Erziehung" auch verstanden werden als hilfloser Appell, doch zu versuchen, so etwas wie eine "Naturwüchsigkeit" und "Selbstverständlichkeit" - was immer das auch heißen mag - im Familienleben herzustellen.

Erziehungskonzepte haben zunächst die kognitive und moralische Entwicklung des Kindes im Auge. Was aber wird "heimlich" mitgelernt, was für ein "Weltbild" wird unter der Hand vermittelt?

Beispiele aus der Geschichte der Erziehung:

"(...) ich (...) fasse in dieser Anleitung den menschlichen Körper in zehn Übungen (...). Die erste dieser Übungen lehrt die Mutter, ihrem Kind, die äußeren Teile seines Körpers zu zeigen und zu benennen (...). In der zweiten Übung zeigt sie ihm die Lage eines jeden dieser Teile (...)
Menschlicher Körper
Erste Übung
Der Körper oder der Leib. Der Kopf oder das Haupt. Das Angesicht. Die Seiten des Kopfes. Die rechte Seite des Kopfes. Die linke Seite des Kopfes. Der hintere Knöchel der kleinen Zehe des linken Fußes (...).
Zweite Übung
Der Körper oder der Leib des Menschen geht von den Fußsohlen an bis an den Scheitel hinauf, und von dem Scheitel an bis an die Spitzen der Finger beider Hände. Der oberste Teil des Körpers, der Kopf oder das Haupt, steht auf dem Hals. (...) Das linke Auge liegt unter der linken Seite der Stirn, über der linken Backe, zwischen dem oberen Teil der Nase und der linken Schläfe (...)" (PESTALOZZI 18o3 zit. in RUTSCHKY 1977,439ff.).

"Sprich also, wenn das Kind ein auffallendes Licht erblickt: Licht - hell, wenn es etwas Glänzendes wahrnimmt, das du mehrmals näher und entfernter und rechts und links ihm vor die Augen bringst. Glanz - scheinend, wenn es irgend etwas verlangt (...). Ja, ja, bei dem Gegenteil, nein, nein. (...) Bei Reichung der Brust Kind N., nimm! - sauge! - schmecke! - schmecke Milch - Milch gut - Milch angenehm - Milch süß. (...) Der erste Kindunterricht besteht in einer wohlgeordneten Einpflanzung sinnlicher Vorstellungen mit Hilfe des Wahrnehmungsvermögens des Kindes.(...) Sammle dir von Seide, Tuch oder anderen Stoffen einen Vorrat Stücke, (...) verschaffe dir durch Färbung (...) verschiedenfarbige Papierstücke. Laß es jedes dieser Stücke betasten, mit dem Aufruf: Fühle, Papier..."
(C.H. WOLKE 18o5 zit. in RUTSCHKY 1977, 456ff.) [8]

---

8 Zum Vergleich: Müttertrainingsprogramme heute - vgl.3.1.

Was fällt an diesen Beispielen auf?
Da ist zunächst die Zerlegung des Körpers, die segmentierte Körpererfahrung. Beides und die "Synthetisierung" des einmal zerlegten Körpers zum funktionstüchtigen Menschen stehen am Anfang der Geschichte der Familie, der Erziehung, der Kindheit. Körpererfahrung ist fortan synthetisch und erfolgt über Addition einzelner Körperteile und -funktionen zur "Mensch-Maschine",die nicht nur deshalb kein Ganzes ausmacht, weil die "unaussprechlichen" Körperteile [9] ausgespart, unbenannt und leblos bleiben (zu bleiben haben); dem Kind wird mit dem Training des einzelnen Körperteils das Gefühl für das Ganze ausgetrieben. Dieser auf die Übung von Einzelfunktionen reduzierte, "zweckmäßige" Umgang mit dem Körper, erfahrbar als Ichverlust, Identitätszerfall und -suche wird fortan zu einem herausragenden Thema der bürgerlichen Gesellschaft bis heute [1o].

---

9 Regine SCHULTE spricht in diesem Zusammenhang von einer Sprachlosigkeit und peinlichen Verschwiegenheit der bürgerlichen Schichten, von einer "Moral des Verschweigens und Versteckens" (in Anschluß an Stefan ZWEIG), die Sexualität zum anarchistischen störenden Moment stempelt, wird später transformiert in die "kalkulierbare Helligkeit der Sexualhygiene", der Verwissenschaftlichung der Sexualität (1979,13off.); und das obwohl die "Verhäuslichung der Körperfunktionen", ihre Intimisierung erst im ausgehenden 19. Jahrhundert in der Stadt abgeschlossen war (vgl. dazu: GLEICHMANN 1979 und Heinrich BOLLINGER in diesem Band).

1o Karl Philipp MORITZ (Faksimile 1972) schildert in seinem autobiographischen psychologischen Roman "Anton Reiser" die Gefühlswelt des Kleinbürgertums im ausgehenden 18. Jahrhundert. Körperverachtung, Körperverlust, Ich-Zerfall und Identitätssuche, später die Identitätsgewinnung über rastlose geistige Betätigung sind identische Themen und tauchen auch auf in der Analyse des faschistischen soldatischen Mannes bei Klaus THEWELEIT (1978, Band 2,225ff.) "Sich soviel wie möglich von den eigenen Sinnen losmachen", "sich von der Sinnlichkeit abziehen", alles "Eigene und die Eigenliebe abtöten" sind Programme, die in verkehrter Form auch im "verschlingenden" Umgang mit dem Kind, in der unauflösbaren symbiotischen Verstrickung wiederkehren, wenn auch in der Form der fehlenden Trennung zwischen sich und dem anderen (vgl. dazu: MAHLER 1972 und 3.2.).

Weiter verblüfft an den Programmen, daß sie die einfachsten und eigentlich selbstverständlichsten Dinge zur "Wissenschaft" machen: Kann das Kind nicht selbst fühlen und be-greifen, daß sein Kopf auf dem Hals "steht" und nicht etwa ruht oder sitzt! Milch schmecken oder riechen? Sollte die "Dauerentlastung" der Frau von der kontinuierlichen Sorge für den Lebensunterhalt der Familie ihr nicht freie Zeit und Raum geben für ihre eigenen Erfahrungen im Umgang mit Kindern? Ist das "Nest Familie" kein Ort selbstbestimmter sinnlicher Erfahrung?

Beispiele aus der Gegenwart:

"Beim Ausdrücken der Milch wird so vorgegangen: Der Zeigefinger der rechten Hand wird ausgestreckt unterhalb der Warze gegen die linke Brust gedrückt. Dann wird der Daumen der rechten Hand kräftig gegen die Warzenwurzel herabgeschoben. Die Wurzel der Warze kann man mühelos fühlen, wenn man den Daumen gegen den oberen Teil des Warzenhofs drückt. Dann wird die Warze zwischen Daumen und zweitem Glied des ausgestreckten Zeigefingers zusammengepreßt..." (aus: SNAITH und COXON, Dick-Read. 1971,262).

Die Babytypologie
"Jedes Baby ist einzigartig. Mütter wissen es..."
Typ 1: "In jedem Schrei steckt Energie. Mütter, die ein lebhaftes Kind haben, werden es auch öfter brüllen hören. (...)"
Typ 2: "Sogar zum Weinen zu müde. Dieses Baby ist so ruhig, daß es eigentlich nie richtig schreit. Es hat eine sehr hohe Reizschwelle. Das bedeutet, daß es sich nicht so schnell über unangenehme Dinge aufregt. Seinen Hunger zeigt es anders: Es verzieht das Gesicht, quengelt ein bißchen (...)."
Typ 3: "Nur nichts Aufregendes versäumen. Das lebhafte Baby hält keine Sekunde still. (...) Es wendet sofort den Kopf, wenn es ein Geräusch hört. Am liebsten aber geht es mit den Augen im Gesicht der Mutter spazieren."
Typ 4: "Wach, aber trotzdem dösig. Das ruhige Baby wirkt ein bißchen träge und verschlafen. (...) Am liebsten schmiegt es sich ganz eng an die Mutter, bewegt sich möglichst wenig (...)" usw. (aus ELTERN 1/198o,12ff.).

"Wie Mütter ihre Kinder trösten: Heile, heile Segen. Warum sich alle Kinder der Welt durch die gleichen Gesten beruhigen lassen. Und was sie vom Mitgefühl der Mutter für ihr Leben lernen. (...) Psychologen sagen: Die Mutter stellt beim Trösten vorgeburtliche Lebensbedingungen her (...). Kleine Kinder müssen noch schneller getröstet werden als größere, weil sie leichter in Panik geraten. Dabei entwickelt jede Mutter ihre Gesten. Angelika T.-F. (in der Zeitschrift sind die Namen ausgeschrieben - die Verf.) küßt ihre fünf Monate alte X. gern auf die Fußsohlen. Aber eines ist bei allen Müttern gleich: der Hautkontakt und eine ganz bestimmte rhythmische Art, mit dem Kind zu sprechen" (ebenda,6off.).

Tausende Mütter dürften sich inzwischen auf der Suche nach jener rhythmischen Art des Trostgebens befinden und sich erleichtert auf die Schultern klopfen: ich mache es richtig! Brauchen wir aber eine Baby-Typologie oder eine Einweisung in das "rechte Trösten" eines Kindes mit dem Hinweis, daß - wohlgemerkt - Kindheit eben auch bedeutet, daß Tränen fließen, daß das Kind das Recht auf seine Tränen hat? Brauchen wir Tips, wie: Lassen Sie Ihrem Kind seine Tränen!? Wo bleibt der Protest jener so auf "Privatheit" und "Unversehrtheit" der Familie und der Befähigung der Bürger zur "Mündigkeit" bedachten Politiker gegen diese verwissenschaftlichte Einmischung in die intimsten Bereiche zwischenmenschlicher Beziehungen, wie sie uns alltäglich durch das Fernsehen entgegenflimmert, an Kiosken, aus Zeitschriften und Büchern über uns hereinbricht? Und weshalb stellen sich die Frauen, die doch von dieser "Einmischung" am stärksten betroffen sind (vgl. 3.1.), auch noch zur Verfügung für eine minutiöse Beschreibung und detaillierte Preisgabe von Eigenleben und Besonderheit?

Die aktuellen "Einmischungen" in Familie scheinen sympathischer als die historischen Beispiele, bieten sie doch etwas Neues: Nicht mehr Disziplinierung, Beschneidung von Erfahrung, sondern Zulassen, Zeitlassen heißt jetzt die Devise. Doch sie haben die alten Einmischungen nicht obsolet gemacht: Wer kann es sich schon, wenn er seinem Kind das Beste will, leisten, nur zulassend, gewährend, abwartend zu sein? Der Schuleintritt steht drohend bevor. Und die alten bewährten Programme der kognitiven Entwicklungsförderung bieten einen Vorteil: Sie lassen das mütterliche Handeln sichtbar und meßbar durch Fortschritte, Erfolg bestätigt wissen. Wir wollen dieses neue (alte) (PETERS 198o) Thema der aktuellen Einmischung "Programme zur Wiedergewinnung sinnlicher Erfahrung und selbstbestimmter Lebenspraxis" nennen, - ein Thema, das bereits durch die Methode seiner Vermittlung - "Rezeptvermittlung - man nehme..." - wieder in die Reihe der alten rückt (vgl. 3.1.).

2. Familie - ein Arbeitsbereich besonderer Art

Die aktuellen und historischen Beispiele für Einmischungen in Familie sind trotz ihrer unterschiedlichen Inhalte und Empfehlungen an Mütter geeignet, ein Stück weit die oben formulierte Frage zu beantworten, was in der Familie gelernt wird, und eine Ahnung davon zu geben, was "Familie" in unserer Gesellschaft ausmacht. Wir werden uns daher Familie weiter auf einer eher phänomenologischen Ebene nähern (2.1.) und dann versuchen, einen systematischeren Begriff von Familie zu bekommen (2.2.,2.3.).

2.1. Ambivalenz der Einmischungen - Zweideutigkeit der Familie

Ganz gleich wie in der Familie verfahren wird, ob disziplinierend oder gewährend oder beides: Sie scheint ein Ort der Bearbeitung menschlicher Natur ohnegleichen zu sein, einer Bearbeitung, die ohne Vermittlungen und unausweichlich "durch die Haut geht", durch alle Poren dringt, jedes Moment der Seele erfaßt. Familie umschreibt einen totalen Zugriff auf den ganzen Menschen ohne Möglichkeit, zu entkommen, wie z.B. noch in der Fabrikarbeit durch Tagträume, Sabotage, Fehlzeiten und "erwerbsarbeitszeitfreie" Zeit; sind doch in der Familie selbst die Gedanken kontrolliert und kontrollierbar, die Gefühle, die Gesten erforscht, erforschbar und längst interpretiert. Der Umgang mit Gefühlen und Gesten, ihre Erforschung und Interpretation sind seit Entstehen der Familie zu deren besonderem, ja exklusivstem Arbeitsgegenstand geworden.(Gerät da nicht die Flucht in die Erwerbsarbeit zum einzigen Ausweg?).

Die Beispiele für "Einmischungen" in Familie werfen Licht auf beides: auf die Beschaffenheit von Familie und auf die Beschaffenheit der Welt jenseits von ihr, die Erwerbswelt, die Welt des Marktes und seiner Bedingungen, durch die das eigene Leben verdient werden muß.

o Bereits auf der Ebene der Beispiele wird sichtbar, daß die Familie ein Ort der Vorbereitung, Zurichtung und (Wieder-) "Ertüchtigung" für die Erwerbswelt, in der der Lebensunterhalt verdient werden muß, sein soll. Lange Zeit waren die Einmischungen einseitig und linear auf die Sicherstellung der angemessenen Form der Arbeitskraft, auf die Erzwingung bürgerlicher Tugenden wie Disziplin, Askese, blinde Leistungsbereitschaft und blinden Gehorsam, Körperfeindlichkeit bzw. Annahme des Körpers ausschließlich unter Leistungsgesichtspunkten, was sich bis heute im Sport erhalten hat, gerichtet; Tugenden, die auch heute noch gefragt sind. Familie als Training also für eine Welt der Zweckmäßigkeit und Gleichgültigkeit, in der Gefühle, Besonderheiten von Personen und Dingen wenig Platz haben [11]? Scheint nicht in PESTALOZZIs Übungen für den "zerstückten" Körper, für einzelne Körperteile der Taylorismus,

---

11 Spekulativ möchten wir in diesem Zusammenhang die Frage aufwerfen: Liegt hierin womöglich auch e i n "erzieherische(r) Wert einer Hinrichtung" (Weisse 1791) und ein Sinn, in Abhärtung und Grausamkeit einzuüben? "...mag er (der Mann - d.Verf.) sich (...) einem Stand in der Welt widmen, welchem er will, so ist er in Gefahr, nicht nur blutige Auftritte zu sehen, sondern als Mittelsperson dabei zu erscheinen. Als Geistlicher, als Richter oder Sachwalter, als Arzt, als Soldat fordert ihn oft sein Beruf dazu auf, selbst Blut zu vergießen. (...) Ich habe verschiedene Geistliche und Richter gekannt, die selbst bei solchen Gelegenheiten Todesangst ausstanden und sich mit mancherlei Stärkungsmittel bewaffnen mußten (...). Viele Wochen vorher quälte sich schon ihre Einbildungskraft, und die blutigen Bilder verfolgten sie wieder lange darnach selbst in Träumen" (Weisse 1791 in Rutschky 1977,7). Trifft dies nur für vergangene Jahrhunderte oder auch weiterhin zu (vgl. Darstellungen und Schilderungen von Grausamkeiten in den Massenmedien)? Karl Philip Moritz läßt in seinem "psychologischen Roman" Anton Reiser diesen das "(dunkle) Gefühl der Kleinheit, Einzelnheit, und fast dem Nichts gleichen Unbedeutsamkeit" in einem Gedränge von Menschen empfinden (MORITZ 1972,261): "Einmal da vier Missetäter (...) geköpft wurden, ging er unter der Menge von Menschen mit hinaus, und sahe nun vier darunter, welche aus der Zahl der übrigen ausgetilget und zerstückt werden sollten.-Dies kam ihm so klein, so unbedeutend vor, da der ihn umgebenden Menschenmasse noch so viel war (...) Und da nun die Stücken dieser hingerichteten Menschen auf das Rad hinaufgewunden wurden, und er sich selbst, und die um ihn her stehenden Menschen ebenso zerstückbar dachte - so wurde ihm der Mensch so nichtswert und unbedeutend, daß er sein Schicksal und alles in dem Gedanken von tierischer Zerstückbarkeit begrub - und sogar mit einem gewissen Vergnügen wieder zu Hause ging, (...) - Denn er konnte sich nicht enthalten, sich immer an den Platz der zerstückten und in Stücken auf das Rad gewundenen hingerichteten Missetäter zu stellen - und dachte dabei, was schon Salomo gedacht hat: Der Mensch ist wie das Vieh; wie das Vieh stirbt, so stirbt er auch.-(Der Mensch ist wie das Vieh...: Vgl.Prediger Sa-

die ganze moderne Arbeitswissenschaft [12] und der spezifische Einsatz menschlicher Arbeit in der industriellen Arbeitswelt vorweggenommen? Wird nicht fortan forciert "Welterschließung" künstlich erfolgen, aus "zweiter Hand" und synthetisch, zusammengesetzt: im Kinderzimmer über Baukästchen und Gliederpüppchen, wo Kinder begreifen lernen müssen, daß es nichts zu be-greifen gibt (vgl. DISCHNER 1975², 1o4); später im Büro und in der Fabrik als zerstückelte Arbeitserfahrung? Wird hier nicht schon Parzellierung als Schicksal als lebenslange Trennung von Leben und Erwerbsarbeit, Kopf und Hand usw. eingeübt?

o Folgt man den Beispielen weiter, so scheint es, daß in der Familie nicht hinreichend Wissen über den rechten Umgang mit sich und anderen vorhanden ist, daß Familie auf ein "Wissen aus zweiter Hand" angewiesen ist. Das würde bedeuten, daß Familie wesentliche Voraussetzungen für das Zusammenleben in der Familie nicht aus sich selbst heraus schaffen kann, daß z.B. Wissen um den Umgang mit Kindern, dem Körper, den Gefühlen

---

Fortsetzung Anm. 11
lomo 3,19.)"(ebd., 262, ohne Hervorhebungen wie im Original). In diesen (zeitgenössischen) Empfindungen sind wesentliche "Strukturelemente" ver-dichtet, die auch bis in die jüdisch-christliche Religion hinein zurückverfolgt werden können und für die bürgerliche Gesellschaft dann k o n s t i t u t i v wurden. (Vgl. dazu auch ELIAS 1976, HONEGGER 1978, zur LIPPE 1974,1975)

12 Zum MTM-Verfahren (Zeitmeßverfahren): "Das Verfahren geht von der Voraussetzung aus, daß es für jeden Arbeitsgang ein meßbares Minimum an notwendigen Bewegungen gibt. Für jede dieser Bewegungen wird eine Normzeit konstruiert. (...) Als Grundbewegungen gelten: Hinlangen, Greifen, Bringen, Loslassen, Fügen, Trennen, Drücken, Drehen, Kurbeldrehen. Die Blickfunktionen: Anvisieren, Blick-Verschieben, Lesen. Die Körper-, Bein- und Fußbewegungen: Fuß-Bewegen, Seitenschritt, Beugen, Aufrichten vom Beugen, Knien, Sich-Setzen, Sich-Erheben, Körperdrehung, Gehen. Die Normwerte für diese Tätigkeiten sind als das geeichte Maß aller im Betrieb benötigten menschlichen Bewegungen in einem Panzerschrank in Pennsylvania verwahrt. (...) Der ökonomische Vorteil (...) wird (...) so beschrieben: 'Es wird versucht, alle nicht unmittelbar zum Arbeitsfortschritt beitragenden Bewegungen zu eliminieren'" (SCHNEIDER 197o,96ff.).

nicht von Anfang an vorhanden und selbstverständlich ist [13] (vgl.3.1.).

Eine andere, ebenso plausible und zulässige Interpretation würde besagen, daß der Umgang in der Familie mit Körper und Seele nicht selbstverständlich sein soll und sein darf. Dieser Schluß ist ebenfalls in den Beispielen angelegt: Immer schwingt in den Einmischungen z.B. der - meist männlichen, gar nicht in dem Maße für die Herstellung von Geborgenheit in Familie zuständigen - Pädagogen, in den Argumenten der Politiker und Beiträgen in den Medien, so etwas wie Angst oder wie Neid mit; vielleicht die Angst des dauerhaft Erwerbstätigen, in der Familie etwas nicht in den Griff zu bekommen oder aus der Hand zu verlieren; vielleicht die verdrängte Sehnsucht und der Neid auf die Möglichkeit von Frauen und Kindern, in der Familie ein Stück weit der Wirklichkeit jenseits von ihr zu entkommen und eine "Gegenwelt" aufzubauen. Für die Familienmitglieder, die von der alltäglichen Sorge für den Lebensunterhalt freigesetzt sind, ist es nicht in dem Maße wie für den dauerhaft Erwerbstätigen notwendig, sich auf die Beschaffenheit der Wirklichkeit jenseits von Familie einzustimmen. Die "Infantilisierung", das Kleinhalten von Frauen und Kindern (vgl. Anne KLEIN in diesem Band) ist zwar zunächst eine männliche und politische Strategie, um "Privatheit" für den dauerhaft Erwerbstätigen herzustellen; sie kann aber auch als Versuch interpretiert werden, eine Ei-

---

13 "Einmischungen" in Familie richteten sich von Anfang an auf die Hauswirtschaft. Die bürgerliche Hausfrau besaß (vgl. A. KLEIN in diesem Band) nicht selten wenig Kompetenzen im hauswirtschaftlichen Bereich, oblag ihr doch nur dessen Organisation und das sparsame Wirtschaften, das sie nach unten an die Köchin delegierte. Fiel die Köchin aus, war das für die Familie oft die Zeit ungenießbarer Kost. Die Arbeiterfrau hatte weder Zeit, noch Mittel, noch Raum für Hauswirtschaft. Daher konnte sich Hauswirtschaft als "Rezeptwissen" schnell in der Familie ausbreiten. Handbücher wie "Die tüchtige Hausfrau. Ein praktisches Nachschlagebuch der gesamten Hauswirtschaft, Kochkunst, Putzmacherei, Hausschneiderei, Wäschenäherei, Kunststopferei, sämtlicher Handarbeiten, nebst nahezu 1ooo erprobten Ratschlägen und einem neuen großen Kochlexikon für die sparsame Hausfrau herausgegeben von Antonie Steimann" (München/Wien 1913) halfen dabei.

gendynamik, die in der Familie angelegt ist und sich kritisch gegen die Außenwelt richtet und diese an den in der Familie verborgenen Möglichkeiten von Erfahrungshandeln, "freier, dehnbarer Zeit" (NEGT/KLUGE), Zeit für Erfahrung, Raum für Kennenlernen und Gewährenlassen usw. messen kann, unter Kontrolle zu bringen. Verdrängte Sehnsucht, Neid, Angst - auch bei Frauen selbst - eines Tages, Entwicklungen aus der Hand zu verlieren und nicht mehr kontrollieren zu können, knüpfen sich an das Interesse, selbst die unerforschten Details emotionaler Zuwendung ans Licht zu zerren. Auch deshalb bleiben Medien aller Art den Frauen an den Fersen, wenn sie ihre Kinder gebären, trösten, aufklären.

"Aufklärung. Alles was Kinder über Liebe, Sexualität und Kinderkriegen wissen müssen. Eingepackt in heitere spannende Geschichten. Zum Vorlesen und zum Selberlesen. (...) Aufklärungsgeschichten für Fünf- bis Zehnjährige. (...) Woher die kleinen Kinder kommen. Die schönste Aufklärung, die ELTERN je gedruckt hat" (ELTERN 1/198o).

"Man spielt gern mit Säuglingen. Aber man könnte diesen Scherz nützlicher machen, als er ist. Dieses zu lernen (...) ist nicht schwer, wenn es von einem Erfahrenen gezeigt und nicht bloß geschrieben wird. Gemeiniglich wird viel dabei versehen. Z.B. der Liebling heißt den meisten Müttern bald Fränzchen, bald Püppchen bald ei mein liebes Püppchen, bald o mein Herzchen. Warum liebkoset man ihn nicht immer mit dem Namen Franz (...)? Der Papa heißt bald Papachen, bald das liebe Papachen usw. Warum heißt er vor den sprachlosen Säuglingen nicht immer bloß Papa oder Vater? (...) Machen es doch die klügsten und zärtlichsten Mütter gerade so, als wenn sie besorgt wären, der Säugling möchte zu früh ihre Sprache verstehen, wenn sie einförmiger und folglich zweckmäßiger zu ihm redeten. Warum benennen sie anfangs alles, was vorkommt, und nicht nach und nach nur wenige Dinge, bis durch die vorige Übung die Bedeutung jener Namen fest gegründet ist? Warum wird des Kindes Aufmerksamkeit auf alles, was den Müttern zu zeigen einfällt, gerichtet und nicht nach und nach auf dieses und jenes mit Ordnung? Warum lehrt man das Kind durch Führung der Hand nicht ordentlich nacheinander etwas betasten, von sich schieben, zu sich schieben, greifen, halten, loslassen? usw. Nämlich mit den kurzen Worten: Fühle, schiebe von dir, zu dir, greife, halte, laß los! Ist dies nicht die natürliche Art, sie früh zu einiger Geschicklichkeit des Körpers zu bringen? (...) Kurz, jedes Spiel, jeder Scherz mit Säuglingen oder mit Kindern, die nicht viel älter sind, muß mit Absicht auf Kenntnis der Gegenstände und ihrer Namen und auf Vorübungen der Sprachglieder und anderer Teile des Leibes gerichtet sein" (BASEDOW 1783 in RUTSCHKY 1977, 37ff.).

Zwischen den beiden Zitaten liegen zweihundert Jahre. Die Themen haben sich scheinbar verkehrt. Und doch sind die Anleitung zur Aufklärung ebenso wie die Pamphlete gegen das vermeintlich "Zwecklose", gegen "Affenliebe" und verzärtelnde unvernünftige Mütter auch Versuche, Familie in ihrer Eigendynamik in den Griff zu bekommen, sie immer wieder auf den Boden einer "zweckhaften" Wirklichkeit zu stellen.

- Wir können also aus den Beispielen herausfiltern, daß Familie so etwas wie eine Eigenstruktur und Eigendynamik (vgl. Karin JURCZYK in diesem Band) besitzt, die sie in Gegensatz zur Struktur der Erwerbsarbeit bringt. Ob wir nun die verschiedenen "Einmischungen" in Familie interpretieren als Versuche, den Familienmitgliedern Wissen über den Umgang mit sich und den anderen zu vermitteln, oder ob wir in den "Einmischungen" Versuche sehen, die Familie darin zu kontrollieren, wie sie "Familienleben" praktiziert, - ob der Familie nun unzureichendes oder anders geartetes Wissen unterstellt wird, - jede dieser Interpretationen hilft unsere These von einer "eigenlogischen" Struktur der Familie zu plausibilisieren.
- Das Thema Familie wäre schnell erschöpft, gäbe es da nicht die Kinder. Wir gehen davon aus, daß ein enger Zusammenhang besteht zwischen der Existenz der Familie als privatem Bereich, der nicht der Arbeit für den Lebensunterhalt dient, den verschiedenen "Einmischungen" zur Erhaltung dieser privaten Institution u n d der Existenz einer als "Kindheit" definierten menschlichen Entwicklungsphase (vgl. HEINSOHN/KNIEPER 1974) [14].

---

14 Erziehungstheorien - Konzepte, was Kindsein bedeutet und wie Kindheit vonstatten geht, und "Weiblichkeitsbilder" (BOVENSCHEN 1979), was Frausein bedeutet und wie es zu füllen ist, - machen den größten Teil der Einmischungen" in Familie aus und sind für diese konstitutiv. Frauen und Kinder selbst waren an der Produktion dieser Konzepte und der in ihnen enthaltenen Deutungsmuster kaum beteiligt. Anders als für den Mann in seiner Familienrolle liegen für Frauen und Kinder präzise Verhaltensvorschriften vor, die nur wenig Spielraum lassen für eigene Situationsdefinitionen und Handlungsweisen. Erst in der letzten Zeit wird die Rolle des "Vaters" inhaltlich aus der Familie heraus gefüllt, d.h. um eher "weibliche" Orientierungen, wie z.B. Affektivität, Partikularismus, Diffusheit erweitert. Diese "neue Vaterrolle" kann zum Konflikt mit der anderen männlichen Rolle als "Familienernährer" in der Erwerbswelt geraten, auf die Familie konfliktreich zurückwirken, zur Umstrukturierung der "Er-

Das gleichzeitige Auftreten von "Familie" und "Kindheit" (vgl. Heinrich BOLLINGER und Anne KLEIN in diesem Band) läßt verschiedene Schlüsse zu: Z.B. den Schluß, daß kleine und heranwachsende Kinder bei der Ausübung von außerhäuslicher Erwerbsarbeit stören (vgl. ECKERT in ders. 1980, 234 ff.) bzw. für eine Mitarbeit bei dieser Arbeit nicht geeignet sind und diese Mitarbeit ihre spätere kontinuierliche außerhäusliche Erwerbsarbeitsfähigkeit beeinträchtigen würde. Die Geschichte der Entstehung von "Kindheit" und die Geschichte des Verbotes der Kinderarbeit (vgl. HERKNER 19o5, 23ff.) bestätigen solche Vermutungen. Damit wäre eine weitere Aussage über die Qualität der Erwerbsarbeit gewonnen: Sie scheint sich in der Art, wie sie mit dem Arbeitenden umgeht, "in ihn eingreift", in den Anforderungen, die sie dem Arbeitenden stellt, von anderen Arbeitsformen (z.B. dem Handwerk oder der bäuerlichen Arbeit - vgl. Heinrich BOLLINGER in diesem Band und OSTNER 1978) grundsätzlich zu unterscheiden. Es gab immer Arbeitsformen, in denen Kinderarbeit selbstverständlich war und Kindheit und Erwachsenenalter sich relativ ungeschieden als stetiger Prozeß der Aneignung von Arbeitserfahrung, von Wissen, Techniken, Traditionen für die Sicherung des alltäglichen Lebensunterhaltes darstellten. Dieses Eingebundensein aller ohne große Rücksicht auf Geschlecht und Alter in die Arbeit für den täglichen Lebensunterhalt machte spezielle Erziehungsprogramme und -einrichtungen ebenso unnötig, wie die

---

Forts.14 nährerrolle" oder zu deren Restauration, damit zur Abwehr der neuen Rolleninhalte führen. Wenn es zutrifft, daß sich die Privatheit der Familie vor allem herstellt aus der Profilierung der Rolle von Frau und Kind und deren Verbindlichkeit, so muß hier noch einmal die These von Familie als Raum selbstbestimmter Lebensgestaltung relativiert werden.

Verpflichtung einer besonderen Person für diese Erziehungsarbeit jenseits der Arbeit für den täglichen Lebensunterhalt [15]. Außerhäusliche Erwerbsarbeit stellt sich als Arbeit dar, die nicht mehr grundlegend auf Tradition, auf seit Generationen überlieferten und von früher Kindheit an konkret sinnlich angeeigneten Wissensformen, Fähigkeiten und Situationsdeutungen angewiesen ist. Unter diesen genannten Gesichtspunkten ist - so meinen wir - außerhäusliche Erwerbsarbeit auf ein "Moratorium" Kindheit angewiesen, das nach anderen Prinzipien organisiert ist als die Erwerbsarbeit, und für das wenigstens eine Person dauerhaft zuständig werden muß, die sich dann "Kindheit" als Arbeitsfeld besonderer Art aneignet.

---

15 Die Notwendigkeit von Kindheit und Familie als "erwerbsarbeitsfreiem", privatem Raum wird z.B. in der historischen Familienforschung begründet durch die hohe Kindersterblichkeit in den Schichten, in der Kinderarbeit notwendig war, bzw. Zeit und Geld für die Beaufsichtigung von Säuglingen fehlte (vgl. SHORTER 1977). Diese Argumentation erscheint allerdings insofern kurzschlüssig, wie sie von den gesellschaftlichen Bedingungen abstrahiert, die Kindersterblichkeit forciert hervorbringen: So war in den Schichten, die von jedem Produktionsmittel außer der bloßen Arbeitskraft "befreit" waren, wo Hof und Haushalt als Versorgungszusammenhang nicht mehr funktionierten, Kindervernachlässigung und -sterblichkeit am höchsten. Nicht die Kinderarbeit als solche, sondern die Bedingungen, unter denen Kinder arbeiten mußten, brachten erhöhte Kindersterblichkeit hervor. Wo Hof und Haushalt auf die Mitarbeit aller angewiesen war, bestand so etwas wie eine "sittliche Ökonomie" (THOMPSON in PULS/THOMPSON 1979), d.h. eine wechselseitige Verpflichtung auf die Sorge für die Erhaltung von Arbeitsvermögen im Rahmen der vorhandenen materiellen Möglichkeiten (vgl. dazu auch die autobiographischen Romane von Oskar Maria GRAF über seine Kindheit in einer bäuerlichen Bäckerfamilie des ausgehenden 19. Jahrhunderts - z.B. GRAF 1975). Erst der Zerfall dieser "sittlichen Ökonomie" im Zusammenhang mit der Durchsetzung der neuen industriellen Produktionsweise und die industrielle Ausbeutung der Arbeitskraft ohne Rücksicht auf deren Gesundheit ließ Kinder- und Frauenarbeit systematisch lebenszerstörend werden (vgl. THÖNNESSEN 1976[2]).

Weshalb wird nun nicht die Erziehung kleiner Kinder massenhaft zum Betätigungsfeld von Experten, zu deren Erwerbsarbeit - vergleichbar der Erziehung durch Schule? Widersprechen die Prinzipien der Erwerbsarbeit dem, was kleine Kinder brauchen? Diese Fragen lassen sich aus den angeführten Zitaten nicht beantworten. Wir können aber zunächst davon ausgehen, daß Kindheit entsteht, weil Kinder nicht außerhäuslich den Lebensunterhalt mitverdienen können und sollen. Unter diesem Gesichtspunkt können "Einmischungen" in Familie, wie sie z.B. Erziehungskonzepte und "Weiblichkeitsbilder" darstellen, auch als Versuch begriffen werden, den entstandenen Raum (Kindheit als Moratorium) mit "Bedeutungen" aufzufüllen [16]. Ist dann dieser "Raum" erst einmal entstanden, kann das Kind dazu benützt werden, um Familie über ein gemeinsames "Thema" zusammenzuhalten. Die erwähnten Beispiele pädagogischer "Einmischungen" in Familie spiegeln so zwar das, was Familie für das Kind bedeuten soll; aber wie das Kind seine Familie erlebt, erfahren wir nicht. Die Vorstellung, daß Kindheit eine unausweichliche Phase expliziter und unmittelbarer erzieherischer Zuwendung im Leben jedes Menschen ausmacht, hat sich inzwischen so eingeschliffen, daß die Frage, ob denn dieses "Moratorium" für die menschliche Entwicklung

---

16 Tatsächlich dient "Kindheit als Freiraum" auch der Begründung der Notwendigkeit von Erziehung. Losgelöst von den konkreten Bedingungen, unter denen einmal später der Lebensunterhalt verdient werden muß, bzw. der Lebensunterhalt der Familie verdient wird, im privaten Raum der Familie ist kindliche Entwicklung auf einmal nicht mehr alternativlos, wie in bäuerlichen, handwerklichen, proletarischen Verhältnissen des vergangenen Jahrhunderts, sondern prinzipiell o f f e n , unbestimmt, variabel; sie ist damit aber immer auch in Gefahr, den von den Erwachsenen antizipierten zukünftigen Bedingungen der Lebensunterhaltssicherung nicht zu genügen. Die prinzipielle Offenheit der menschlichen Entwicklung, wie sie in der Kindheit noch angelegt ist, verkehrt sich so zu einem pädagogischen Problem, das häufig repressiv gelöst wird: "Gerade weil die menschliche Entwicklung so viel Spielraum erhält, ist der Mensch darauf angewiesen, erzogen zu werden. Gerade weil es diesen Spielraum gibt, kann er sich in jede Richtung entwickeln, auch z.B. für Rad und Galgen aufwachsen, kann er krankhafte Entwicklungsabwege wählen, kann ein Kind auch überhaupt nicht erwachsen werden" (LANGEVELD 1956, zit. in RUTSCHKY 1977,LXII).

notwendig ist, gar nicht mehr gestellt werden kann. So gesehen gibt es zu "Kindheit" eingebettet in einen privaten Bereich keine Alternative - unabhängig davon, was dann konkret mit Kindern in diesem "Moratorium" geschieht: Kindheit ist also der Form nach alternativlos, aber inhaltlich offen (vgl.Anm.16).

Die angeführten Zitate über den rechten Umgang der Familienmitglieder mit sich und den anderen spiegeln zwar nicht faktisches Familienleben; sie enthalten zunächst nur kulturelle Deutungen von dem, was in einer bestimmten Gesellschaft [17] Kindsein bedeutet und zu bedeuten hat. Über die Wirksamkeit und Verbindlichkeit dieser Deutungsmuster ist damit noch nichts ausgesagt. Die Beispiele für "Einmischungen" in Familie lassen auch nur über Umwege Schlüsse auf die je subjektive Betroffenheit der einzelnen Familienmitglieder - z.B. der Kinder und Frauen - durch Familie und auf die je subjektiven Wünsche an Familie zu - etwa da, wo davon ausgegangen werden kann, daß das Kind weniger die Erziehung braucht als der Erzieher das Kind (vgl. RUTSCHKY 1977,LXIII); die Zitate können jedoch Auskunft geben über die Vielfalt und Widersprüchlichkeit von Bedeutungen, die Familie besitzt, und eine Ahnung davon vermitteln, welche Anforderungen die jeweils verschiedenen Bedeutungen von Familie für die einzelnen Familienmitglieder umschreiben.

Auf den ersten Blick bieten die Zitate also eine verwirrende Vielfalt davon, was "Familie" bedeuten kann: Familie bedeutet Wartezeit auf, Vorwegnahme von und Zurichtung für außerhäusliche Erwerbsarbeit und sie verfährt nach deren Prinzipien; Familie erscheint aber auch als "eigenlogischer" Bereich, der Potentiale hervorbringt, die zur Erwerbsarbeit in Widerspruch geraten können. Die Familie beinhaltet also auch Arbeitsweisen, die sich von denen der Erwerbsarbeit unterscheiden; in jedem Fall kann Familie - so meinen wir - ihre eigenen Voraussetzungen nicht hinreichend aus sich selbst heraus schaffen.

---

17 Solche Erziehungskonzepte bleiben zunächst beschränkt auf das städtische Bildungsbürgertum, das als erste Schicht "Familie" praktizierte (vgl. Heinrich BOLLINGER in diesem Band). Die zitierten Pädagogen entstammen diesem Milieu.

In diesem verwirrenden "Bedeutungsspektrum" von Familie ist das enthalten, was wir die Dialektik von Eigenheit und Fremdbestimmtheit der Familie genannt haben. Die dargestellten "Einmischungen" in Familie tragen dieser Dialektik Rechnung. In Familie wird dann eingegriffen, wenn sich die beiden Momente des dialektischen Verhältnisses zu verselbständigen beginnen, wenn die Familie zu "eigenlogisch" oder zu wenig "eigenlogisch", der Erwerbsarbeit und ihren Prinzipien zu ähnlich zu werden droht. Wir können diese Ambivalenzen und Widersprüche nicht auflösen, da sie für Familie konstitutiv sind. Wir wollen jedoch im folgenden versuchen, die verschiedenen Bedeutungen von Familie systematischer aufeinander zu beziehen und dabei die Perspektive der einzelnen Familienmitglieder einzunehmen.

2.2. Anforderungen familialer Arbeit aus der Sicht der Familienmitglieder

Wir haben bis jetzt verschiedene "Expertenaussagen" über Familie vorgestellt und versucht, die in ihnen enthaltenen ambivalenten und widersprüchlichen Bedeutungen von Familie herauszufiltern. Diese bewegen sich allerdings immer auf der normativen Ebene, indem sie nur angeben, was Familie aus der Perspektive verschiedener Experten und Medien sein s o l l . In diesem Abschnitt wollen wir nun versuchen, herauszufinden, wie sich aus einer "Sicht von unten" (MIES 1978,48), aus der Perspektive der Familienmitglieder, Familie darstellt. Auch die-

---

18 Wir verwenden hier den Begriff "Familie" zur Bezeichnung einer Lebens-F o r m , und zwar im Unterschied zu anderen Lebensformen wie Hof und Haushalt (vgl. Heinrich BOLLINGER in diesem Band). Daß Vater, Mutter und Kind unter einem Dach zusammenwohnen, bzw. gewohnt haben, kennzeichnet für uns "Familie" noch nicht hinreichend. Wir sprechen hier von "Familie" nur dann, wenn dieses Zusammenleben nicht unmittelbar der Sicherung des Lebensunterhaltes dient, der Lebensunterhalt vielmehr außerhäuslich ver-dient werden muß. "Familie" ist für uns dann eine Form, die u.a. von den einzelnen Familienmitgliedern mit jeweils spezifischen Bedeutungen "gefüllt" wird. Um diese subjektiven Bedeutungen von "Familie" und ihr Verhältnis zur gesellschaftlichen Formbestimmung von Familie soll es hier gehen.

ser Zugang zu Familie bleibt notwendig abstrakt: Wir können zwar anknüpfen an neuere, qualitative empirische Untersuchungen zum Familienalltag und -leben, für die die "Sicht von unten" methodischer Ausgangspunkt und Prinzip hermeneutischer Interpretation war (vgl. ECKART, JAERISCH, KRAMER 1979; URDZE, RERRICH 1979; WAHL, GRAVENHORST, HONIG 198o). Auch unsere eigenen Erfahrungen mit Familie sind in die folgenden Überlegungen miteingegangen. Dennoch können wir hier nur hypothetisch und rudimentär auf (1) der Ebene von Anforderungen an Subjekte und (2) aus ihrer Sicht [19] entwickeln, wie schwierig "Familie" für die einzelnen Familienmitglieder sein k a n n .

Um die jeweils mögliche subjektive Bedeutung von Familie verstehen zu können, ist es - so meinen wir - notwendig, von der verbreiteten Vorstellung Abschied zu nehmen, daß Familie von vornherein und ohne Zutun der einzelnen Familienmitglieder nach dem Prinzip "einer für alle, alle für einen" funktioniert. Diese Vorstellung von Familie als "solidarischem Prinzip" gehört, auch wenn sie konkrete Wünsche an Familie bezeichnet und durchaus realisiert werden mag, doch wieder dem normativen Bereich an. Sie drückt menschliche Bedürfnisse in unserer Gesellschaft aus und enthält ein Mißverständnis: das Mißverständnis, daß Familie von vornherein etwas darstellen könnte, was in Wirklichkeit erst mühsam Tag für Tag von jedem einzelnen Familienmitglied hergestellt werden muß. Viele Schwierigkeiten im Familienleben lassen sich - so meinen wir - daraus erklären, daß Familie nicht von vornherein über eine "gemeinsame Sache" zusammengehalten wird, bzw. mit dieser unveränderlich identisch wäre; diese "gemeinsame Sache" muß erst "gefunden" werden.

---

19 Welchen Anforderungen sich ein Mensch gegenübersieht, wenn er Familie lebt, kann analytisch auf zwei Ebenen entwickelt werden, die dann zusammengebracht werden müssen: (1) auf einer Ebene von Anforderungen an Subjekte, die Familie leben; diese konstituieren Familie auf der Subjektebene: was wird von mir verlangt, wenn ich (in einer) Familie lebe? (2) auf einer Ebene der je subjektiven Deutungen dieser Anforderungen und ihre je spezifische Umsetzung in konkretes Handeln: was bedeutet es für mich, wenn von mir in und für Familie dies oder jenes verlangt wird, und wie gehe ich damit konkret um? Wir werden im folgenden nicht immer zwischen diesen beiden Ebenen trennen können.

Darin unterscheidet sich "Familie" auch grundsätzlich vom "Hof" oder "Haushalt" als Lebensform, wo die Form des Zusammenschlusses von Menschen und deren Begründung noch unmittelbar zusammenfallen, d.h. identisch sind (vgl. Heinrich BOLLINGER in diesem Band). Beim kleinbäuerlichen Hof geht es selbst heute noch darum, den Besitz [2o] zu erhalten und damit unmittelbar den Lebensunterhalt zu sichern. Während die Begründungen für die Lebensform beim Hof und Haushalt noch in der Sache selbst liegen, diese konkret inhaltlich ausmachen, müssen Begründungen dafür, warum man in Familie lebt, sozusagen "von außen" in Familie hineingetragen werden. Sehr vereinfacht gesagt: die noch "leere Form Privatheit" muß erst mit Inhalten gefüllt, d.h. hier: inhaltlich begründet werden. Das "solidarische Prinzip", das noch "Hof" und "Haushalt" ausmachte, konstituiert "Familie" eben nicht [21].

2o Das "Hofdenken", dieses die "War derhalten" (wobei "War" oder bayerisch: "Sach" ausschließlich die Gebrauchswertseite von "Ware", "Sache", "Besitz" meint) hat sich bis heute gerade bei - nach marktwirtschaftlichen Kriterien - unrentablen "Betrieben" hartnäckig gehalten. "Hofdenken" heißt jenseits aller Sentimentalität etwas sehr Handfestes: das gemeinsame Interesse an der Erhaltung einer nicht marktvermittelten Existenzgrundlage und die Ausrichtung aller anderen Interessen an diesem einen übergeordneten Interesse ("die War derhalten" - Worte einer fränkischen Bäuerin zit. in einem unveröffentlichten paper "Hofdenken" des DFG-Projektes BLASCHE, INHETVEEN u.a. "Bäuerinnen", Erlangen 1979).

21 Die strukturfunktionalistische Familiensoziologie begreift Familie als "dauerhaftes solidarisches Zusammenleben u m s e i n e r s e l b s t w i l l e n" (TYRELL 1979,2o - Hervorh. v.d. Verf.), "selbstzweckhaft" und "selbstgenügsam". Die Kennzeichnung von Solidarität in der Familie als "selbstzweckhaft" und "um ihrer selbst willen" bestätigt unsere These, daß Solidarität Familie eben nicht konstituiert. Denn eine so definierte Solidarität "sans phrase", ohne Inhalt, über die sie sich herstellen und erhalten könnte, gibt es nicht. Sie wäre gleichbedeutend mit einem "gemeinsamen Handeln" ohne verbindende "Sache", ohne eine Vermittlung und Mitte, die erst Gemeinsamkeit stiftet und damit bereits auf der begrifflichen Ebene ein Ding der Unmöglichkeit. Solidarität als Inhalt von Solidarität? Gemeinsamkeit als Zweck und handlungsleitendes Moment gemeinsamen Handelns?

Inhaltliche Begründungen dafür, warum man in einer Familie lebt und an ihr festhält, sind allerdings beliebig, veränderlich und beliebig austauschbar. Sie verändern sich im Laufe der "Normalbiographie" der Familie und zudem für jedes Familienmitglied (vgl. Barbara PIEPER in diesem Band). Während noch beim "Hof" oder "Haushalt" der Besitz, die Grundlage der täglichen Existenzsicherung als "gemeinsame Sache", alle ohne große Rücksicht auf Geschlecht und Alter und durch alle biographischen Etappen hindurch integrierte, diese "gemeinsame Sache" also Bestand hatte, fehlt für Familie solch ein dauerhaftes unveränderliches, synthetisierendes Element. Jede Familie kann durch ganz verschiedene Begründungen zusammengehalten werden und diese können sich sehr plötzlich bei jeder einzelnen Person verändern: Wo einmal Liebe, erotische Anziehung und Kinderwunsch zur Familiengründung führten, sind es dann die Kinder, das eigene Haus, abgeleitete Versorgungsansprüche [22], Schulden, gegenseitige Gewöhnung, also ein Stück gemeinsamer Lebensgeschichte, oft aber auch der fehlende Mut, sich einzugestehen, daß in der eigenen Familie "nichts mehr läuft" und andere Möglichkeiten nicht mehr realisiert werden können, was an der einmal gegründeten Familie festhalten läßt. Wie "trag-

---

22 Folgt man TYRELL, so besteht die Bedeutung von Familie für den Berufstätigen darin, daß sie ihn dauerhaft für Berufsarbeit motiviert. Ist Familie, so TYRELL, erst einmal gegründet, damit es leichter fällt, dauerhaft erwerbstätig zu sein, dann kann sie aber auch "als exklusiver Ort menschlicher Fürsorge und Solidarität" nicht mehr "im Stich gelassen werden". Familie "als Stützung des im Wirtschaftssystem beruflich arbeitenden Personals"? In jedem Fall - ob nun Beruf auf Familie oder Familie auf Beruf verpflichtet - wird das mangelnde "autonome Sinngebungspotential" (TYRELL) von Familie und Berufsarbeit hier deutlich und damit unsere These, daß "Sinn" Familie so ohne weiteres nicht konstituiert, unterstützt: Der "Umstand der je individuellen familialen Dauerbindung des wirtschaftlichen Personals bedeutet nun offenkundig einen immensen ökonomischen Stabilitätsfaktor; er bedeutet vor allem eine massenhafte, in der Wirtschaft selbst (...) gar nicht erzeugbare Stützung und langfristige Stabilisierung der Arbeitsbereitschaft (...): für die von sich aus vielfach nur sehr schwer oder kaum noch mit "Sinn" besetzbaren Tätigkeiten in der Wirtschaft kann innerwirtschaftlich allein kaum genügend Motivation und Legitimation beschafft werden" (vgl. TYRELL 1979,3off.).

fähig" ist der Grund, auf dem Familie "gebaut" ist? Anders als beim "Hof" oder "Haushalt", wo Lebensform und -inhalt unveränderlich zusammenfallen, sind bei der "Familie" Begründungen wie Liebe, Kinder usw. - gleichgültig, wie unauflöslich sie die Familienmitglieder miteinander verstricken mögen, doch "sekundäre". Daraus geht hervor: Es ist wichtig, die verschiedenen Ebenen auseinanderzuhalten, auf denen jeweils begründet wird, weshalb verschiedene Menschen sich relativ dauerhaft zu einer Lebensform (Hof, Haushalt, Familie) zusammenschließen bzw. sich immer häufiger nicht mehr dauerhaft zusammenschließen ("Single" oder "passagere Zweierbeziehung" mit und ohne Kind). Wir haben an anderer Stelle (vgl. B. PIEPER 1979) zwischen folgenden Ebenen unterschieden:

1. der Ebene einer "primären gemeinsamen Gegenständlichkeit", damit ist die unmittelbare Identität von Lebensform und -inhalt z.B. beim Hof und Haushalt gemeint;
2. der Ebene einer "sekundär hergestellten gemeinsamen Gegenständlichkeit", damit ist z.B. eine Familie gemeint, die über Kinder, Liebe, gemeinsame Geschichte usw. zusammengehalten wird;
3. und der Ebene der "Pseudogemeinschaft" (in Anschluß an die Forschung über Schizophrenie und Familie) [23].

---

23 Damit ist nicht ausgeschlossen, daß in einer Familie noch Reste jener "primären Gemeinsamkeit" enthalten sind und umgekehrt Hof oder Haushalt nicht auch durch "sekundäre" Begründungen (z.B. Zuneigung, die dann allerdings als "surplus" zu begreifen ist) zusammengehalten wurden. Dennoch dürfte die Grenze zwischen der zweiten und dritten Ebene fließender sein als zwischen der ersten und zweiten oder ersten und dritten Ebene. Es bleibt noch zu untersuchen, ob das Auftauchen von "Pseudogemeinsamkeit" in vielen Familien nicht gerade ein Folgeproblem der prinzipiellen Offenheit von Familie für inhaltliche Begründung jeder Art ist. "Pseudogemeinsamkeit" wäre dann ein Ausdruck dafür, daß es den einzelnen Familienmitgliedern an gemeinsamen inhaltlichen Begründungen für ihr Zusammenleben mangelt. Statt dessen muß ein synthetisierendes Moment wie die "Krankheit" eines Familienmitgliedes ersatzweise "aufgebaut" werden (vgl. 3.2.). Wir beziehen uns hier auch auf HABERMAS' These, daß "Sinn eine immer knapper werdende Ressource" eben auch für Familie ist (vgl. HABERMAS 1973,1o6ff.); vgl. auch die gegenwärtigen Versuche einer "Substitution" der knappen Ressource "Sinn" durch Geld (HABERMAS) in der Familie wie Erziehungsgeld; Lohn für die Hausarbeit; (siehe auch K.JURCZYK i.d.Bd.).

"Gemeinsamkeit" und "Sinn" für Familie werden also immer wieder neu und mit jeweils verschiedenen Inhalten "sekundär" hergestellt. Darin - so meinen wir - liegt ein Moment für die "Anfälligkeit" von Familie und die Schwierigkeit, in und mit Familie zu leben. Familie als Freiraum bedeutet dann unter diesem Gesichtspunkt, daß Familie prinzipiell offen ist für j e d e Bestimmung, soweit sie eine "private" bleibt, d.h. hier: nicht unmittelbar dem Lebensunterhalt dient. Damit ist Familie aber auch offen für k e i n e Bestimmung (zumindest keine dauerhafte).

Familie haben wir gesagt, ist prinzipiell offen für jede (private) Bestimmung u n d offen für unterschiedliche Bestimmungen der einzelnen Familienmitglieder. Eine Familie funktioniert - so meinen wir - dann einigermaßen befriedigend für alle Beteiligten, wenn es gelungen ist, die verschiedenen je subjektiven Bestimmungen von Familie zu einem gemeinsamen Interesse zusammenzufügen [24]: daß alle "in einem Boot sitzen" u n d "am gleichen Strang ziehen". Wie kann das aber geschafft werden? Auf den ersten Blick scheint das sehr einfach:Sind nicht Liebe, Kinder, wirtschaftliche Erwägungen, das eigene Haus oder der Wunsch, etwas gemeinsam aufzubauen, Basis genug für "Familie"? Zunächst sieht es so aus. Jedoch: Meinen Mann und Frau [25] dasselbe, wenn sie von Liebe, Kinderwunsch und Hausbau

---

24 Wir gehen davon aus, daß dieser Prozeß, in dem die "leere Form Privatheit" inhaltlich gefüllt, Familie je individuell so begründet wird, daß sich so etwas wie ein gemeinsames Interesse an und in Familie ergibt, immer noch "unter der Hand" läuft, d.h. noch nicht bewußt in die Hand genommen und ausgehandelt wird. Allerdings dürfte in vielen "normal" funktionierenden Familien, das was BECKMANN (1979,182ff.) "Beziehungslosigkeit" nennt, bisher verhindert haben, daß Familie zum Ort expliziter Aushandelung von Interessen wird: Beide Partner projizieren auf den jeweils anderen ihre eigenen Interessen und verleugnen - im Extremfall - die jeweils andere Position des Partners. Unser Begriff "gemeinsames Interesse" beinhaltet auch die Möglichkeit, daß Mann und Frau sich darauf einigen, daß "jeder seine eigenen Wege geht", solange wie keiner von beiden damit für sich Nachteile verbunden sieht.

25 Wir gehen hier nicht darauf ein, inwieweit Kinder - aktiv oder passiv - an diesem Prozeß der "Herstellung von Sinn" in der Familie teilhaben.

sprechen? Schließlich ist der "gemeinte Sinn" z.B. von Liebe und Treue lebensgeschichtlich aus höchst unterschiedlichen Erfahrungen heraus gewachsen. Hier liegt ein für Familie grundlegendes Verständigungsproblem: Es entsteht, weil Familie eben nicht von vornherein durch eine "gemeinsame Sache" konstituiert wird und dieses vermittelnde Moment erst gefunden werden muß. Dieser Prozeß wird da schwierig, wo Mann und Frau, die in einer Familie leben wollen, meistens unterschiedliche lebensgeschichtliche Erfahrungen - z.B. geschlechtsspezifische und milieuspezifische - gemacht haben. Deshalb und weil Familie auch fortan nur eine dünne Basis für gemeinsame Erfahrungen liefern kann (vgl. 1.1.), bekommen Bedeutungen wie "etwas aufbauen wollen" oder "Liebe", die "eigene Wohnung", selbst die Kinder für Mann und Frau einen jeweils unterschiedlichen Sinngehalt [26].

"'(wenn ich mal was liegen lasse), das stört meinen Mann nicht. Im Gegenteil, wenn der den ganzen Tag daheim ist und sieht, daß ich immer putz und mach, dann wird er bös. Dann sagt er: Das kannst du auch mal bleiben lassen. Das kannst du machen, wenn ich nicht da bin. Da will er nix wissen. Ich putz und mach sauber alles am liebsten, wenn alles fort ist'.(B 7.9.13)

Der Versuch, über Hausarbeit Zuwendung auszudrücken, birgt häufig die Gefahr, die Frau innerhalb der Familie in die Isolierung zu treiben. Ihre Motive geraten mit den Erwartungen der anderen nach persönlicher Aufmerksamkeit in Konflikt. Sie macht die Hausarbeit aus Liebe, die anderen wollen als Liebesbeweis ihre Ruhe, also macht sie die Hausarbeit "unsichtbar" in der Abwesenheit auf die Gefahr hin, daß ihre Arbeiten nicht mehr wertgeschätzt werden oder als selbstverständlich angesehen werden. Die Anwesenheit der anderen würde sie auch stören bei der Konzentration auf die bedeutungsgeladene Arbeit, weil die Personen direkte Zuwendung verlangen" (ECKART, JAERISCH, KRAMER 1979,294).

Dieser je verschiedene Sinngehalt ist nicht nur objekt gegeben, er kann auch von Mann und Frau je unterschiedlich "gemeint" und darüber hinaus in jeder Person in dieser Vieldeutigkeit an-

---

26 Zum Unterschied von "Bedeutung" (Benennung) und "Sinngehalt" vgl. RITSERT 1975^2,32ff.

gelegt sein [27]. Mit der Wende von eher materiellen Begründungen [28] für Familie zu eher immateriellen hat sich das Problem der "Intersubjektivität", hier: Einigung auf einen gemeinsamen Sinngehalt eher verschärft. Können schon ganz handfeste Dinge, wie die tägliche Hausarbeit, Freizeit, das Auto oder Haus mit ganz unterschiedlichen Sinngehalten aufgeladen werden, so gilt dies erst recht für immaterielle Bedeutung wie "Liebe", "erotische Anziehung", "Nähe" [29]. Hier sehen wir auch einen Grund dafür, weshalb in letzter Zeit "Empathie" als Qualifikation und wichtige soziale Ressource reklamiert wird (vgl. 3.1.).

Blendet man nun diese Schwierigkeiten, die mit dem Verständigungsproblem verbunden sind, aus, so bleibt zumindest eine weitere Schwierigkeit: die einmal gefundene gemeinsame Sache kann der Familie wieder verloren gehen. Kinder entwachsen der Familie (vgl. B. PIEPER i.d.B. Abschnitt 4); die einmal gehegte Hoffnung auf komplementäre Bedürfnisbefriedigung kann sich endgültig als Fiktion erweisen.

---

27 Auf das Problem, wie jede Person für sich mit diesen - unter Umständen widersprüchlichen - Gehalten von Liebe usw. umgeht, können wir hier nicht eingehen.

28 Die aktuelle Konnotation von "Wohlstandsgesellschaft" und "sinkender Bereitschaft zur Dauerbindung an Ehe und Familie" kommt meist unter Rückgriff auf die "Nachkriegsfamilie" zustande, die zunächst durch die Sicherung der materiellen Existenz und durch Alternativlosigkeit angesichts von knappen Mitteln und hoher Erwerbslosigkeit zusammengehalten wurde. Eine latente "Pauperisierung" von Familie und der Appell an Opferbereitschaft kennzeichnete u.a. die Familienpolitik der fünfziger Jahre (vgl. HAENSCH 1969; JURCZYK 1979[3]). Wenn man bedenkt, in welch langfristig bindende finanzielle Verpflichtungen sich manche Familien stürzen, kann man vielleicht auch von einer Pauperisierung sprechen, die die Familie selbst betreibt, um ihren Fortbestand zu sichern.

29 Dieses Auseinanderfallen von "Bedeutung" (Benennung) und "Sinngehalt" thematisiert auch die Schizophrenieforschung (z.B. BATESON u.a. 1969) und findet sich bei WATZLAWICK (1974[4]) als Auseinanderfallen von Inhalts- und Beziehungsaspekt in der Kommunikation gestörter Familien wieder. So wird z.B. beim Phänomen des "double bind" mit einer "Bedeutung" z.B. "geh!" ein - zum Teil gegenläufiger - Sinngehalt transportiert: "bleib!". Dieses Phänomen stützt unsere These von der prinzipiellen Offenheit von Familie und Familienleben für jede - und obendrein widersprüchliche - Bestimmungen.

An komplementärer Bedürfnisbefriedigung orientiert wäre z.B. eine familiale Arbeitsteilung, in der der Mann die Erwerbsarbeit übernimmt und dadurch seine Frau versorgt, u.a. weil er an einem privaten Bereich ohne Hetze, Betriebsamkeit, Leistungsdruck interessiert ist; die Frau stellt den Mann frei für seine Erwerbsarbeit, indem sie ihn vor und nach dieser versorgt, ihm dieses behagliche Milieu schafft, und erwartet von ihm als Gegenleistung kontinuierliche Versorgung über Erwerbsarbeit (vgl. BECK-GERNSHEIM 198o). Diese Komplementarität kann sehr leicht brüchig werden: z.B. wenn der Mann erwerbslos wird; oder sein Verdienst gerade für das Notwendige reicht, wenn die Frau - anders als zunächst von beiden gedacht - doch erwerbstätig werden muß oder werden will, wodurch die Familie für den Mann weniger behaglich und für die Frau zur Doppelarbeit werden kann [3o]. Komplementarität, "gegenseitiger Ergänzung" kann nur dann gesprochen werden, wenn daraus, daß Mann und Frau jeweils dem anderen einen Teil der Sorge für eigene Belange überlassen, sie für keinen der beiden Nachteile ergeben. Wie sieht das nun in der Familie aus? Das friedliche (Kontrakt-)Modell der "Gegenseitigkeit", das davon ausgeht, daß durch Delegation und/oder freiwilligen Verzicht auf bestimmte eigene Möglichkeiten der Bedürfnisrealisierung die eigenen Bedürfnisse besser - auf jeden Fall nicht schlechter befriedigt werden als durch Monopolisierung aller Möglichkeiten in einer Person, baut auf der Gleichwertigkeit aller Möglichkeiten auf. Auch wenn sich an eine komplementäre familiale Arbeitsteilung Hoffnungen knüpfen, bleibt sie doch eine Fiktion, oder zumindest eine prekäre Balance, da sie von der ungleichen Wertigkeit von Hausarbeit und Erwerbsarbeit und damit verbundenen faktischen Machtverhältnissen in der Familie abstrahiert.

3o In der Studie von ECKART, JAERISCH, KRAMER wird gezeigt, wie verheiratete Fabrikarbeiterinnen trotz kontinuierlicher Erwerbsarbeitsperspektive bis zum Rentenalter an der Vorstellung, eines Tages aufhören zu können und vom Mann versorgt zu werden, festhalten und fast noch mehr Hausarbeitsanstrengungen unternehmen als nicht-erwerbstätige Frauen - immer im Hinblick auf diese (gleichwohl) vergebliche Hoffnung. Was hier Ehe und Familie zusammenhält, läßt sich vielleicht mit dem Problem der "kognitiven Dissonanz" erklären (FESTINGER 1957) und den Versuchen, diese aufzulösen, indem z.B. die ursprüngliche Hoffnung auf Versorgtwerden bagatellisiert, negiert oder in der Fabrikarbeit stärker faktisch vorhandene Entschädigungen für diese enttäuschte Hoffnung betont werden oder ganz einfach eine kontinuierliche Erwerbsarbeit nicht als kontinuierliche, sondern als Summe von einzelnen Erwerbsarbeitsphasen definiert wird.

Wenn die "gemeinsame Sache" wieder verloren geht oder sich als trügerisch erweist, in jedem Fall entsteht eine (Sinngebungs-)Lücke, die irgendwie verarbeitet werden muß [31]. Damit umschreibt Familie auch ein Dilemma, das darin besteht, daß niemand in Familie "sicher" sein kann, obwohl gerade dort Sicherheit gesucht und auch allenthalben versprochen wird; denn "Bedeutungen", über die Mann und Frau sich vermitteln, sind nie "sicher", gehen verloren oder müssen aufgegeben werden (Kinder z.B.). Um sich in einer neuen Situation zurechtzufinden, sind deshalb neben "Empathie" auch "Enttäuschungsfestigkeit", "Geduld" und "Flexibilität" wichtige Fähigkeiten, will man in Familie leben.

Wir haben bisher versucht, ein Stück weit zu zeigen, wie schwierig es sein kann, in und mit Familie zu leben. Damit haben wir zugleich einige Aspekte der "Problemstruktur Familie" aus der Sicht der Familienmitglieder entwickelt. Als ein Grundproblem identifizierten wir die prinzipielle Offenheit der Familie für jede (private) Bestimmung. Von diesem Grundproblem sind die anderen genannten Probleme abgeleitet: 1. Es muß eine

---

31 Immer häufiger wird diese Lücke, wie überhaupt die Offenheit, die jede private Beziehung (als Familie, Gruppe, Mutter-Kind-Beziehung usw.) kennzeichnet, dadurch "gefüllt", daß man sich selbst oder die Beziehung zum Thema erhebt, oder sich ganz auf sich zurückzieht und quasi monologisch um sich selbst kreist und der (die) Partner dasselbe tun (eigentlich das Ende einer "lebendigen" Beziehung, vgl. auch Anm. 24). Beides liegt nahe, wenn man bedenkt, daß ein Zusammenleben "ohne Mitte" (ZUR LIPPE 1974,44) die Gefahr von Symbiose und/oder Vernichtung birgt, der u.a. mit Regress ad infinitum auf die (vergebliche) Suche nach dem eigenen Selbst und Selbstabgrenzung entgegengewirkt werden soll (vgl. 3.2.). Offenheit bedeutet in unserer Gesellschaft zunehmend Überforderung, die beantwortet wird mit einem allzu bereiten und raschen Rückzug auf das Unmittelbare, z.B. die eigene Person, das eigene Problem, das dann in seiner Vermitteltheit (Formbestimmung) nicht mehr erkannt werden kann. Überforderung, das heißt dann, daß immer mehr Menschen "unentschiedene, offene Situationen nicht aushalten können, nicht warten können, daß es ihnen an Stehvermögen in Erfolglosigkeit fehlt" (GOTTSCHALCH 1978,72), kurzfristige "Erfolge" permanent gesucht werden. Entpolitisierung, "Gefolgschaftsdenken", Realitätsflucht und Innerlichkeit sind Folgen dieser Verzagtheit gegenüber vieldeutigen und offenen Situationen.

"gemeinsame Sache" gefunden werden, die 2. immer wieder verloren gehen kann und gesucht werden muß; 3. über den "gemeinten Sinn" von vermeintlich gleichen Bedeutungen wie Liebe, Nähe, Sicherheit muß immer wieder eine Verständigung stattfinden. Um mit diesen Problemen umgehen zu können, sind Fähigkeiten wie Empathie, Enttäuschungsfestigkeit und Flexibilität nötig.

Wer heute in einer Familie [32] leben will, kann - so meinen wir - nicht umhin, solche Probleme irgendwie zu lösen (vgl. Anm. 31). Das bedeutet harte A r b e i t , vor der oft die Flucht ergriffen wird, weil sie einer Sisyphos-Arbeit gleich, Frustration, Enttäuschung oder Ausweglosigkeit bringen und mit ihren "komplizierten Vermittlungsprozessen zur Leidensquelle" (vgl. BAIER 1978,86) werden kann. Was Freiheit bedeuten sollte, die prinzipielle Offenheit von Privatheit, verkehrt sich so in eine Last. Ist es nicht naheliegend, wenn deshalb immer häufiger das vorgefertigte (enteignete) Leben, wie es in Klischees durch Massenkommunikation vermittelt oder in "Lohnarbeitsplätzen" vorgegeben wird, dieser "Last" vorgezogen wird?

Anders als die Lebensformen "Hof" und "Haushalt" beinhaltet Familie eine besondere Dimension von Arbeit, für die sich der Begriff "Beziehungsarbeit" inzwischen durchgesetzt hat. Diese Arbeit meint den Prozeß, in dem Gemeinsamkeit hergestellt, ausgehandelt, "gemeinter Sinn" entdeckt und der Verlust von Vermittlungen verarbeitet wird. Diese "Beziehungsarbeit" ist allerdings nur e i n e Dimension familialer Arbeit, wenn sie auch immer mehr in den Blickpunkt öffentlichen Interesses gerät. Wir wollen diese "Beziehungsarbeit" zunächst abheben von dem, was familiale Arbeit eigentlich ausmachen soll: die materielle und psychische Versorgung der Familienmitglieder durch

---

32 Familie ist nur eine Form von möglichen privaten Beziehungen wie Mutter-Kind-Beziehung, "verschieden"- oder gleichgeschlechtliche Zweierbeziehung, Wohngemeinschaft usw. Auch diese privaten Beziehungen weisen die genannte Problemstruktur auf, selbst wenn sie vielleicht nicht langfristig angelegt sind.

private Arbeit - vor allem von Frauen. "Familiale Arbeit" als materielle und psychische Versorgung der Familienmitglieder umfaßt zunächst Hausarbeitstätigkeiten im engeren Sinn - z.B. Einkaufen, Kochen, Waschen, Putzen - und im weiteren Sinn - z.B. Trösten, Zuhören, Ratgeben, Hausaufgabenbetreuung. Die Grenzen zwischen Hausarbeitstätigkeiten im engeren und im weiteren Sinn sind fließend: Materielle Versorgung in der Familie ist immer auch psychische Versorgung (vgl. KONTOS/WALSER 1978,76ff.). Sie enthält immer eine "Mitteilung" an die Person, f ü r die gearbeitet, die versorgt wird, und ist daher auch nur bedingt "technisch-instrumentell" machbar (vgl. OSTNER 1978). Die Qualität dieser in Erfolg und Mißerfolg sichtbar und unmittelbar auf andere bezogenen Versorgungs-Arbeit hängt entscheidend davon ab, inwieweit die Probleme, wie z.B. Verständigung über eine gemeinsame, sinnstiftende Sache, über "gemeinten Sinn" usw., gelöst sind.

So gesehen läßt sich "familiale Arbeit" als "Beziehungsarbeit" beschreiben. Als solche kann sie Verschiedenes meinen: (1) Beziehungsarbeit als materielle und psychische Versorgung. Damit ist nichts anderes gemeint, als daß familiale Arbeit immer Arbeit f ü r eine konkrete Person, Beziehungsarbeit im Sinn von b e z o g e n e r Arbeit ist. Dieser Sinngehalt von Beziehungsarbeit ist tautologisch, weil er die - u.U. noch so verborgene - soziale Dimension jeder Arbeit [33] bis ins Unendliche wiederholt: (2) Beziehungsarbeit als explizite psychische Versorgung ohne ein materielles "Vehikel" (KONTOS/WALSER 1978,76), z.B. ein Trösten, das nicht eingebunden ist in z.B. "ein gutes Essen kochen". Diese von der materiellen Versorgung losgelöste, explizite Zuwendung wird erst in der letzten Zeit als spezifische Arbeit (Leistung) thematisiert (vgl. BOCK/DUDEN 1977,118f.: "Liebe als Arbeit"); und (3) Beziehungsarbeit im Sinn von Herstellung und Wiederherstellung einer gemeinsamen Sache, von Verständigung über gemeinten Sinn von (vermeintlich) gemeinsamen Bedeutungen, z.B. von "Liebe".

33 Auch die Lohn- oder Berufsarbeit ist eine Arbeit f ü r andere, allerdings tausch-/geldvermittelt und in der Regel, ohne daß der Adressat der Arbeit bekannt ist oder deren Erfolg oder Mißerfolg sichtbar wird (vgl. BECK/BRATER 1978; s.a. zur unterschiedlichen Struktur von Beruf und Hausarbeit OSTNER 1978; BECK-GERNSHEIM/OSTNER 1978; OSTNER/BECK-GERNSHEIM 1979).

Diese "Beziehungs-Arbeit" (3) ist Voraussetzung für das Gelingen von "Beziehungsarbeit" als materieller (1) und als explizit psychischer Versorgung (2), somit beiden als Begriff logisch übergeordnet und faktisch in ihnen enthalten. Sie umschreibt wesentliche Aspekte der strukturellen Anfälligkeit von Familie auf der noch allgemeinen abstrakten Ebene ihrer Form "Privatheit". Es bleibt im einzelnen zu klären, inwieweit die explizite psychische Zuwendung (2), jene "Liebe als Arbeit", Momente struktureller Anfälligkeit von Familie in sich birgt, wenn es darum geht, inhaltlich "aufzufüllen", was psychische Versorgung meinen kann. In "Familie" erhält die psychische Versorgung besonderes Gewicht [34], vor allem als Anforderung an Frauen. Die Lösung der psychischen von der materiellen Versorgung kann als Chance, als Raum und Zeit für liebevollen, gewährenden Umgang mit sich und anderen betrachtet werden; sie birgt aber auch eine Gefahr in sich: Gefühle,

---

34 Diese Ausdifferenzierung von psychischer Versorgung als ein spezifischer Inhalt von Arbeit unterscheidet "Familie" von "Hof" und "Haushalt". Das heißt nicht, daß die materielle Versorgung keine emotionale Dimension besessen hätte; sie konnte sich nicht nur auf die Menschen, sondern auch auf die Tiere und Werkzeuge ausdehnen, soweit Raum und Zeit dafür da war. Sie wurde allerdings nie losgelöst thematisiert: "Was aber war schon die Liebe! Um die neunziger Jahre! In den Dörfern hinter Dachau (wo der bayerische Dichter Ludwig Thoma lebte - d.Verf.) und unter Menschen, die in ihrer Sprache das Wort Liebe überhaupt nicht haben! Sie mochte sich irgendwie dazuschlagen als Dreingabe, als angenehme Dreingabe fürs gemeinsame Leben. Aber der Eintritt ins gemeinsame Leben sah bei Thoma in seiner Erzählung 'Hochzeit' so aus, daß der Hochzeiter mit der Hochzeiterin am Hochzeitstag kaum ein Wort wechselte und daß die junge Frau ihrem Mann getreulich wie eine eben gekaufte Kalbin zur Haustür hineinfolgte bei später Nacht, als wäre es immer so gewesen. (...) Wenn unbedingt davon die Rede sein muß (von der Liebe - d.Ver.), (...) dann geht das Gespräch in weitem Bogen um das Wort herum und beschreibt die Umstände, die sich a u s d e m G e m e i n s a m e n in Ehe und Leben ergeben können und unter Umständen wohl auch die Zeichen der Liebe in sich tragen. Das ist hierzulande nun einmal so, wenn einer von der Liebe geschrieben hat, für die das Altbayerische seinen Dichtern das rechte Wort vorenthält" (BAUER 1967,337, Hervorh.v.d.Verf.). Daß die bäuerlichen Menschen dabei alles andere als prüde oder leibfeindlich waren, zeigen die Bräuche (Kirchweih, "Fensterln") und ist in vielen Romanen und Dorfgeschichten überliefert (vgl. außer L. THOMA - z.B. O.M. GRAF). "Liebe" hatte für "Familie" nicht nur ideologische Funktion (vgl. A. KLEIN i.d.B.); sie meint auch die "Freiheit" der Familie von der den Lebensunterhalt sichernden Arbeit. Als Kampfwort der bürgerlichen Frauenbewegung hieß "Liebe" vor allem "freie Gattenwahl", damit die Möglichkeit, sich den Mann wenigstens aussuchen zu können, dem die Frau fortan ausgeliefert sein würde.

Stimmungen, Ansprüche können hier ohne Vermittlung, ohne die Möglichkeit, sich über materielle Substrate eher distanzieren und abgrenzen zu können, aufeinanderprallen und zur Flucht in selbstbezogene Regression oder raus aus Familie führen. Die Möglichkeit expliziter Zuwendung kann sich verkehren in das unmittelbare Gewaltverhältnis, das Familie für Frauen bedeuten kann, die auf Gedeih und Verderb der Versorgung durch den berufstätigen Ehemann ausgeliefert sind.

In der letzten Zeit werden Beziehungsarbeit als psychische Versorgung (2) und Beziehungsarbeit als Herstellung und Wiederherstellung einer gemeinsamen Sache und Verständigung über "gemeinten Sinn" (3) öffentlich thematisiert als zielorientiertes, funktional spezifisches Handeln auf der Grundlage eines "know how", einem "Rezeptwissen", gewonnen an der Berufspraxis von Psychotherapeuten. Ist das ein Anzeichen dafür, daß Familie sich zunehmend selbst zum Thema macht (machen muß), in diesem Sinn "selbstzweckhaft" wird, daß sie sich immer häufiger nur noch über endlose Thematisierung der privaten Beziehung [35] und der je einzelnen Selbstdefinitionen konstituiert, und daß damit eine Verständigung und Kooperation über Inhalte immer weniger möglich ist, die nicht unmittelbar mit der "Beziehung" zusammenfallen (vgl. ZUR LIPPE,185)? Sind Fähigkeiten wie Empathie, Enttäuschungsfestigkeit, Flexibilität, intelligentes Handeln in vieldeutigen, offenen und rasch sich verändernden Situationen, Intuition und divergentes Denken (OSTNER 1978,121ff.) immer weniger selbstverständlich? Werden sie immer mehr zum Gegenstand von Qualifizierungsprozessen jenseits konkreter Erfahrung?

---

35 Die Sprache verdeutlicht noch einmal den aktuellen Prozeß der Thematisierung von "Beziehungsarbeit ohne ein materielles Substrat": "Aus 'ich bin verliebt' wird 'ich habe eine' Beziehung'; aus 'ich kenne sympathische Menschen' wird 'auf der Beziehungsebene läuft was'; aus 'ich bin erregt' wird 'ich laß es raus'; aus 'damit komme ich nicht zurecht' wird 'das ist mein Problem'. (...) Eine Erfahrung ist nicht mehr 'beglückend' oder 'erschütternd' sondern 'wichtig'" (BOPP 1979,86). Die Beziehung wird dann zusammengehalten durch das, was an eigenen Problemdarstellungen eingebracht wird. "Das Subjekt setzt sich hier selbst, indem es sich auf seine psychische Konstitution zurückzieht, ohne Orientierung an den äußeren Bedingungen. Denken, Besitz, Arbeit verlieren als Konstitutionsbedingungen an Bedeutung" (ebend. 83).

2.3. Zur "Kontingenz" familialer Arbeit

Wir haben "Familie" zunächst unter ihrem Formaspekt "Privatheit" betrachtet. "Privatheit" definieren wir hier so, daß Familie alles zu ihrem Inhalt machen kann, was n i c h t u n m i t t e l b a r , also nur mittelbar und als U m - weg [36] der Sicherung des Lebensunterhaltes dient. So kann Familie z.B. der nicht-erwerbstätigen Frau vermittelt über den erwerbstätigen Mann Mittel bzw. Umweg zur eigenen Existenzsicherung sein; dem erwerbstätigen Mann wiederum bietet sich Familie u.U. als Mittel und Umweg zur dauerhaften Anbindung an die existenzsichernde Berufsarbeit an, indem sie auf Sorge für die einmal gegründete Familie verpflichtet und ihm hilft, sich nach der Berufsarbeit zu regenerieren für den nächsten Berufsarbeitstag. Während offen und im konkreten Fall jeweils zu untersuchen bleibt, inwieweit berufliche Arbeit auf die private Lebensform "Familie" angewiesen ist, steht umgekehrt fest, daß Familie als private Lebensform ihre materielle Existenz nur sichern kann, wenn wenigstens ein Familienmitglied dauerhaft erwerbstätig ist oder ausreichend Versorgungsansprüche aus Erwerbsarbeit besitzt.

---

36 NEGT/KLUGE (1976[4],48ff.) begreifen Familie als einen Ort gesellschaftlich notwendiger "Umwegproduktion": "Die lebendige Arbeitskraft kann ohne Umwegproduktion, ohne qualitative Verdichtung von lebensgeschichtlichen Entwicklungsstufen (Reife, 'Zeit totschlagen', freie Zeit, in der man sich verliert, Regression und Entspannung, Erinnerung, Passivität usw.) weder erzeugt noch erhalten werden". Es komme nicht darauf an, "Zeit zu gewinnen, sondern Zeit zu verlieren". "Privatheit" und Familie als eine Form sind demnach besondere Produktionsformen, deren "Produktionscharakter" verdeckt wird durch die "absolute Dominanz der Warenproduktion". In unserer bürgerlichen Gesellschaft bleibt dieser "allgemeine Produktionsbegriff", der nicht nur materielle Güterproduktion, sondern auch "die Produktion der Lebensweise" umfaßt, latent (ebda.28) und als Residualkategorie in die als Nicht-Arbeit gewertete "Umwegproduktion" verbannt. Diese bleibt allerdings kritisch gegen den verengten Produktionsbegriff einer warenproduzierenden Gesellschaft gerichtet (vgl. OSTNER 1978; OSTNER/BECK-GERNSHEIM 1979).

"Privatheit", der Formaspekt von Familie, steckt den Rahmen ab für das, was "Familie" inhaltlich ausmacht. Wir haben diesen Inhaltsaspekt von Familie und familialer Arbeit sehr allgemein als materielle und psychische Versorgung, als private Sorge [37] für eigene und für die Bedürfnisse der anderen Familienmitglieder zusammengefaßt. Familie - haben wir behauptet - ist als private Lebensform prinzipiell offen für verschiedene und unterschiedlichste (private) Wünsche, Erwartungen, Bedürfnisse in und an Familie. Daher kann die Versorgungsarbeit in der Familie beschrieben werden als konkreter Einlösungsversuch dieser je unterschiedlichen Erwartungen an Familie. Ihre Einlösung hängt nicht nur ab von den materiellen Ressourcen (Geld, Raum, Zeit), über die eine Familie verfügt: sie hängt in außerordentlichem Maß von der "geleisteten Beziehungs-Arbeit", also davon ab, wie die Familie mit ihrer problematischen Eigenstruktur zurechtkommt; inwieweit es z.B. gelingt, sich über gemeinsame Inhalte und gemeinten Sinn zu verständigen. Ohne also bereits konkret inhaltlich angegeben zu haben, was denn solche je subjektiven Erwartungen speziell an die private Lebensform "Familie" sind; und ohne objektiv gesellschaftliche Erwartungen an Familie identifiziert zu haben, können wir folgendes behaupten: "Familiale Arbeit" ist materielle und psychische Versorgung der Familienmitglieder und damit zugleich der konkrete Einlösungsversuch von je unterschiedlichen subjektiven inhaltlichen Bestimmungen des Familienlebens, von Wünschen und Hoffnun-

---

37 Wir verwenden den Begriff "Sorge", Fürsorge, Vorsorge und Versorgung und "Sorglosigkeit" als Ziel von "Sorge" in Anlehnung an KOSIK (1973[2],62ff.). Nach KOSIK ist "Sorge" eine menschliche Existenzbestimmung, ist "die primäre Weise, in der die Ökonomie für den Menschen existiert". In unserer Gesellschaft durchzieht "Sorge als Sorglosigkeit wie Besorgtheit" (ebd.) zwar alle menschlichen Bereiche. Sie wird jedoch aufgespalten in technisch instrumentelle, funktional spezifische Tätigkeiten, die nur geldvermittelt in Beziehung stehen zur täglichen Daseinsvorsorge und in die private Arbeit der materiellen und psychischen Versorgung. Nicht-geldvermittelte Sorge, Fürsorge und Versorgung verlieren in unserer Gesellschaft ihre Bestimmung als Arbeit und werden aufgefüllt mit Bedeutungen wie Dienst, Opfer, Menschlichkeit.

gen in und an Familie. Als solche ist familiale Arbeit prinzipiell offen, damit "kontingent"[38] nicht nur auf subjektive Erwartungen an Familie bezogen, sondern auch "kontingent" und in der Regel "nicht-intentional" auf objektiv gesellschaftliche Erwartungen bezogen: z.B. auf die Erwartungen, daß Familie beiträgt zur Produktion von ausreichend und ausreichend motivierten Arbeitskräften für den beruflichen Arbeitsprozeß. Familie umschreibt also für den einzelnen Menschen wie für objektiv gesellschaftliche Erwartungen an Familie (z.B. nach mehr Kindern) das Dilemma, daß Erwartungen und Wünsche an Familie, deren problematische Eigenstruktur einem "Nadelöhr" gleich passieren müssen, und daß über den "output", über Erfolg oder Mißerfolg familialer Arbeit ebenso wie über Wege dahin immer nur Vermutungen, tentative Aussagen, formuliert werden können. Hierin liegt ein Moment struktureller Anfälligkeit von Familie.

Wir haben familiale Arbeit bisher inhaltlich bestimmt als private Versorgung von leiblich-seelischen Bedürfnissen - eigener und der der anderen Familienmitglieder. Dies ist jedoch eine sehr umfassende und allgemeine Bestimmung. Vieles läßt sich als materielle und psychische Versorgung interpretieren. W a s die einzelnen Familienmitglieder jeweils als i h r e eigene leiblich-seelische Versorgung verstanden wissen wollen, ihre jeweils spezifische Definition von Versorgung und Versorgtwerden, ist abhängig von der jeweils unterschiedlichen Betroffenheit durch Beruf und/oder Familie. Denn Mann, Frau und Kinder sind auf unterschiedliche Weise und in ganz unterschiedlichem Ausmaß eingebunden in Familie bzw. in unterschiedlichem Ausmaß und mit unterschiedlichen Intentionen (oder noch gar nicht) "Grenzgänger" zwischen beiden Arbeitsbereichen Beruf und Familie. Dies bringt dann auch die unterschiedlichen Interessen in und an Familie hervor (vgl. 1.2.).

---

38 Wir verwenden hier den Kontingenz-Begriff in der Tradition LUHMANNs: "kontingent" wäre dann gleichbedeutend etwa mit: "immer auch ganz anders möglich"; "Kontingenz" soll sich dann nicht nur auf den konkreten Arbeitsvollzug in der Familie, sondern auch auf das Ergebnis der Arbeit, den "output", beziehen.

"Versorgt werden" kann in einem Fall bedeuten, (endlich) in Ruhe gelassen zu werden nach getaner (Berufs-)Arbeit; im andern Fall, (endlich) die ausschließliche Zuwendung eines Erwachsenen zu erhalten nach einem aufreibenden Hausarbeitsalltag mit Kindern; oder schließlich (endlich) mit Vater und Mutter "Familie zu leben" - Erwartungen also, die sich alle gegenseitig ausschließen!

Um auf einer konkreteren Ebene inhaltlich angeben zu können, was familiale Arbeit denn nun ausmacht, reicht es nicht, solche Interessenunterschiede der einzelnen Familienmitglieder lediglich festzustellen. Vielmehr erlaubt erst ein Blick auf die Veränderungen familialer Interessenlagen bzw. die Einbeziehung konkret historischer Bedingungen solcher Veränderungsprozesse, Aussagen zur "Kontingenz" familialer Arbeit zu machen, die über prinzipielle Strukturzusammenhänge hinausgehen. Wir möchten dies hier nur kurz und weitgehend bisherige Darlegungen zusammenfassend tun:

- Das Interesse am Kind und die Interessen(lagen) der Kinder haben sich ebenso verändert wie der Umgang mit Kindern in der Familie und das Verhältnis der Kinder zu ihren Eltern (vgl. dazu auch 2.1.).

Freigesetzt von der lebensunterhaltsichernden Arbeit wird "Familie" als Zusammenleben mit Kindern und werden die Kinder selbst "offen" für beliebige und beliebig wechselnde Bestimmungen der Erwachsenen (vgl. S.117). Denn das Kind ist der Fähigkeit der Erwachsenen überantwortet, stellvertretend für es seinen Standpunkt sozusagen "mimetisch", spontan, sicher und intuitiv richtig einzunehmen: elterliche Sorge für das Kind gerät so zu einem Unterfangen voller Wechselfälle, Unsicherheit und Unberechenbarkeit mit beliebigem offenen Ausgang. Auf den ersten Blick scheint die geringe bis fehlende Artikulationsmacht kindlicher Interessen den Prozeß familialer Interessenaushandelung zu vereinfachen: aber die tendenzielle Ausblendung oder die projektive Deutung der kindlichen Bedürfnisse im familialen Versorgungsalltag macht familiale Arbeit eben nicht weniger "kontingent" oder weniger ungewiß in Erfolg oder Mißerfolg, sondern eher ungewisser. So wundert es nicht, daß es einen "Leitfaden" für "nicht-kontingente" Deutung dessen, was kindliche Bedürfnisse sind, in unserer Gesellschaft nicht gibt. Die Deutung erfolgt im besten Fall negativ, als Abkehr von den schlechten Kindheitserfahrungen, die die Eltern selbst gemacht haben, oder als unaufhörlicher Versuch, zwischen Einengung kindlicher Bedürfnisse durch elterliche Projektion und vorhandenen Möglichkeiten, Kinder ihre Bedürfnisse ausleben zu lassen, zu trennen.

- Familiale Arbeit wird immer abhängiger von "Wissen", das von außen und losgelöst von eigener Erfahrung in die Familie hineingetragen wird. Wieso?

Eine nicht ohne weiteres widerlegbare Aussage von Marx besagt, daß der Mensch, indem und wie er auf seine äußere Natur einwirkt und diese verändert, zugleich auf seine eigene Natur einwirkt und diese verändert. Wir können diese Identität von Umgangsweisen mit äußerer und eigener Natur für historische nichtprivate Lebensformen aufzeigen. In privaten Lebensformen, also auch in der Familie, ist jedoch die Möglichkeit für ein "Einwirken auf äußere Natur" kaum mehr gegeben, ihr Fehlen ist ja geradezu konstitutiv für Privatheit. Sinnliche Erfahrung in der Privatheit reduziert sich so zur gegenseitigen Körpererfahrung und alltäglichen privaten materiellen Versorgung, die nicht mehr eingebunden ist in lebensunterhaltsichernde Arbeit als "Einwirken auf äußere Natur" oder mit dieser zusammenfällt. Mit dieser "Freisetzung" des privaten Alltags entsteht nicht nur eine Wissenslücke; mit der sukzessiven Auslagerung produktiver Arbeiten aus dem Familienalltag, "Arbeitsersparnis" in der Familie, sind ihr auch Möglichkeiten lustbetonter Erfahrung verloren gegangen (vgl. MARCUSE 1968[3], 92).

Wissenslücken aufzufüllen und fehlende Erfahrungsmöglichkeiten wettzumachen durch "Rezeptwissen aus zweiter Hand" ist eine in der Eigenstruktur familialer Arbeit *selbst* angelegte Tendenz: Wer dauerhaft Familie leben will, muß ständig den hohen Anforderungen gerecht werden, die damit verbunden sind, "Beziehungs-Arbeit" zu leisten. Wen mag es da wundern, wenn die Familienmitglieder versuchen, den Regeln unserer Gesellschaft nun auch in der Familie folgend, durch Selbstqualifikation oder Zuhilfenahme fremder Qualifikation und verwissenschaftlichtem Umgang mit den "Arbeitsgegenständen" familialer Arbeit, ihr Familienleben zu gestalten, zu verbessern oder zu stabilisieren. Inwieweit dies auf diese Weise gelingen mag, ist eine andere Frage (vgl. dazu Abschnitt 3).

- Und schließlich: Familie ist alternativ geworden. Die Frage nach Sinn und Zweck des Zusammenlebens in der Familie und nicht in irgendeiner anderen privaten Lebensform (z.B. single, Ein-Elternteil-Gruppe) zu stellen, ist heute im Vergleich zu früher durchaus üblich. Schließlich können Sicherheit, Nähe und Geborgenheit, Gemeinsamkeit und gegenseitige Anerkennung - Bedürfnisse, deren Erfüllung oft vom Familienleben erhofft wird (s.u.) - auch in anderen privaten Lebensformen und warum nicht auch in beruflichen Beziehungen gesucht und gefunden werden [39]. So manches Mal mag dies sogar hier besser gelingen als in der Familie. Familie ist also keineswegs mehr zwingend und nicht notwendig die bessere Möglichkeit privater Lebensformen. Dies zeigt sich auch in der deutlichen Zunahme nichtverheiratet zusammenlebender Paare auch jenseits studentischer Subkultur (Wohngemeinschaften junger berufstätiger Erwachsener, sog. "Lebensabendgemeinschaften" oder gewollter nichtehelicher Elternschaft)

Eine Frau, die sich nicht mehr "alles gefallen" läßt und ihren Mann verläßt, um auf eigenen Füßen zu stehen, ist heute keine Seltenheit mehr. Und anders als früher ist sie dazu heute auch eher in der Lage: Phasen der Erwerbstätigkeit sind bereits in der "Normalbiographie der Frau" vorgesehen; bewußtseinsmäßig und auch (mit zunehmender Tendenz) rechtlich können sich Frauen heute eher eine vom Mann unabhängige Existenz schaffen und alleine Kinder aufziehen. Allerdings gilt nach wie vor: Je nach Geschlecht und Alter haben die einzelnen Familienmitglieder nicht nur unterschiedlich große Chancen, auf die jeweilige inhaltliche Bestimmung ihrer Familie Einfluß zu nehmen, also darauf, was wie wann in der Familie geschieht (s.o.). Es bestehen auch unterschiedliche Realisierungschancen, alternative private Lebensformen auszuprobieren, oder aus Familie einfach "auszusteigen". Für Kinder gibt es sie gar nicht, für Mütter mit kleinen Kindern nur unter sehr erschwerten Bedingungen, während sich Väter eher "absetzen" können (vgl. z.B. die hohen "Eskapismus"-Quoten in den USA, um sich Familienverpflichtungen zu entziehen).

Konnten wir bisher auf einer theoretisch abstrakten Ebene von der "prinzipiellen inhaltlichen Offenheit" privater Lebensformen, also auch der Familie sprechen, so kann der Blick auf die unterschiedlichen, veränderten und sich verändernden Interessenlagen in Familie doch zeigen, daß im konkreten Familienalltag "Privatheit" die Familie eben doch nicht in dem

---

39 Folgt man den Ergebnissen unserer Krankenpflege-Studie, so besteht das Ineinandergreifen von Familie, familialer Arbeit und Beruf weniger darin, daß in Familie die Voraussetzungen für Beruf (Arbeitsvermögen) und im Beruf die Voraussetzungen für Familie (Geld für den Lebensunterhalt) geschaffen werden; die Komplementarität besteht vielmehr darin, daß beide Arbeitsbereiche einseitig und unvollständig sind, und Mangelerfahrungen im einen Bereich im anderen wettgemacht werden sollen. D.h. daß eben auch Familie als einseitiger, verengter Erfahrungsbereich begriffen wird - und nicht nur der Berufsbereich, und daß Beruf die Möglichkeit bietet, bestimmte familiale Deprivationserfahrungen wettzumachen (Vgl. Anm.3 und OSTNER / BECK-GERNSHEIM 1979; OSTNER 1979).

Maße "offen" macht für beliebige und sich verändernde Interessen der einzelnen Familienmitglieder[40]. So setzt das Vorhandensein von Kindern andere Bedingungen für die Versorgungsarbeit, verlagert Aufmerksamkeit, verändert Zeitstrukturen, verlangt heterogene Wissensformen und zieht Zwänge nach sich, die die Ausgestaltung des Familienlebens bzw. die inhaltliche Füllung familialer Arbeit alles andere als "offen" oder "beliebig" machen: Zuwendung zum Kind, zum Baby z.B., das Hunger hat und gefüttert werden muß, ob es den Eltern nun gerade gefällt oder nicht, ist weder aufschieb- noch aushandelbar: Auch wird es u.a. von der jeweiligen materiellen, sozialen und psychischen "bargaining-power" abhängen, wie (und ob überhaupt) unterschiedliche Bedürfnisse und Interessen in der Familie berücksichtigt werden; ob Verständigung über eine gemeinsame Sache nötig und möglich ist; wie "von selbst" oder wie kräfteverzehrend also die "Beziehungs-Arbeit" in der Familie und mit welchem Ergebnis für wen abläuft.

Beziehen wir konkrete Bedingungen familialer Arbeit in unsere Überlegungen mit ein, müssen wir einschränkend zu der rein theoretisch abstrakten Argumentationsebene statt von einer prinzipiellen nun von einer *relativen* Offenheit und *relativen* Beliebigkeit dessen sprechen, was *familiale* Arbeit ausmacht.

Dem entspricht auch, daß das, was die meisten Menschen in unserer Gesellschaft mit Familie inhaltlich verbinden und was sie von Familie erwarten, nicht in dem Ausmaß beliebig und veränderlich ist, wie eine formal theoretische Bestimmung von Privatheit es zuläßt. Familie verspricht die Erfüllung von Wünschen und Bedürfnissen nach Sicherheit, dauerhaften Bindungen, Verläßlichkeit, Vertrauen, Anerkennung des "ganzen" Menschen in seiner Besonderheit, nach "sprachloser Selbstverständlichkeit". In Familie und

---

40 Hierin sehen wir im übrigen einen Unterschied zu anderen privaten Lebensformen wie z.B. Wohngemeinschaften, nicht verheiratet zusammenlebende Paare, "singles". In diesen nicht-familialen privaten Lebensformen wird mehr auf die individuelle und hier insbesondere materielle Eigenständigkeit der Personen abgestellt, woraus sich eine größere "bargaining-power" ergibt, insbesondere dann, wenn keine gemeinsame Verantwortung für Kinder zusätzliche materielle, zeitliche und psychische Zwänge setzt.

eben nicht in anderen privaten Lebensformen, kaum oder gar nicht in beruflichen Beziehungen oder in "Dienstleistungsbetrieben" sehen die meisten Menschen nach wie vor am ehesten solche Wünsche aufgehoben - auch wenn sie in anderen privaten Beziehungen und auch in beruflichen Bedürfnisse nach Anerkennung, Zuwendung, Vertrauen usw. erfahren (vgl. Anm. 39). Und auch "offiziell" wird von der Familie das Eingehen auf und die Erfüllung dieser Wünsche und Bedürfnisse erwartet. So heißt es in den Familienberichten der Bundesregierung, eine Aufgabe der Familie sei u.a.:

- "... die Befriedigung des Bedürfnisses, in der Familie Halt in einer Umwelt zu finden, die durch Technisierung, Automation und Rationalisierung geprägt ist und hohe Anforderungen an die physische und psychische Leistungskraft des Menschen stellt, ferner Chancen zu bieten, in der Freizeit schöpferische Fähigkeiten zu entfalten, aber auch in der Familiengemeinschaft Ruhe und Abgeschiedenheit zu finden ..." (ZWEITER FAMILIENBERICHT 1975, VII). "Die Familie ist (...) generell für die Daseinsvorsorge ihre Mitglieder verantwortlich. (...). Rückzugsmöglichkeiten, die in Notzeiten ein Gefühl der Geborgenheit verschaffen, kann der Staat auch beim Einsatz höherer Mittel nicht in gleichem Maß gewährleisten; denn Menschlichkeit läßt sich mit Geld allein nicht verwirklichen. Dazu gehört für die Familie allerdings auch die Bereitschaft, im Dienst an ihren hilfsbedürftigen Mitgliedern Opfer zu bringen " (DRITTER FAMILIENBERICHT 1979, 16ff, vgl. dazu auch K. JURCZYK in diesem Band)
- "Leute heiraten: Aus Angst vor Einsamkeit; aus Langeweile; um wenigstens einen Verbündeten zu haben; um hineinzupassen; um Ruhe zu haben; um von den Eltern wegzukommen; um ernst genommen zu werden; um mehr Geld zu haben; um den/die andere nicht an eine/einen andere(n) zu verlieren; weil man irgendwann muß; weil man vielleicht niemand besseren kennenlernt. Sie bleiben zusammen: wegen der Kinder; wegen der Nachbarn; wegen der Wohnung; weil es zu riskant ist, jemand neuen zu suchen; weil er/sie sich vielleicht noch ändern wird; wegen dem Geld; aus Angst vor dem Alleinsein; aus Faulheit; weil es sowieso egal ist; weil nichts Besseres nachkommt. (...)Die Ehe ist wichtig, weil: was wäre sonst der Sinn: man arbeitet den ganzen Tag und kämpft sich durch, und wofür denn, wenn nicht für die Familie; man doch jemanden braucht; es eben keine bessere Form gibt, wie sich doch gezeigt hat; ja, warum eigentlich?" (BENARD/SCHLAFFER 1978[2], S. 190). (Da die Autorinnen nicht zwischen Ehe und Familie trennen, können wir inhaltliche Begründungen für Ehe auch auf Familie ausdehnen.)

Folgt man diesen typischen Begründungen für Familie, wird von Familie erwartet, ein "nicht-kontingenter" und nicht-ungewisser Bereich des Lebens zu sein, ein Ort von Dauerhaftigkeit und Sicherheit, wo inhaltliche Bestimmungen gerade eben nicht beliebig sind oder beliebig wechseln.

Die Erwartungen der Menschen an Familie als einen "sicheren Ort", der den Wechselfällen des Berufslebens, der Beliebigkeit der Inhalte beruflicher Arbeit, mit der das Leben verdient wird, und erst recht deren Tausch- und Aushandelungscharakter entgegengesetzt ist, sind konkret betrachtet keineswegs illusionär: Der Prozeß der Selbstfestlegung und Einbindung in nicht mehr ohne weiteres zu ändernde materielle, soziale und psychische Lebensbedingungen ("commitment"), wie er mit Ehe und Elternschaft einhergeht, führt dazu, daß an der selbst hervorgebrachten und gesellschaftlich gestützten Wirklichkeitsdefinition festgehalten wird und die Veränderungsbereitschaft abnimmt (vgl. M. PIEPER 1978,132ff). "Familie leben" trägt also auch f a k t i s c h zu Stabilität und Konsistenz im Verhalten ihrer Mitglieder bei (ebd.134). Darüberhinaus entlastet Familie dort, wo sprachlose Selbstverständlichkeit vorherrscht und Verständigung eben nicht zur permanenten Leistung wird; wo sich eine Balance zwischen Intimität und "Gesprächstabus" einerseits und durch Kommunikation zu regelnde Gegenstandsbereiche andererseits (vgl. BAHRDT 198o,129) eingependelt hat.

Allerdings: Auch wenn objektiv gesellschaftliche und subjektive Erwartungen der Menschen an Familie ebenso wie die Eigendynamik des konkreten Familienalltags stabilisierende und "nicht-kontingente" Momente aufweisen, ist doch "unausweichlich" in Familie eine Tendenz angelegt, die Familie prinzipiell - und damit ist noch nichts über den Einzelfall gesagt - immer wieder neu "störbar" werden läßt.

Wir haben bereits darauf hingewiesen, daß die Interessenlagen der Familienmitglieder je nach Alter, Geschlecht und Familienphase variieren und je nach realisierbaren (oder als realisierbar eingeschätzten) Alternativen die ggf. mühsam erreichte "gemeinsame Sache" wieder hinfällig werden lassen können; dies gilt erst recht, wenn "äußere Zwänge" entfallen, die Kinder größer geworden, Karrierewünsche verwirklicht oder aufgegeben sind, das ersehnte Haus gebaut und zum xten-Mal umgebaut worden ist; oder wenn die "Qualität" der zu leistenden "Beziehungs-Arbeit" die Diskrepanz zwischen immer neuen Erwartungen der Familienmitglieder aneinander und dem, was in Familie möglich ist, nicht überbrücken kann. In dem Moment kann auch im konkreten Familienalltag jene oben theoretisch abstrakt entwickelte "Offenheit" und Beliebigkeit privater Lebensformen manifest werden.

Es hängt von solchen unterschiedlichen Bedingungen ab, ob und wie die "auf der Hand liegenden Risiken und Störbarkeiten" von Familie (TYRELL 1979,33) im Einzelfall die Familie in (auch für sie selbst) offensichtliche Schwierigkeiten bringt, was die Familienmitglieder dann oft genug ausschließlich als ihr persönliches Problem ansehen. Soziologisch betrachtet ist es demgegenüber ein durch die Problemstruktur Familie selbst hervorgebrachtes Moment, das unter bestimmten Bedingungen aus einer latenten Anfälligkeit ein manifestes Problem werden läßt. In dem Problem dürften sich die Schwierigkeiten der Familie niederschlagen, mit der für Familie konstitutiven Spannung von selbstbestimmten Eigenleben und Verstrickung in vielfältige Abhängigkeiten (vgl. Abschnitt 1) zurechtzukommen.

Auch vor zwei oder drei Generationen war Familie längst nicht (viel) weniger "kontingent" bezogen auf subjektive Wünsche und objektiv gesellschaftliche Erwartungen, nicht weniger wechselhaft und ungewiß als Beruf und ebenfalls längst ein Leistungsbereich mit konkurrierenden Interessen. Und doch war Familie auch anders als heute. Gab es doch zu Familie als privater Lebensform vor allem für Frauen keine Alternative. Und auch die inhaltlichen Bestimmungen dessen, was Familie ausmachte, waren noch weniger offen und beliebig, als dies heute möglich ist.

Der erwerbstätige Mann konnte nach seiner Erwerbsarbeit selbstverständlich und ohne Interessenaushandelungsprozesse über unentgeltliche weibliche Arbeit ebenso verfügen wie über den weiblichen Körper. Seine Verpflichtung auf dauerhafte Sorge für den Lebensunterhalt wurde hierdurch vielfach wettgemacht. Und selbst für die Frauen blieb "Familie" - wenn auch milieuspezifisch unterschiedlich - immer noch das "kleinere Übel" im Vergleich zu den Bedingungen von Erwerbsarbeit, wenn nicht sogar "Nische" wie auch immer partialisierter sinnlicher Erfahrung; und selbstverständlich war den Eltern auch die kindliche Unterordnung und "Dankbarkeit", mit welchen seelischen Folgen auch immer für das heranwachsende Kind.

Die alternativlose Ausrichtung von Frauen auf Ehe und Familie, fehlende und nachteilige Arbeitsmarktchancen und neue Möglichkeiten, die angesichts von Konkurrenz, Zeitökonomie und Mißachtung menschlicher Bedürfnisse in der Lohn-/Berufsarbeit in der Familie gesehen wurden und werden, haben lange Zeit eine Interessenidentität von Mann und Frau an Familie und familialer Arbeitsteilung herstellen können, auch wenn diese sich als prekär vor allem für Frauen erwies:

Das Familienleben war in seiner Dauerhaftigkeit also außerordentlich davon abhängig, daß das nicht-erwerbstätige Mitglied nicht individualistisch und nicht auf seine Interessen bezogen dachte und handelte. Diese - vor allem Frauen - zugewiesene "Tugend" hat sich für diese immer da als Falle erwiesen, wo die Versorgung durch den Ehemann nicht ausreichte, bzw. noch vorher: wo diese "abgeleitete Versorgung" zu asymmetrischen Beziehungen, Unterdrückung oder Gewalt führte; wo also die vermeintliche Komplementarität familialer Arbeitsteilung sich als Fiktion erwies oder wo die Ehe zerbrach. Das Bedürfnis von Frauen, ihr Leben selbst in die Hand zu nehmen und sich selbst Alternativen zur ausschließlichen Orientierung in und an Familie zu erschließen, ist daher in der Familie und durch die Struktur selbst produziert.

Wir können hier nicht auf den Prozeß eingehen, in dem genau das, was Familie kennzeichnet(e), immer wieder zur Auflösung familialer Strukturen drängt(e) bzw. diese verändert(e): Das "Leben aus zweiter Hand", die prinzipielle Offenheit für inhaltliche Bestimmungen, unterschiedlich verteilte Definitionsmacht (bargaining-power) und unmittelbare Gewaltverhältnisse. Dieser Prozeß wurde und wird gleichermaßen getragen von Veränderungen im beruflichen Arbeitsprozeß, ebenso wie von den sich an und in Familie, u.a. von Frauen. Familie ist also prinzipiell strukturell anfällig und dies kann im konkreten Zufall unter bestimmten Bedingungen mehr oder weniger jederzeit "aufbrechen". Wie kann nun aber trotz dieser Kontingenz "familialer Arbeit" Familie "gelingen"?

3. Versuche, Familie "leben zu lernen"

Familiale Arbeit - haben wir gesagt - ist auf die unterschiedlichen Bedürfnisse der einzelnen Familienmitglieder an Familie ebenso "kontingent" bezogen, wie auf die gesellschaftliche Erwartung, daß Familie beiträgt zur (Wieder)Herstellung von ausreichend "erwerbsarbeitsfähigen" Arbeitskräften. Relative

"Offenheit" und (relative) "Beliebigkeit" im Familienleben und steigende Anforderungen an zu leistende "Beziehungs-Arbeit" haben zur Scheu vor Familiengründung und dauerhaften privaten Beziehungen beigetragen und ein Interesse an Programmen geweckt, die Familie "leben lehren". Verwissenschaftlichung des Familienlebens in "do-it-yourself-Methode" - Eltern- insbes. Mutterschaft als Expertentum (3.1.) - oder der "Gang zum Experten" (3.2.) können als Versuch verstanden werden, die Kontingenz familialer Arbeit in Gewißheit und Sicherheit zu wenden un/oder doch wenigstens ein Durchstehvermögen in offenen und widersprüchlichen Situationen zu lernen.

3.1. Mütter als Experten? [41]

"Anregungen für das Fühlen. 1. Verändern Sie seine Lage. Das Baby soll sowohl auf dem Rücken wie auf dem Bauch liegen. 2. Während es auf dem Wickeltisch liegt, kann es kurz an Bauch, Rücken, Schultern, Armen und Beinen massiert werden. 3. Liebkosen Sie es und drücken sie es fest an sich. 4. Wiegen Sie es ein wenig in ihren Armen. Anregungen für das Sehen. Befestigen Sie ein helles Spielzeug an der Seite des Körbchens ... Anregungen für das Hören. Lassen Sie kurze Zeit das Radio spielen. ... Singen Sie ein Wiegenlied, oder sprechen Sie einen Kinderreim. Allgemeine Anregungen. Baden Sie es liebevoll ... Seien Sie lieb zu ihm und freuen Sie sich über sein Wohlbefinden, wenn Sie es im Arm halten ... Anregungen für das Fühlen. Fahren Sie über einzelne Körperteile mit einer Feder oder mit einem Seidenstoff. ... Anregungen für das Sehen. Befestigen Sie einen Ballon an seinem Handgelenk. Anregungen für das Hören. Zerknüllen Sie Papier, so daß es das Geräusch hört. ... Anregungen für den Geruchssinn. Lassen Sie es an den verschiedenen Dingen riechen..." (Auszüge aus PAINTER 1972[2]).

Diese "Babyschule" lief im Fernsehen. Da sah man Mütter ihre Kinder vergleichen, messen, Fortschritte, in dem, was als Entwicklung verstanden wurde, miteinander diskutieren.

Immer mehr Frauen beziehen sich auf ihre Kinder wie Experten - wie professionelle Erzieher. Immer mehr Mütter greifen in ihrem Alltag mit Kindern auf "Expertenwissen", auf beruf-

---

41 Grundlage für diesen Abschnitt bilden das Referat "Verwissenschaftlichung der Familie?" im Rahmen der Veranstaltung der ad-hoc-Gruppe "Frauenforschung" am 19. Deutschen Soziologentag, Berlin 1979 von Ilona Ostner und unsere eigenen Erfahrungen und Erlebnisse als Mütter.

lich "wissenschaftlich", losgelöst von der konkreten Situation und der Besonderheit eines Kindes, also verallgemeinernd und typisierend erarbeitete Theorien über kindliche Bedürfnisse und auf von Experten - Pädagogen, Psychologen, Ärzten - entwickelte und "erprobte" Trainingsprogramme, die garantieren sollen, daß das Kind sich entsprechend dem vorgezeichneten Verlauf typischer kindlicher Entwicklung verhält und die vorgegebenen Erziehungsziele erreicht. Eltern-Trainings-Programme schießen aus dem Boden und werden eifrig nachgefragt (vgl. dazu BROWN 1977). Vor allem mit den von FREUD noch gesellschafts- und kulturkritisch rekonstruierten Entwicklungsstufen wird verdinglicht umgegangen: Als ob die einfache Umkehrung der einzelnen Phasen einer einmal als psychopathogen aufgedeckten Eltern-Kind-Beziehung allein die "Kontingenz" kindlicher Entwicklung verringern und damit eine Garantie für eine gelingende Kindheit und glückliche Kinder bzw. glückliche zukünftige Erwachsene sein kann!

Daß über die Kinder ein Netz von Theorien und Techniken geworfen, die Plastizität kindlicher Entwicklung so "eingefangen" wird, ist nicht neu, sondern mindestens so alt wie die private Familie, Privatheit überhaupt (vgl. 2.1.). Neu ist, daß heute eine Mutter immer weniger wagt, sich auf ihr Gefühl oder ihren "Blick" für das, was einem Kind gerade fehlt, was es braucht, warum es sich unbehaglich fühlt, zu verlassen und selbst herauszufinden durch Vorfühlen, Ausprobieren, prüfen. Zuviel wissen wir heute schon darüber, was alles warum in der Eltern-Kind-Beziehung schief laufen kann. Sich auf seine eigenen Gefühle zu verlassen, wird so zum Wagnis mit offenem Ausgang und immer weniger Unterstützung.

Erfahrungen im Biergarten an einem sonnigen Frühlingsnachmittag. Ein noch sehr kleines Baby schreit und schreit. Es will die Augen öffnen, doch immer wieder sticht ihm die Sonne ins Gesicht. Die Mutter hat es bewußt der Sonne ausgesetzt: Sonne ist gut für das Kind. Es schreit und schreit. Die Mutter gibt ihm wieder den Schnuller, dann die Flasche in den Wagen, sie schaukelt ihn. Eigentlich wäre ja jetzt die Schlafenszeit des Babys. Es schreit. Entschuldigend schaut sie sich um. Da steht eine andere Mutter auf und dreht den Wagen von der Sonne weg - ohne Worte und kopfschüttelnd. Das Baby beruhigt sich sofort und schläft später ein. Seine Mutter ist verwirrt: "Ach so". Ein typisches Beispiel aus dem Alltag mit kleinen Kindern -

und ein Beispiel für ein ganz anderes Expertentum der anderen Frau - ein Expertentum aus Erfahrung und Intuition: einem Wissen, das unmittelbar ohne den langwierigen Prozeß von weshalb und warum, ohne Kausalklärung, rasch zum richtigen Handeln und Erfolg kommt. Dieses Expertentum von Laien ist gemeint, wenn gefordert wird, daß Frauen auch ohne berufliche Lizenz als Experten in hausarbeitsnahen Berufen arbeiten können.

Der Alltag mit Kindern ist voller Tücken, "kontingent", unberechenbar und ungewiß; es sei denn, er wird zugeschnitten auf einzelne ausgewählte Arbeitsziele und -schritte, wie im schulischen Lernen oder in der Bastelarbeit im Kindergarten. Dann können alle Anstrengungen und die Aufmerksamkeit auf dieses funktional spezifische Tun gerichtet und das Verhalten der Kinder und die eigene Erziehungs-Leistung am erarbeiteten Produkt, der Bastelarbeit oder dem Notendurchschnitt gemessen werden - eine wichtige Möglichkeit, durch die die Ungewißheit im Umgang mit Kindern verringert bzw. ausgeblendet werden kann. In der Regel erfordert aber der private Alltag mit Kindern Durchstehvermögen in offenen und unbekannten Situationen, Verstehen ohne Worte, Empathie und Geduld, Selbst-Sicherheit und Selbst-Bewußtsein, vor allem viel Enttäuschungsfestigkeit. W i s s e n ist verlangt und wird dringend gebraucht. Welches Wissen aber und Wissen worüber? Und wo soll es gelernt werden, woher kommen?

Nicht alles, was Frauen - Müttern vor allem - heute als Expertenwissen im Umgang mit Kindern vermittelt wird, scheint ausschließlich an der "Logik" beruflicher Arbeitsprozesse orientiert und diesen methodisch zu folgen: der Isolierung eines Problems oder Vorganges aus einem umfassenderen Zusammenhang; seiner funktional spezifischen Bearbeitung zerlegt in einzelne Segmente, Arbeitsabschnitte und -schritte bzw. Be-Arbeitungs-Abschnitte z.B. des Körpers, in Teilarbeitsleistungen, die in Erfolg und Mißerfolg meßbar werden - wie im Beispiel der Babyschule. LEBOYER z.B. liest sich im Vergleich dazu ganz anders ..

Das Kind ist gerade geboren, verharrte auf dem Bauch der Mutter und wird jetzt in warmes Wasser gelegt. "Glückliches, überglückliches Kind - es ist Einheit, Kontinuität, Ganzheit. Keine Stelle seines Körpers, die nicht handeln würde. Alles an ihm bewegt sich. Alles regt sich, lebt miteinander in völliger Harmonie. Wie beneidenswert ist dieses Baby, wie könnten wir eifersüchtig werden, wir, die nur noch Stückwerk sind. Wir, die wir diese uranfängliche Einheit verloren haben. Wir, die wir verzettelt und zerstreut sind. ... Nichts wird es mehr erschrecken. Mögen die Ungeheuer ruhig kommen. Es wird schon mit ihnen fertig werden. Wie lange soll man das Kind im Bad lassen? Es wird selbst entscheiden. ... Um dem Neugeborenen die Angst zu nehmen, muß ihm die Welt unendlich langsam, in unendlichem Fortschreiten gezeigt werden. Dürfen ihm nur so viele neue Empfindungen zugemutet werden, wie es ertragen kann und einordnen kann. Dazu bedarf es vielfältiger Bezugnahme auf seine Erinnerung, seine Eindrücke von der Vergangenheit..." (Auszüge aus LEBOYER 1974).

Auf den ersten Blick scheint es sich bei "Babyschule" und "sanfter Geburt" um zwei ganz unterschiedliche Arten des Wissens vom Kind, vom Umgang mit dem Kind und mit sich selbst und um zwei unterschiedliche Formen der Wissensvermittlung zu handeln. Hier: Intelligenztraining, Abforderung mütterlicher Leistung, in einzelne Arbeitsschritte zerlegt, von kindlichen Erfolgsreaktionen begleitet; da: Zulassen, Gewähren lassen, Hinauszögern des Geborenwerdens. Dämmerlicht, Flüstern, vielleicht ein Tonband mit Vogelstimmen, um das Neugeborene zu begrüßen in einer neuen Welt, die jenseits der Geburtssituation ganz anders ist; wo vielleicht die Klinik in der Einflugschneise eines Großflughafens liegt. Entspricht nicht dem "künstlichen" abstrakten Umgang mit dem Kind in der Babyschule, die "Künstlichkeit", die "Laborsituation" der sanften Geburt, auch da noch, wo mit dem Kind, das sich in die Außenwelt durcharbeitet, geduldig und vorsichtig umgegangen wird? Die "unsanfte" Umwelt jenseits der Geburtssituation bleibt ausgeschaltet, auch von der Frau, die da gebärt und vielleicht während der Schwangerschaft und vorher andere als sanfte Erfahrungen in ihrem Leben gemacht hat, ist nur wenig die Rede. Ist Schwangerschaft und Geburt nicht ein wechselseitiger kommunikativer Prozeß zwischen Kind und Frau, einer Frau, die in unserer Gesellschaft steht und durch diese geprägt ist?

Aber geht es denn in diesen Programmen nur und ganz unmittelbar um das Kind und die Mutter? Hinter der "sanften Geburt" steckt, wie hinter vielen Programmen einer "Rückgewinnung von Natürlichkeit" und Gesundheit - was immer man darunter verstehen mag - auch eine Projektion von Sehnsüchten und Bedürfnissen, die unsere Gesellschaft zugleich hervorbringt, verdrängt, unterdrückt und damit erst recht wieder produziert, auf das "sich gebärende" Kind, auf körpergebundene Prozesse wie Schwangerschaft und Geburt: Bedürfnisse nach Geduld, Geborgenheit, Stillstehen der Zeit, Frieden und Muße, sowie nach Eigeninitiative und Selbst-Bestimmung. Leboyer ist ein Programm der "freien Selbstentfaltung" einer Person wenigstens im Moment der Geburt. Immer häufiger werden Möglichkeiten der Selbst-Verwirklichung an den beiden Polen menschlicher Existenz Geburt (vgl. die Diskussion um Primärtherapie) und Sterben (Sterben lernen: "Sterben Sie Ihren eigenen persönlichen individuellen Tod!") angesiedelt; immer häufiger wird das Geburtserlebnis als Kristallisationspunkt für den späteren Lebensweg angesehen. Wen wundert es noch, daß "Geburt" zur entscheidenden kindlichen (Arbeits-)Leistung wird? Daß Kaiserschnittgeburten zur ersten und für den weiteren Lebensweg und individuelle Praxis entscheidenden Entfremdungs- und Ohnmachtserfahrungen erklärt werden, selbstunsichere, sich ohnmächtig und machtlos fühlende Menschen produzieren sollen? Leboyer ist ein vieldeutiges Programm. Weshalb sind es eigentlich zunächst Männer gewesen, die die "natürliche" Geburt wiederentdeckten und verkündeten, - nachdem es doch Männer waren und sind, die jeden Beitrag dazu geleistet haben, daß Schwangerschaft und Geburt zum Fall für die klinische Medizin wurde? Von welchen männlichen Interessen werden hier weibliche in Dienst genommen?

Worin liegt der gemeinsame Kern von beiden Programmen? Er liegt in der Annahme, daß das, was Mensch-Sein ausmacht - konkrete Sinnlichkeit und konkret sinnliche Lebensäußerungen und Fähigkeiten, wie Fühlen, Riechen, Hören, Sehen, erst durch spezifische Arrangements - konstruierte Situationen - angeregt und/oder (wieder)angeeignet werden muß. Beide Strategien sind Ausdruck dafür, daß private Formen des Umgangs mit sich, dem eigenen Körper und mit anderen nicht selbst-verständlich, nicht vertraut, auf jeden Fall anders als subjektiv und objektiv gesellschaftlich erwartet sind bzw. als nicht selbst-verständlich und vertraut eingeschätzt werden.

Was wird heute gelernt, was vermittelt?

(1) Immer wieder noch mehr Wissen über Kinder, kindliche Entwicklung, kindliches Verhalten, sich widersprechendes Wissen, das sich immer wieder ändert, Konjunkturschwankungen jeder Art unterworfen ist. Erziehungstheorien wetteifern miteinander. Das ist nicht neu (vgl. 2.1.).

Neu ist die Tendenz nach Kindern zu suchen, die "trotz alledem" (so der Titel eines Artikels von PINES 1979), trotz schlechten Lebensverhältnissen, trotz - nach Einschätzung von Therapeuten - psychopathogenen Familienstrukturen - prügelnden oder abweisenden Eltern - "überlebensfähig" in der westlichen

Gesellschaft sind, und diese Kinder zu erforschen. Nachdem inzwischen sehr viel Wissen über Störungen kindlicher Entwicklung erarbeitet wurde, Wissen über die vielfältigen Tücken, die in der Offenheit von "Kindheit" und "Privatheit" für unterschiedlichste Deutungen und Interessen liegen, für die es keine nichtkontingente" Lösung gibt (vgl. 2.3.), macht sich eine latent "wissensfeindliche" Tendenz in Psychologie und Pädagogik breit: "Mut zur Erziehung!" Wird hier nicht das Kind mit dem Bade ausgeschüttet? (Vgl. dazu KAGAN 1978). Auf der anderen Seite kann eine Abwendung vom und Distanz zum wissenschaftlichen Wissen auch wieder Raum geben für spontane Lösungen.

(2) Wissen über körperlich-seelische Prozesse und Wissen darüber, wie mit ihnen gewährend, zulassend und intuitiv umgegangen werden kann. Empathie und Intuition werden zum erklärten Lernziel. Wissensvermittlung und -aneignung beziehen sich jetzt "total" auf den Körper, auf jede seiner Funktionen, auf unmittelbar körpergebundene Prozesse - Ernährung, Bewegung, Wahrnehmung, Sexualität, Schwangerschaft, Geburt,Älterwerden und Sterben, auf die ganzheitliche geistige und körperliche Gesundung und Gesundheit, dazu gehört auch ein Wissen um Wohnen (Lernbereich Wohnen: Wie lerne ich wohnen?).Auch das ist nicht neu, denkt man an die verschiedenen Alternativbewegungen, die das Leben reformieren wollten und für sich auch reformiert haben (vgl. ausführlich PETERS 1980).

Rudolf zur Lippe formuliert, was hinter dieser Wieder-Aneignung von Wissen um den eigenen Leib und der Alternativbewegung in unserer Gesellschaft steht - und was dann auch von unterschiedlichsten Interessen in Dienst genommen werden: Er meint, daß wir " am eigenen Leibe alles erfahren, was um uns vorgeht" und daß wir "nur aus der Arbeit an uns selbst die Wege zu den allzu fernen Zielen finden können"(ZUR LIPPE 1978, 46). Was aber kann "Arbeit an uns selbst" selbst dann noch alles meinen, wenn es gelingt, sie in "Bereitschaft zum Mitleben mit anderen" und "im Wechsel mit ihnen" (ebd.) zu machen?

(3) Immer häufiger wird heute ein Wissen vom Umgang mit Wissen bzw. ein "Lernen von Lernen" vermittelt.

Wer ein Kind hat, weiß, wie schwierig es ist, eine Balance zu finden zwischen einem Umgang mit ihm , der seiner Einzigartigkeit und Besonderheit gerecht wird, der das Kind nicht mißt an Typisierungen und Schematisierungen von Entwicklungsverläufen, und der Bereitschaft der Mutter, aus den verallgemeinerten Erfahrungen anderer, wie sie in Typisierungen und Schemata enthalten sind, doch noch zu lernen. Immer häufiger kippt die Wissensaneignung um entweder in selbstbezogenes Eigenleben, das sich nicht mehr vermitteln und nicht mehr lernen kann, oder in eine distanzlose Übernahme beruflicher Wissensformen.

Weshalb aber wird in unserer Gesellschaft Wissen und Wissensvermittlung zum Problem? Wir können hier auf dieses komplexe Thema nicht eingehen. Einige Hinweise für eine Beantwortung dieser Frage haben im Abschnitt 2.3. gegeben:

In der "Privatheit" muß viel Zeit, ob man will oder nicht,"totgeschlagen", "inhaltsleer" hinter sich gebracht werden, weil die Möglichkeiten für eine "tätige Auseinandersetzung mit der äußeren Natur" (MARX) reduziert sind. Daran ändert auch die gegenwärtige Tendenz wenig, beinahe jede Form von Lebensäußerung als "Arbeit" zu bezeichnen: Geburtsarbeit, Schwangerschaft als Arbeit, Sterbearbeit, Sexualität als Arbeit usw. Selbst wenn wir heute Arbeit umfassend als Produktion und Reproduktion von menschlichem Leben und Produktion der dafür notwendigen Voraussetzungen fassen, ist doch auch die Privatheit durch einen Verlust "lustbetonter Erfahrung" gekennzeichnet, ein Verlust, der durch die Aufwertung von Sexualität in unserer Gesellschaft kompensiert werden soll (vgl. MARCUSE 1968, 92). Es ist dadurch auch Unsicherheit und eine Wissenslücke entstanden. Wie soll denn in der Privatheit mit leiblich-seelischen Bedürfnissen umgegangen werden? Wer definiert, was gewährender geduldiger Umgang ist? Berufliche Arbeit und berufliche Arbeitsweisen können nur sehr begrenzt Beispiel für die Versorgung von leiblich-seelischen Bedürfnissen sein. Ist ein Muster also die Umkehr der "Logik" beruflicher Bearbeitung? Wie soll diese "Umkehr" in der für Privatheit konstitutiven Dialektik von Fremdbestimmung und Eigenleben gelingen? Und wie soll dieses Wissen erworben werden? Reicht die besondere Struktur von "Kindheit" und "Eltern-Kind-Beziehung" für solch eine Wissensaneignung aus?

Mütter- bzw. Eltern-Trainings-Programme haben immer mehr dieses Lernen mit Wissen in offenen und ungewissen Situationen umzugehen zum Ziel.

Was bedeuten nun solche Programme der Wissensvermittlung? Reduzieren sie wirklich die "Kontingenz" familialer Arbeit? Programme wie "Babyschule" und "natürliche Schwangerschaft bzw. Geburt" bringen eine scheinbare Professionalisierung der Frauen- bzw. Mutter-Rolle mit sich - und das in einer Zeit struktureller Arbeitslosigkeit von Frauen und zunehmenden weiblichen Individualisierungs-Bestrebungen. Sie können als Befriedungs-Versuche für berufliche Interessen von Frauen verstanden werden, von

Bedürfnissen nach Anerkennung z.B..Trainingsprogramme für das Baby erfordern viel Zeit und vermitteln das Gefühl von Expertentum und Wichtigkeit. Dabei geht es nur oberflächlich um die Rekonstruktion alter Rollendiferenzierung. Diese soll nur ein Mittel sein für den Nachhilfeunterrricht in Sachen Entfaltung konkret-sinnlicher Fähigkeiten. Konkret-sinnliche Momente sollen möglichst lange wenigstens in der Mutter-Kind-Beziehung erhalten bleiben. Sie ist schließlich immer noch der wichtigste Ort für die Produktion von Motivationsstrukturen; aber nur wenn es gelingt, die Wirklichkeit unserer Gesellschaft nicht zu früh in die "Kindheit" eindringen zu lassen, - die wirkliche Geburt hinauszuzögern, bis genug Vertrauen geschöpft ist. Dies ist u.a. ein Grund für das neue Interesse an Geburt und Erhaltung von Privatheit. Der leiblich-seelische Kontakt zwischen Mutter und Neugeborenem - so Leboyer - entscheidet über das spätere Gelingen oder Nicht-Gelingen einer Mutter-Kind-Beziehung. Grundlegende Bedingungen für diese Programme, - viel Zeit und viel Muße z.B. - müssen die Frauen selbst herstellen; wie sie auch lernen müssen, sich rechtzeitig von ihrem "Arbeitsgegenstand" Kind wieder zurückzuziehen, nicht zu symbiotisch zu sein.

Im Großen und Ganzen richten sich diese Programme an Hausfrauen oder an Frauen, die eigentlich gern berufstätig wären, und an solche Frauen, die es nicht nötig haben, berufstätig zu sein. Die Beschäftigung mit sich, dem eigenenKörper und Leben trägt den Stempel der Privilegiertheit, der Freiheit von körperlich anstrengender und zeitökonomisierter Arbeit. Nur privilegierte Frauen können realistischerweise Zielgruppen von solchen Programmen sein, - den anderen Frauen bleibt das schlechte Gewissen.

Jede Mutter ist eine Expertin für ihre Situation. Dieses situationsangemessene Expertentum meinen wir nicht, wenn wir Unbehagen anmelden beim Gedanken an "Experten-Mütter" für Erziehung, Körperlichkeit - und was sonst auch immer. Wir wollen dieses Unbehagen kurz in einigen Punkten zusammenfassen:

- Zunächst wird in diesen Programmen eine problematische "Arbeitsteilung" sichtbar, die in dieser Form auch gar nicht neu ist, sondern nur (vermeintlich) neue Inhalte transportiert, und gerade in diesem "arbeitsteiligen" Charakter manipulierbar ist für beliebige Interessen: Wieder bleibt die Reform von "Leben" vorwiegend auf Privatheit beschränkt. Wieder werden Veränderungen im Bereich beruflicher Arbeit jenen im privaten Bereich nachgeordnet. Alle Anstrengungen richten sich auf diese Reform der Privatheit und machen die private "Arbeit an sich selbst" - am "eigenen Leib" (vgl. ZUR LIPPE 1978) - zum Ausgangspunkt, um den sich alles dreht. Wo aber und wie muß das Leben "verdient" werden?

- Hinter diesen Programmen, die immer auch auf eine Verringerung der "Ungewißheit" familialer Arbeit gerichtet sind, ist auch ein neuer Versuch verborgen, "Leben" unter Kontrolle zu bringen. H.-D. BAHR hat auf dieses kontrollierende Moment, das hinter der propagierten "Natürlichkeit" steckt,hingewiesen ...

"Das Geschmackspostulat von der reinen Natürlichkeit gaukelt ein Bild vor, als hätte das Fleischgericht sich selbst gebraten, oder als wäre es unnatürlich, daß die erhitzte Spinatpflanze eine bräunliche Farbe annimmt. Zum Fetischcharakter solcher Natürlichkeit hatten Horkheimer und Adorno in ihrer Dialektik der Aufklärung bemerkt:' Das bürgerliche Ideal der Natürlichkeit meint nicht die amorphe Natur, sondern die Tugend der Mitte.' ... (Die) ... leibliche Nähe von Hunger und Krankheit ist zum Ursprung jener N a t u r a l i s i e - rung einer gesellschaftlichen Weise von Ernährung geworden, durch die der Körper zugleich von Sünde gereinigt werden sollte."(BAHR 1976, 17).

Sind solche Programme nicht auch eine neue Form, die Unberechenbarkeit, Vielfalt und Vieldeutigkeit, wie sie nicht nur im privaten Leben und Arbeiten angelegt ist, zu "beherrschen"?

- "Experten-Mütter" können auch Grenzen von Versuchen, gesellschaftliche Probleme in Familie lösen zu wollen, also Grenzen von "Familialisierung" angeben: da z.B.,wo für die Lösung solcher Probleme immer mehr Wissen von außen - und das ist in der Regel "beruflich hergestelltes" Wissen - nachgefragt werden muß und damit nicht-berufliche Wissensformen immer weniger praktiziert werden. Und umgekehrt: Zeigen sich da nicht auch Grenzen von Verberuflichung der Familie, wo mit dem beruflich hergestellten Expertenwissen jene anderen nicht-beruflichen - z.B. Intuition und Empathie - verloren gehen?

3.2. Der Gang zum Experten (Familienberater) [42]

Was können nun die Familien tun, deren Familienleben für einige oder alle Familienmitglieder so schwierig und belastend geworden ist, daß sie aus eigener Kraft nicht mehr damit zurecht kommen? Als einen Weg, Schwierigkeiten familialen Zusammenlebens zu begegnen, bietet sich der Gang zum Berater an. Ehe-, Erziehungs-, Lebens- und Familienberatung werden immer häufiger in Anspruch genommen. Uns interessiert an diesem familienexternen Hilfsangebot, "besser leben zu lernen" [43] und zu "lernen, Familie zu leben" [44], zweierlei:

- Was "diagnostizieren" diese Experten? Gibt es so etwas wie immer wiederkehrende typische Probleme und Problemkonstellationen in diesen "Klientel-Familien"? Wenn ja: Spiegeln diese die eingangs dargelegte (vgl. 1.1.) Spannung in Familie wider, wie sie der Widerstreit zwischen Eigenleben und Fremdbestimmtheit der Familie beinhaltet?
- Was bedeutet die beraterische Intervention in Familie für die Familie? Stärkung der eigenen Kräfte? Neue Abhängigkeiten von außen?

Einschränkung: Wir lassen hier unberücksichtigt, daß zur überwiegenden Zahl Angehörige der Mittelschicht Berater konsultieren, ihre "Diagnose" also nur für einen ganz bestimmten Typ von Familie zutreffen dürfte [45]. Es spricht vieles dafür, daß gerade Mittelschichtenangehörige zu einer "Verberuflichung" ihrer (Familien)Probleme neigen und gleichermaßen Beratungseinrichtungen ihrem Anforderungscharakter nach auf diese Bevölke-

---

42 Der folgende Abschnitt basiert im wesentlichen auf den Ergebnissen einer noch nicht ganz abgeschlossenen Arbeit zu strukturellen Problemen von Familien aus der Sicht familienberatender Berufe im Kontext einer Theorie familialer Arbeit (vgl. PIEPER 1979).

43 Vgl. den Klappentext der Reihe "Leben lernen" Pfeiffer Verlag München.

44 Vgl. Titel einer von der Bundesarbeitsgemeinschaft evangelischer Familien-Bildungsstätten herausgegebenen Broschüre, Stein o.h.

45 Die noch zu leistende milieuspezifische Differenzierung unseres Konzepts "familialer Arbeit" wird u.a. noch zu klären haben, ob und wie die von den Beratern diagnostizierten Probleme der Klientelfamilien (s.u.) sich auch in anderen Milieus finden lassen (leider steckt die Unterschichtenberatung noch in den Anfängen, vgl. z.B. KOSCHORKE 1973, FRIEDRICH u.a. 1979, MINUCHIN 1967).

rungsgruppe zugeschnitten sind und ihren eigenen (schichtspezifischen) Bedarf "produzieren". Eine solche berufstheoretische und berufskritische Auseinandersetzung mit den Beraterberufen ist hier nicht unser Thema (vgl. dazu ausführlich BITTNER 1979; RICHTER 198o). Auch interessieren uns an dieser Stelle weder die Gründe, die die Familien veranlaßt haben mögen, einen Berater aufzusuchen; denn Anlässe sind nur die "Spitze eines Eisbergs". Noch möchten wir den "Erfolg" beraterischen Bemühens beurteilen. Wie alle Wirkungsanalysen wäre dies ein höchst aufwendiges und obendrein möglicherweise aussichtsloses Unterfangen. Und schließlich: Wir möchten uns nicht selbst zu Experten der Experten ernennen und das beraterische Geschehen immanent kritisieren.

Es geht uns hier darum, am Beispiel der Klientel von Familienberatern [46] und zwangsläufig zunächst aus ihrer Sicht zu zeigen, wie diese Familie mit ihren Problemen umgehen, ihnen ausweichen, immer mehr in einen "Teufelskreis" ohnmächtiger (im Extremfall: tödlicher) Verstrickung untereinander geraten; und welchen Weg diese Familien beschreiten, um aus dieser Sackgasse herauszukommen und "Leben(zu)lernen". Berater erfassen zwar ebensowenig die ganze Vielfalt und Vielschichtigkeit dessen, was unmittelbar in Familien passiert, wie dies noch so aufwendige empirische Untersuchungen über Familien vermögen. Doch sie stellen ausgewählt durch ihre berufsspezifische Sicht der Dinge und übersetzt in ihre Begrifflichkeit, zumindest e i n e Ebene des Umgehens der Familie mit ihren Problemen dar (vgl. dazu auch HÄSING u.a. 1979,83). Und sie bieten eine für unsere Gesellschaft typische Form der Hilfe an: Expertenwissen. Wir verfolgen hier also einen doppelten Zweck:

---

46 Wir haben uns aus folgendem Grunde auf die Berufsgruppe der Familienberater/Familientherapeuten beschränkt: Während sich z.B. Ehe-, Erziehungs- und Freizeitberater in ihrem Verständnis nur mit einem Subsystem der Familie (Ehe, Eltern-Kind) oder einem Teilbereich ihres Lebenszusammenhangs (Freizeit) befassen, zielt die Familientherapie ab auf "familiale immanente Konfliktbewältigung" (STIERLIN 1977,1o). So lag es nahe, für unsere Fragestellung den Beraterberuf mit demselben "Arbeitsgegenstand" - der Familie bzw. familialer Konflikte - auszuwählen.
Auf die begrifflichen Abgrenzungsbemühungen zwischen "Beratung" und "Therapie" (vgl. dazu im einzelnen BITTNER 1979,78ff.) lassen wir uns hier nicht ein, sondern verwenden die Begriffe in Anlehnung an RICHTER synonym: "Von der Technik her ist jedenfalls eine Unterscheidung zwischen Beratung und Therapie nicht sehr sinnvoll" (RICHTER 1975, 282). Vgl. ähnlich STIERLIN 1977,56.

- Analog zum Abschnitt "Mütter als Experten" (3.1.) möchten wir den im Zuge des "Psychobooms" immer häufiger beschrittenen Gang zum Experten nachzeichnen (3.1.) und einschätzen (Abschnitt 4), was es heißt, "Familienstörungen" extern mit Hilfe Dritter zu bearbeiten (bearbeiten zu lassen?)
- Wir möchten versuchen, Rückschlüsse zu ziehen aus der Art und Weise, wie die Familien (nach Ansicht ihrer Therapeuten) mit ihren Problemen umgehen, auf strukturelle Probleme familialer Arbeit (vgl. Abschnitt 2) - zumindest in diesem mittelschichtspezifischen Milieu.

Wir sehen uns hier allerdings vor die Schwierigkeit gestellt, daß die psychologisch orientierten Befunde der Berater nicht ohne weiteres mit unseren soziologischen Überlegungen zu familialer zusammengebracht werden können. Wenn wir dennoch einen "Übersetzungsversuch" unternehmen wollen, geschieht dies in dem Bemühen,"innere Natur"und Vergesellschaftung als zwei Seiten derselben Medaille - der ganzen Person - herauszustellen (vgl. dazu auch HÄSING u.a. 1979,122) und Parzellierung (hier: von Wissen) zumindest nicht dort zu belassen, wo wir Zusammenhänge vermuten [47].

Was also finden die Berater "in all den geplagten Familien" (SATIR 1977,16) vor?

Beispiele:

"Jahrelang hatte eine Mutter durch die ständige Drohung, sie würde das Haus verlassen und zu ihrer Mutter zurückkehren, ihre Familie dazu erpreßt, ihr in allem nachzugeben. Der einzige Weg, dieses schreckliche Ereignis zu vereiteln, sah eines der

47 Unsere Vorgehensweise basiert zudem auf einer Annahme: Wir gehen davon aus, daß die Probleme der Familien, die Familientherapeuten konsultieren, eben gerade nicht die höchst zufälligen Probleme einer x-beliebigen Sondergruppe sind, sondern in irgendeiner evtl. sogar wegen der Intensität der Probleme besonders typischen Weise Problemlagen familialer Arbeit dieses Milieus überhaupt mitthematisieren, d.h. aussagefähig sind (wie, das wird im einzelnen zu zeigen sein) in bezug auf die von uns angenommene grundsätzlich problematische Struktur von Arbeit in der Familie (s.o. Abschnitt 2). D.h. nur wenn es zutrifft, daß der sog. "Normalfall" sich nur graduell vom sog. "Sonderfall" unterscheidet; nur wenn es zutrifft, daß etwa ganz bestimmte Paradoxa (paradoxe Verhaltensweisen) sog. gesunden wie sog. pathologischen Beziehungen innewohnen (vgl. Vorwort von STIERLIN in SELVINI 1977,8), nur dann ist es u.E. überhaupt zulässig, aus Material über sog. pathologisch strukturierte Familien auch Aussagen über Familie überhaupt zu machen.

Kinder darin, krank zu werden. Als der 'Patient' sich besserte, wiederholte die Mutter sofort ihre Drohungen, und eines der Kinder, das vorher als das aufgeschlossenste und gesündeste in der Familie gegolten hatte, begann einige der gleichen Symptome zu zeigen wie vorher der 'Patient'. Derartige Erfahrungen sind die Grundlage für die Behauptung von Familientherapeuten, daß die Symptome, die von einem Familienmitglied zum anderen hinüberwechseln, relativ unspezifische Anpassungen an Überbeanspruchungen im gesamten Familienkomplex sind und Systemwert besitzen"(FRAMO in: BOSZORMENYI-NAGY/FRAMO 1975,I,222).

"Für die Außenwelt ist mein Mann die Güte in Person. Er kann alles und wird bewundert; er bringt sich fast um für andere. Überall, wo ich hinkomme, sagen mir die Leute, was für ein Glück ich habe, mit ihm verheiratet zu sein. Doch sobald er zur Haustür hereinkommt, muß irgend etwas mit ihm geschehen, denn seiner Familie vermag er nichts zu geben und benimmt sich wie ein kleiner Junge" (FRAMO in: BOSZORMENYI-NAGY/FRAMO 1975,I,238).

"Die Kinder müssen ruhig sein, sonst wird der Vater sich wegen seines Herzens aufregen. Ausflüge und Freizeitgestaltung werden vom Zustand des Vaters und seines Herzens abhängen, der berufliche Einsatz wird von seinem Herz diktiert. Oft geht es zugleich um Machtausübung und Konfliktvermeidung in der Ehe (...)" (HALEY 1977,98). Hier stellt das kranke Herz des Vaters "ein Gleichnis für seine gegenwärtige Situation" dar. "Bei dieser Art Symptom kann z.B. die Familie und das Berufsleben rund um diese Analogie aufgebaut sein" (ebd.).

Wir möchten aus der großen Zahl familientherapeutischer "Schulen" [48] einige Befunde zitieren, die,so meinen wir, stellvertretend für die verschiedenen Konzepte die Sichtweise der Berater illustrieren:

---

48 Die Mehrzahl dieser "Schulen" sind amerikanischen Ursprungs. Sie stehen überwiegend in der Tradition kommunikations- und systemtheoretischer und kybernetischer Ansätze. Ihre europäischen Varianten sind eher dem psychoanalytischen Denken verhaftet; doch auch hier findet teils aufbauend teils in Absetzung klassischer (freudianischer) psychoanalytischer Methode eine Verschiebung des Blickwinkels statt, mehr von individuumzentrierten zu transaktionalen Beziehungsschwierigkeiten (vgl. WYNNE in: BOSZORMENYI-NAGY (FRAMO 1975,II, 58) auszugehen - und zwar wie sie sich "hier und jetzt" (PERLS 1976 insbes.81) herstellen und wiederherstellen. Ansatzpunkt ist also nicht eine bestimmte (problembeladene) Person, sondern das (ggf. problematische) Beziehungsgeflecht als solches. Ansatzpunkt für Diagnose und Therapie ist nicht vorrangig die Frage, warum sondern w i e entstehen immer wieder neue welche Störungen. Für unseren Zusammenhang ist diese familientherapeutische Verfahrensweise (vgl. zur Entwicklung der Familientherapie z.B. ZUK 1978, Kap.2,29-47, RICHTER 1975 und RICHTER, STROTZKA, WILLI 1976, insbes. 331-375) höchst bedeutsam; denn sie eröffnet die

"Der Selbstwert (der Familien) war niedrig; Kommunikation fand nicht statt; Regeln waren starr, unmenschlich, durften nicht angesprochen werden und galten für ewig; und die Verbindung zur Gesellschaft war voll Furcht, anklagend oder beschwichtigend gestimmt" (SATIR 1977,16).

Die Familienmitglieder "leiden in der Regel unter einem gemeinsamen Gefühl der Unfähigkeit, einander auf irgendeiner menschlichen Gefühlsebene erreichen zu können. Jedes Familienmitglied ist sich schmerzlich seines Bedürfnisses und seines Wunsches nach Bezogenheit bewußt, aber hat das Gefühl, daß die anderen Intimität oder Zuneigung blockieren und nicht zulassen. Sie sind einerseits unentwirrbar untereinander verstrickt, andererseits unfähig, sich entweder voneinander zu trennen oder ein Gegenseitigkeitsverhältnis zu entwickeln (...). Es hat den Anschein, als ob sie auf mehr oder weniger fixierter psychologischer Distanz gehalten würden" (WYNNE in: BOSZORMENYI-NAGY/FRAMO 1975,II,67).

"Wir haben einige der gewöhnlichen Abläufe, die nach unseren Beobachtungen destruktiv sind und geschlossene Familiensysteme erzeugen, aufgedeckt. Es handelt sich um folgende:
1. Jede Bemerkung eines Familienmitglieds über ein anderes wird als Angriff interpretiert (...). 2. Die Tatsache, daß Familienmitglieder in der Art und Weise, wie sie denken, sich benehmen und handeln, sehr verschieden sind, wird (...) als Bedrohung angesehen (...). 3. Zärtlichkeit zu zeigen bedeutet, sich selbst der Verwundbarkeit durch Angriff, Spott und Enttäuschung auszusetzen (...). 4. Der Ausdruck von Trauer gilt als Anzeichen für Schwäche, mangelnde Stärke und für Abhängigkeit (...). 5. Alles muß vernünftig sein (...). 6. Alles muß nett und höflich sein. In einer solchen Familie gibt es überhaupt keinen Ärger und keine offenen Meinungsverschiedenheiten (...). 7. Liebe ist gleichbedeutend mit Pflichterfüllung und Gehorsam (...). Da Liebe mit Verhalten gleichgesetzt wird, (wird der einzelne) dafür geliebt (...), was er tun kann, und nicht dafür, wer er ist (...). 8. Intimität wird als angstauslösend gesehen (...), als potentielle Bedrohung betrachtet, (...) bedrängt oder 'aufgefressen' zu werden (...), weil sie (die Familienmitglieder) Schwierigkeiten haben, Grenzen zu setzen und sie einzuhalten" (LUTHMAN/KIRSCHENBAUM 1977,157ff.).

"Es ist ein ständig wiederkehrender klinischer Befund über Familienkommunikation, (...) daß sinnvolle Kommunikation zwischen Mann und Frau fast überhaupt nicht vorhanden ist; es wird alles durch die Kinder weitergeleitet und unterstützt, meistens durch ein dafür ausersehenes Kind, das dann zum eigentlichen Familiensymptom wird" (FRAMO in: BOSZORMENY-NAGY/FRAMO 1975,II,187).

Forts. 48 Möglichkeit, Arbeitsvollzüge in der Familie - wie geschieht in der Familie was wann? - hier und jetzt nachzuvollziehen und dann in einer übergeordneten projektspezifischen Perspektive zu interpretieren (zu "soziologisieren").

Bei der Durchsicht familientherapeutischen Materials konnten wir, trotz aller Unterschiedlichkeit der Konzepte immer wiederkehrende typische Problemkonstellationen, Abfolgen, "Sackgassen" familialen Geschehens ausmachen [49]. Wir fanden fast so etwas wie eine typische "Berater-Klientel-Familie": Diese weist eine ganz bestimmte Familienstruktur und Kommunikationsweise auf; sie hat ihr Leben in einer ebenfalls typischen Weise so organisiert, daß sie immer mehr in einen Strudel von nicht aus eigener Kraft zu lösenden Schwierigkeiten gerät; vor allem aber können in dieser Familie keine Grenzen zwischen den einzelnen Familienmitgliedern gezogen oder ertragen werden [5o]. Was heißt das im einzelnen?

● Familie und Außenwelt: Die Familie stellt ein geschlossenes System dar. Das zeigt sich darin, daß keine oder kaum affektive Beziehungen zu Außenstehenden bestehen (in: RICHTER u.a. 1976,312), die "Verbindung zur Gesellschaft vielmehr voll Furcht ist" (SATIR 1977,16). Die Familien sind auf diese Weise den Beziehungen und Ressourcen entfremdet, die bei Engpässen oder Schwierigkeiten ansonsten mobilisiert werden könnten (SPECK/ATTNEAVE 1976,23f.).

● familiale Binnenstruktur und Kommunikationsweise: Die Familie hat entweder eine starre Struktur ausgeprägt mit übersimplifizierten wenig stereotypen Verhaltensvorschriften (vgl. BOSZORMENYI-NAGY/FRAMO 1975,I,62 und HALEY 1977,8). Das Familienleben ist zwanghaft geregelt (in: RICHTER u.a. 1976,312). Dies erschwert es, spontan und flexibel miteinander umzugehen, läßt wenig (Verhaltens-)Spielraum und vermindert die Fähigkeit, zu Konfliktlösungen zu gelangen (STIERLIN 1977,1o8), oder die Familie weist nur schwache bzw. undifferenzierte Strukturen auf (in: BOSZORMENYI-NAGY/FRAMO 1975,I,178): Es bleibt z.B. unklar, wer wann die Eltern und wer wann die Kinder sind. Ein zumeist über Generationen tradiertes (SELVINI 1977,13) aus-

---

49 Auf die methodische Vorgehensweise der Auswertung familientherapeutischen Materials können wir hier nicht eingehen, vgl. dazu PIEPER 1979).

5o Wir möchten nochmals darauf verweisen, daß diese Familien nicht notwendig so sind, sondern ihre Therapeuten sie so s e h e n . Um die Authentizität des Materials möglichst zu erhalten, verzichten wir zunächst auf Erläuterungen.

wegloses Beziehungs- und Kommunikationslabyrinth herrscht vor (ebd. 81): "chaotisch", "unzusammenhängend", "bizarr", "amorph", "verschwommen" und "ungezielt" gehen die Familienmitglieder miteinander um. Ob "starr" oder "chaotisch" strukturiert, in beiden Fällen entspricht dem eingeschränkten Kontakt zur Außenwelt eine restringierte innerfamiliale Kommunikation. Symptome wie die Herzkrankheit des Vaters (s.o.) oder die Hundephobie eines Kindes (vgl. HALEY 1977,226ff.) ersetzen kommunikative Handlungen. Sie werden zum Medium, über das sich die Familienmitglieder verständigen.

Im Rahmen dieser typischen Familienstruktur und Kommunikationsweise fallen drei spezifische Konstellationen immer wieder auf:

- In den Familien gibt es keine gemeinsame Gültigkeit von Gefühlen und Erfahrungen (in: BOSZORMENYI-NAGY/FRAMO 1975,II,63) und keine ergänzende Bedürfnisgestaltung (in: dies.I,144). Es läßt sich vielmehr von einer "Pseudogegenseitigkeit" (in: dies. II,63) sprechen. Hierin spiegeln sich gestörte Wahrnehmungs- und Kommunikationsweisen (in: dies.I,34) wider: Die Familienmitglieder "zerstückeln" ihre Erfahrungen und teilen diese ebenso fragmentiert mit (ebd. und in dies.II,58). Die Konsensbildung unter den Familienmitgliedern wird auf diese Weise behindert (STIERLIN 1977,57).
- Die Familie gleicht einem "homöostatischen System" (in: BOSZORMENYI-NAGY/FRAMO 1975,I,36,145), das - einem Mobile ähnlich (SATIR 1977,149f.) - nur in sich und innerhalb der vorgegebenen Strukturen beweglich ist. Die Familienmitglieder versuchen, "die Zeit anzuhalten" (in: RICHTER u.a. 1976,238) und sich zum Zwecke der Verteidigung aneinander zu klammern. Neue Anforderungen und Probleme werden ebenso wie Krisen abgewehrt, negiert oder über den - aus der Sicht der Berater ohnehin vergeblichen - (Um-)Weg der Symptombewältigung "verarbeitet": Ein herzkranker Vater belastet den Familienalltag bereits hinlänglich; es bleibt keine Zeit und Kraft, auch noch über Ehe, Schul- und Berufsprobleme zu reden. D.h.: Das Familienleben ist organisiert um ein Symptom, das die Auseinandersetzung mit fast allen anderen Familienbelangen hintenanstellt und die "Problem-

lösungskapazitäten" der Familie fast ausschließlich auf sich zieht. Die Familie kann schließlich ihren eigentlichen Aufgaben immer weniger nachkommen.

- Die Abschottung der Familie nach außen; die Verfestigung oder Diffussion der Strukturen nach innen; Pseudogegenseitigkeit und Symptombewältigung statt Verarbeiten familialer Anforderungen bedingen mit, daß die Familie die subjektive Grenze ihrer Belastbarkeit sehr rasch erreicht, zumal ihre Fähigkeiten und Möglichkeiten, inner- und außerfamiliale Ressourcen in bedrängenden Situationen zu mobilisieren oder zu erschließen, verkümmern (SPECK/ATTNEAVE 1976,24). Der restringierten Gesamtverfassung der Familie entsprechen restringierte Belastbarkeitskapazitäten.

Zusammenfassend läßt sich über die typische "Berater-Klientel-Familie" sagen:
Je weniger flexibel [51] die Familie ihr Zusammenleben organisiert (vgl. starre bzw. chaotische Familienstruktur und Kommunikationsweise), je weniger können sie sich in für sie befriedigender Weise aufeinander beziehen (vgl. Pseudogegenseitigkeit), je unfähiger werden sie, Anforderungen gemeinsam zu meistern (vgl. geringe Problemlösungskapazität und -kompetenz) und je eher sind sie überlastet [52] (vgl. restringierte Belastbarkeitskapazität). Die pathologischen Symptome, die die Familie schließlich entwickelt, sind Anzeichen dafür, daß sich das Familienleben wie in einem Zirkel "totläuft".

Es bleibt dem Leser überlassen zu beurteilen, wieviel eigene Erfahrungen er in diesen "Diagnosen" der Familientherapeuten wiedererkennt. Möglicherweise wird er jetzt eher geneigt sein, die Annahme fließender Grenzen zwischen Normal- und Sonderfall (vgl. Anm.47) zu stützen [52]. Uns zumindest sind die Verbindungs-

---

51 "flexibel" meint hier die Fähigkeit der einzelnen Familienmitglieder, ihr Verhalten jeweils unterschiedlichen Situationen anzupassen und dementsprechend verändern zu können ("situationsadäquates" Verhalten).

52 Familienberatung setzt denn auch zunächst nicht daran an, ständige Überbelastung zu verringern, sondern vorrangig zu klären, w i e es überhaupt dazu kommt, um dann dort Veränderungen in Gang zu bringen (s.u. Ziele der familientherapeutischen Intervention).

linien zwischen den typischen "Störungen" dieser Familien mit den theoretisch dargelegten "strukturellen Problemlagen familialer Arbeit" (s.o. Abschnitt 2) so offensichtlich, daß wir hier auf verschiedenen Ebenen gewonnene Erkenntnisse über dieselben Phänomene vermuten.

Bisher haben wir auf Interpretationen des Materials (weitgehend) verzichtet [53]. Wenn wir dies nun tun, möchten wir wieder zunächst die Berater zu Wort kommen lassen, zumal sie die Probleme ihrer Klientel in Begriffen deuten, die eine Verbindung zu soziologischer Argumentation erlauben:

"Es ist wichtig zu erkennen, daß es der Zustand der Undifferenziertheit (im Hinblick auf das Identitätsgefühl und die Rollenhaltung der Familienmitglieder) selbst ist und nicht irgendeine bestimmte gemeinsame Vorstellung oder 'folie à deux', die das Wesen der Krankheit eines Familiensystems darstellt" (BOSZORMENYI-NAGI in ders. FRAMO 1975,I,143).

"Auf der Familienebene kommt eine "Pathologie der zwischenmenschlichen Besitznahme" dann zustande, wenn "wir für unsere Eltern entweder zu sehr oder zu wenig 'zum Besitz werden'" (STIERLIN 1978,48).

"Bei den meisten Familien mit einem Kinderproblem ist ein Elternteil in einer intensiven Zweierbeziehung mit dem Kind zu eng verbunden und der andere Elternteil steht mehr am Rande" (HALEY 1977,85; vgl. auch HALEY's Fall-Bericht: Ein moderner kleiner Hans', ebd. 226-265).

"Wenn sie (die Familienmitglieder) emotionale Nähe erfahren, folgt oft darauf Streit oder Rückzugsverhalten. Die homöostatische Regel - 'komm mir nicht zu nah' wird auf diese Weise aufrechterhalten" (LUTHMAN/KIRSCHENBAUM 1977,161).

Die Zitate stehen stellvertretend für das einhellige Urteil der Familientherapeuten, die die Schwierigkeiten ihrer Klientel so deuten: Das grundsätzliche Beziehungsproblem, Grenzen zwischen "Ich" und "Du" zu setzen und zu ertragen, wird in diesen in vieler Hinsicht "restringierten Familien" unausgeglichen gehandhabt oder ständig in undifferenzierter und unspezifischer Weise offengelassen: Die Mutter füttert ihr Kind, wenn sie

---

53 Dies bezieht sich nicht auf Auswahl und Systematisierung des Materials; denn wie in jede Materialaufbereitung sind auch hier bereits ganz bestimmte Akzente gesetzt worden, die eine Auswertung des Materials im Kontext unserer Theorie familialer Arbeit ermöglichen und diese gleichzeitig "induktiv anreichern" sollen (vgl. PIEPER 1979).

s e l b s t und nicht das Kind Hunger hat. Angst vor, ebenso wie Bedürfnis nach Nähe und nach Distanz zu anderen Menschen - dieses "Abgrenzungsproblem" zieht sich wie ein roter Faden durch die gesamte familientherapeutische Literatur.

Diese Unfähigkeit der Familienmitglieder, sich "situationsadäquat" (vgl.Anm.51) voneinander abgrenzen zu können, führen die Therapeuten auf einen Mangel an "bezogener" [54] oder "reifer Individuation" (BOSZORMENYI-NAGY/FRAMO 1975,I,62) zurück. Diese zielt ab auf "Ich-autonome" Personen, die zu dialogischer, auf Gegenseitigkeit beruhenden Beziehung mit klarer Selbst-anderer-Demarkation fähig sind (ebd.) und je nach Situation zwischen Subjekt- und Objektrollen alternieren können (ebd., 7o). Wir können hier auf die historischen Entstehungsbedingungen dieses anspruchsvollen Identitätskonzepts nicht näher eingehen (vgl. dazu im einzelnen ELIAS 1978), möchten auf eine kurze Relativierung dieses Menschenbildes doch nicht verzichten:

"(...) was wir heute menschliche Reife nennen und zum scheinbar allgemeingültigen Maßstab für den Realitätsentwurf nehmen: etwa die rationelle Selbstkontrolle und die psychologische Einfühlung (hat sich vielmehr) unter dem formierten Druck sozialkultureller Verhältnisse entwickelt. Wesentliche Merkmale unserer heutigen Kindheit sind (...) historisch gesehen Kennzeichen einer ehemaligen Erwachsenenwelt. Die infantile Wirklichkeit kann einem da nicht mehr so ohne weiteres 'unreif' erscheinen, es sei denn, wir haben den Dünkel des Fortschritts und halten moderne Erwachsene für reifer z.B. als Erwachsene des europäischen Mittelalters. Was hieße hier aber historisch 'reif'? (MOELLER 1979,24 in Anlehnung an Norbert ELIAS) [55].

---

54 "Sich selbst zum Besitz werden" ist für STIERLIN eine Voraussetzung sog. "bezogener Individuation" STIERLIN 1978,64f.,82f. und 178), d.h. die Fähigkeit, "uns in verschiedensten zwischenmenschlichen Kontexten als getrennt und zugleich bezogen zu erleben" (ebd.65). Vgl. ähnlich KARPEL 1977,51: "Individuation umfaßt die unmerklichen, aber lebenswichtigen phänomenologischen Verschiebungen, die ein Individuum dazu befähigen, sich als eigenständige und separate Einheit innerhalb eines Beziehungsgefüges zu sehen, in dem es fest verankert war (ist). Es ist die immer stärkere Artikulation eines "Ich" innerhalb eines "Wir". Zur Ambivalenz einer Entwicklung, die Familienmitglieder dazu befähigt, in der Familie ihr "Ich" stärker zu artikulieren, s.u. Abschnitt 4.

55 vgl. in diesem Zusammenhang auch die räumliche Absonderung von Kindern und Erwachsenen, dazu PIEPER in diesem Band und oben Abschnitt 2.1.

Viele Familientherapeuten meinen zwar, daß überhaupt erst das Verständnis der Familiendynamik Einblick in die tiefere Dynamik gesellschaftlicher Prozesse ermöglicht.

"In mannigfacher Hinsicht ist die Familie lediglich eine Miniaturkopie der Gesellschaft, in die sie eingebettet ist. In ihr spiegeln sich alle Mißstände wider, an denen die Gesellschaft manifest oder latent leidet. Ihre Neigung, von einer rein individual-psychologischen zu einer vorwiegend sozialpsychologischen Denkweise überzugehen, zwingt zahlreiche Familientherapeuten, sich über das Feld der Familie hinaus mit den allgemeineren sozialen Bedingungen von psychischer Gesundheit und Krankheit zu beschäftigen" (RICHTER in: ders. u.a. 1976,14f.).

Sie bleiben aber immer dann hinter dieser eigenen Erkenntnis zurück, wenn sie gesellschaftliche Herstellungszusammenhänge eben nicht auch in ihr therapeutisches Handeln einbeziehen [56].

So stellen die Familientherapeuten zum Beispiel selber sehr selten eine direkte Verbindung her zwischen den diagnostizierten Abgrenzungsproblemen in Familien und der jeweiligen gesellschaftlichen Situation, in der die Familien schließlich leben. Eine Ausnahme bildet WYNNE. Doch auch er äußert sich eher allgemein, wenn er vermutet,

"daß die mit den Familienbegrenzungen zusammenhängenden Schwierigkeiten dort besonders vorherrschend sind, wo die isolierte Kernfamilie als Form der Familienorganisation dominiert. Wo eine erweiterte Familienorganisation höher eingeschätzt wird und besser strukturiert ist, (...) nimmt der Begriff der Familienbegrenzung (...) eine andere Bedeutung an" (in: BOSZORMENYI-NAGY/FRAMO 1975,II,75).

Und Virginia Satir beklagt:

"Unglücklicherweise gibt es nur wenig in der Gesellschaft, was die kongruente Kommunikation bestärkt" (SATIR 1977,1o1). "Es ist traurig, daß diese vier Formen (gemeint: "inkongruenter Kommunikation" d.Verf.) die meist benutzten unter den Menschen

---

56 Wie dies möglich ist, haben z.B. SELVINI PALAZZOLI bei der Behandlung magersüchtiger Mädchen (dies. 1975 und dies. u.a. 1977,86-97 (Fallbeispiel des "Familienmythos" der Familie Casanti) und RICHTER bei Herzinfarkt (gefährdeten) Patienten gezeigt (RICHTER 1973 und 1974)

geworden sind und von sehr vielen als die bestmöglichen Arten erfolgreicher Kommunikation angesehen werden" (ebd.1o2) [57].

Wieso Kommunikationsweisen so erfolgreich sind, die eine auf Gegenseitigkeit beruhende Beziehung mit klarer Selbst-Anderer-Demarkation (s.o.) gar nicht erst ermöglichen, sagt SATIR nicht. Zwar sieht sie Krankheit an als Preis "lähmender" Kommunikation (vgl. ebd.1o2f.), die dann schließlich den Körper "lähmt". Reicht aber die bloße Bereitschaft der Familienmitglieder aus, um die Kommunikationsformen der Familie zu ändern (vgl. 2.2. Anforderungen familialer Arbeit)? Und wer kann es sich z.B. im Erwerbsleben schon leisten, "direkt, klar, spezifisch und ehrlich" (ebd.16) mit seinen Vorgesetzten und Kollegen umzugehen? [58]

Interessanterweise thematisieren neuere soziologische Untersuchungen, zumal solche, die sich qualitativer Verfahren bedienen, nun ihrerseits Abgrenzungsprobleme: Sie benennen Schwierigkeiten, Chancen und Ambivalenzen, die damit verbunden sind, Nähe und Distanz [59] zu anderen Menschen herzustellen, zu ertragen und aufzulösen in der Familie (WAHL, GRAVENHORST, HONIG 198o), im Beruf (OSTNER/BECK-GERNSHEIM 1979) oder im Wechsel zwischen diesen beiden Arbeitsbereichen (ECKART, JAERISCH, KRAMER 1979). Die Ergebnisse dieser Untersuchungen

---

57 "Kongruente Kommunikation" ist für SATIR eine Reaktionsform, bei der alle Teile einer Botschaft in die gleiche Richtung zielen (vgl. SATIR 1977,95): "die Stimme spricht Worte, die mit dem Gesichtsausdruck, der Körperhaltung und dem Ton der Stimme zusammenpassen. Die Beziehungen sind leicht, frei und ehrlich. Es gibt kaum eine Bedrohung für das Selbstwertgefühl"(ebd.). Dem stellt SATIR vier sog. "inkongruente" Kommunikationsmuster gegenüber: Beschwichtigen, Anklagen, Rationalisieren und Ablenken (ebd.86ff.).

58 Es wäre interessant zu klären, ob sich im Zuge therapeutischen Bemühens ein "umgekehrtes Fortsetzungsverhalten" durchsetzen könnte: Ob und wie z.B. Familienmitglieder, die durch Therapie gelernt haben, "kongruent" miteinander umzugehen, dies auch an ihrem Arbeitsplatz außerhalb der Familie durchzuhalten versuchen und mit welchem Erfolg?

59 Die Untersuchungen bedienen sich jeweils unterschiedlicher und auch anderer Begriffe für das, was wir hier "Nähe-Distanz-Problem" nennen.

ermutigen uns zu fragen: Die Familienberater geben als zentrales Problem ihrer Klientel die Schwierigkeiten an, die damit verbunden sind, mit "Nähe" und "Distanz" umzugehen. Müßte es nicht trotz der genannten methodischen Einschränkungen (vgl.S.) möglich sein, über das "Nähe-Distanz-Problem" die psychologisch orientierten Befunde der Berater mit den strukturellen Problemen familialer Arbeit (Abschn.2.) zusammenzubringen [6o]?

Als ein Grundproblem von Familie haben wir oben deren prinzipielle Offenheit für jede private Bestimmung bezeichnet. Die Familie sieht sich der Anforderung gegenüber, den Wechselfällen des Familienlebens entsprechend immer wieder (neu) eine "gemeinsame Sache" zu finden und sich über diese zu verständigen. Wie die Familie es schafft, dieses Grundproblem zu "lösen", sagt etwas aus über die Art und Weise ihrer (familialen) Beziehungsarbeit (vgl.S. 129).

Bisher haben wir das, was familiale Arbeit inhaltlich ausmacht, noch sehr allgemein beschrieben als materielle und psychische Versorgung der Familienmitglieder, die einzulösen versucht wird über Beziehungsarbeit in ihrer dreifachen Bedeutung. Am Beispiel der "Berater-Klientel-Familien" läßt sich unter den genannten methodischen Einschränkungen nun ein erster Einblick gewinnen in konkrete Arbeitsvollzüge von Familien - zumindest dieses Typs:

Diesen Familien gelingt es offenbar nicht oder nur über den Umweg von Krankheit, eine solche "gemeinsame Sache" zu finden: Ihre familiale Binnenstruktur, sei sie nun "starr" oder "chaotisch", gestattet es ihnen nicht, sich immer wieder neu und neuen Situationen angemessen auf eine inhaltliche "Auffüllung" der leeren Form Privatheit zu einigen. Vielmehr wehren diese sich "homöostatisch regulierenden" Familien Anforderungen und Belastungen ab, wie sie mit immer wieder neuen Verständigungsprozessen über die gemeinsame Sache (zwangsläufig) verbunden sind. Und sie verlieren so zunehmend die Fähigkeit, miteinander etwas (Gemeinsames) "auszuhandeln". Voraussetzung hierzu wäre, daß die einzelnen Familienmitglieder jeweils unterschied-

---

6o Wir möchten hier lediglich die Richtung angeben, in der - wie wir meinen - sich die Befunde der Berater "soziologisieren" lassen.

liche Gefühle und Erfahrungen der anderen Familienmitglieder als zumindest für diese gültig akzeptieren können [61]. Das aber beinhaltet, jeweils abgrenzen zu können zwischen ICH und DU, zwischen unterschiedlichen Interessen und Situationen.

Gerade die prinzipielle Offenheit der privaten Lebensform Familie stellt also große Anforderungen an die Familienmitglieder, wenn es darum geht, bei der Suche und Definition der "gemeinsamen Sache" die eigenen Bedürfnisse nach Nähe und Distanz zu anderen Familienmitgliedern jeweils zu kennen, zu äußern, die der anderen zu erkennen, anzuerkennen und situationsadäquat zu "synchronisieren". Das meinen wir, wenn wir von familialer Arbeit als Beziehungs-Arbeit sprechen.

Die "Berater-Klientel-Familien" versuchen mit diesen Anforderungen auf ihre Weise umzugehen. Sie lassen sich auf einen "Balanceakt" zwischen selbstbestimmtem Eigenleben und Verstrickung in vielfältige Abhängigkeiten (Einmischungen von außen), wie es mit der prinzipiellen Offenheit der privaten Form Familie einhergeht (vgl. Abschn.1) gar nicht mehr ein: Sie schotten sich nach außen ab, organisieren ihr Familienleben rund um ein Symptom, das ihre gemeinsame Sache ausmacht. Es bleibt im Einzelfall zu klären, inwieweit die Integrationskraft, die das Symptom für die Familie zweifellos besitzt, möglicherweise nicht auch "kontingent" (vgl.S. 134) in dem Sinn sein kann, daß die Familie bzw. die einzelnen Familienmitglieder in sie ge-

---

61 Die Therapeuten konstatieren, daß es in ihren Klientel-Familien keine gemeinsame Gültigkeit von Gefühlen und Erfahrungen gibt (BOSZORMENI-NAGY/FRAMO 1975,II,63). Kann es so etwas überhaupt geben? Gemeinsam erlebte Ereignisse wie z.B. ein Unfall, ein Streit oder die Geburt eines Kindes werden für die beteiligten Personen vor dem Hintergrund ihrer je individuellen Biographie höchstwahrscheinlich unterschiedliche Bedeutung besitzen. Diese unterschiedlichen Bedeutungen einander zu vermitteln, ist Bestandteil dessen, was wir mit Beziehungsarbeit meinen. Eine gemeinsame G ü l t i g k e i t von Gefühlen und Erfahrungen erreichen zu wollen, halten wir nicht nur für aussichtslos, sondern angesichts der Schwierigkeiten, sich in der Familie voneinander abzugrenzen, auch für prekär.

setzte Erwartungen (z.B. dauerhafte Bindung an Familie bzw. Beruf) eher nachkommen können. Die Frage ist aber, wie lange und zu welchem "Preis" [62].

Wie helfen die Familientherapeuten denn nun den Familien, "leben (zu) lernen" bzw. wie lehren sie, "Familie zu leben"? Die Art und Weise, wie die Berater die Schwierigkeiten ihrer Klientelfamilien mehr oder weniger losgelöst von gesellschaftlichen Herstellungszusammenhängen definieren und deuten, gibt auch die Richtung ihrer Therapievorstellungen an: Es geht ihnen letztlich um eine "Umkehrung" der von ihnen diagnostizierten Störungen, und zwar im (vorgegebenen) Rahmen der Institution Familie. Keiner der Therapeuten stellt die Familie grundsätzlich in Frage [63]. Ihr Ziel ist es, die "restringierte Homöostase" aufzubrechen, in die die Familie geraten ist und ihnen neue Verhaltensweisen zu entwickeln helfen (HALEY 1977,165). Was heißt das im einzelnen?

Ziel der Therapie ist es, über Generationen eingeübte "Regeln auszuwechseln" (SELVINI PALAZZOLI 1977,13). Der Familie soll dazu verholfen werden, "sich neu zu strukturieren" (MINUCHIN 1977,185), "damit für alle eine normalere Kommunikationsform geschaffen wird" (HALEY 1977,1o5). Es geht darum, die Kommunikationsformen der Familie quantitativ und qualitativ zu vergrößern (STIERLIN 1977,1o8); sog. funktionierende wechselseitige, reife Beziehungen aufzubauen (BOSZORMENYI-NAGY/FRAMO 1975,I,144), die eine Konsensbildung in der Familie ermöglichen (STIERLIN 1977,57) und Konfliktverarbeitung über Metaphern (s.o.) nicht nötig macht. Und es gilt, das "soziale Netzwerk" der Familie, d.h. "die vielfältigen Ressourcen und wechselseitigen, stützenden Beziehungen neu auf(zu)bauen oder

---

62 Mit dieser Interpretation familientherapeutischen Materials möchten wir keine Bewertung der Art und Weise verbinden, wie die "Berater-Klientel-Familien" ihr Familienleben gestalten. Möglicherweise sind gerade "die Kranken (...) die Gesündesten" (vgl. Erich FROMM in einem Interview mit der ZEIT Nr.13 vom 21.3.198o,52).

63 Wer wird sich auch schon den Ast absägen, auf dem er sitzt!

neu (zu) entdecken" (SPECK/ATTNEAVE 1976,23), von denen die Familie abgeschnitten ist. Die Familie soll also mit Hilfe der Therapie [64] zu einem "offenen System" werden, das auf Kontakt, einander Mitteilen, Bereichern, Erfüllen basiert und das Wachstum der einzelnen Familienmitglieder anstrebt (vgl. LUTHMAN/KIRSCHENBAUM 1977,162ff.). Eine solche "vitale und fördernde Familie" (SATIR 1977,16) sähe so aus:

"Der Selbstwert ist hoch; die Kommunikation ist direkt, klar, spezifisch und ehrlich; die Regeln sind flexibel, menschlich, entsprechend den gegenwärtigen Bedürfnissen und Situationen - also eine veränderbare Angelegenheit, und die Verbindung zur Gesellschaft ist offen und voll Hoffnung" (SATIR ebd.) [65].

Analog zu ihrer Interpretation familialer Störungen sehen die Familientherapeuten in der Vergrößerung der "Abgrenzungsspielräume" (STIERLIN 1977,1o8) einen Weg, restringierten Familien aus ihrer Sackgasse zu helfen. Da der "Grundsatz des Dialogs verlangt, daß jede dauerhafte Beziehung wechselseitig befriedigend für die Selbstabgrenzungsbedürfnisse beider Partner sein sollte, (und es) ziemlich unwahrscheinlich (ist, daß dies) ohne erhebliche Anpassungsbemühungen" stattfinden kann (BOSZORMENYI-NAGY/FRAMO 1975,I,76), ist es nur zu konsequent, wenn die Familientherapeuten ihre Hoffnung auf die "Nachsozialisation" reifer, Ich-starker, autonomer Personen setzen.

Zusammenfassung: Es ist anzunehmen, daß die Familienberater ihre Probleme in den hier dargelegten Kategorien interpretieren und versuchen werden, aus einer "restringierten" eine "wachstumsfördernde" Familie zu machen. Soweit die einzelnen Familienmitglieder (noch) keine "bezogene Individuation" besitzen, wird die Therapie darauf abzielen, diese zu entwickeln. Auf eine (überspitzte) Formel gebracht, heißt "Leben lernen" dann: Fähig sein, Grenzen zu setzen, zu ertragen und aufzugeben, etwa um Nähe herzustellen, zu erfahren und aufzulösen, um erneut Grenzen zu ziehen... Und es heißt: zu wissen, wann was der Situation jeweils angemessen ist - für mich und/oder für die Familie? Aber: Ist das immer so einfach zu wissen?

64 Zur Rolle, die der Therapeut hierbei spielt, vgl. z.B. ZUK 1978,19ff.; HALEY 1977,12; MINUCHIN 1977,168.

65 Wie die sozioökonomischen (und räumlichen) Bedingungen aussehen müßten, die die Entstehung solcher Familien begünstigen, sagt SATIR leider nicht.

4. Ausblick: Zur Eigendynamik von Familie

Wir haben die "Problemstruktur Familie" aus dem dialektischen Verhältnis von selbstbestimmtem Eigenleben und Verstrickung in vielfältige Abhängigkeiten heraus entwickelt und Handlungsweisen der Familienmitglieder interpretiert als Versuch, mit dieser Spannung "irgendwie" zurechtzukommen (Abschn. 2). Wir haben gezeigt, daß hiermit hohe Anforderungen an familiale Arbeit verbunden sind und erläutert, wieso die Familienmitglieder in ihrem eigenen Interesse immer mehr "(Experten)-Wissen" und "(Experten)-Hilfe" von a u ß e n suchen bzw. diese ihnen auch angetragen wird (Abschnitt 3). Der Versuch, auf diese Weise selbstbestimmt Familie leben zu können, den Anforderungen von Beziehungs-Arbeit z.B. gerecht zu werden, trägt nun "dummerweise" dazu bei, die Abhängigkeit der Familie zu vergrößern. Damit wird - paradox genug! - genau jenes dialektische Spannungsverhältnis re-produziert, wenn nicht gar verschärft, das zu verringern oder "auszubalancieren" die Familie bemüht ist. In der Problemstruktur Familie s e l b s t ist also ein Moment angelegt, das die Ambivalenz dieser Struktur erneut aus sich heraus wiederherstellt und die Familie vor ein Dilemma stellt: Denn gleichgültig was sie macht - Probleme "unter den Teppich kehren", "Sündenböcke" suchen und finden oder "crisis-management" nun auch zu Hause - sie kann das Spannungsverhältnis von Selbstbestimmung und Abhängigkeit nicht auflösen. Es ist für Familie in unserer Gesellschaft konstitutiv (Abschnitt 1) und macht die strukturelle Abhängigkeit von Familie aus.

Überspitzt und sinnbildlich formuliert gleicht Familienleben einem Seiltanz: Ob mit schlafwandlerischer Sicherheit, mit Scheuklappen oder mit antrainierter Kompetenz den gestellten Anforderungen begegnet wird: "Balance" herzustellen und zu halten - eine Balance, die immer wieder "zu kippen" droht - ist in jedem Fall ebenso unerläßlich, wie sich auf ein "Seil" verlassen zu können, das trägt.

Familie kann also, so meinen wir, den in ihrer Struktur angelegten Ambivalenzen und Widersprüchen nicht entrinnen. Ihre Versuche, mit dieser Spannung zurechtzukommen, stellen nun nicht nur diese "Dialektik" wieder her. Sie treiben diese vielmehr voran und tragen damit zur Veränderung familialer Arbeit bei:

- Zunächst ging es z.B. der Mutter nur darum, sich mehr "Wissen" anzueignen, um "Wechselfällen" des Familienlebens besser gewachsen zu sein. Wird hierdurch nun aber nicht ein Prozeß in Gang gesetzt, der nun auch im Arbeitsbereich Familie keine "Spiel-Räume" mehr beläßt, weil alles bereits vorher gewußt und bewußt gesteuert ist (vgl. 3.1.)?
- Zunächst ging es z.B. darum, unauflösliche Verstrickungen der Familienmitglieder zu lockern, indem diese mit Hilfe von Experten allmählich lernen, ein "ausgewogeneres" Verhältnis von "Nähe" und "Distanz" zueinander zu entwickeln. Wird hier nun aber nicht ein Prozeß in Gang gesetzt, indem das "Ich" innerhalb eines "Wir" sich immer stärker artikuliert (vgl. Anm. 54) und diese Individualisierung der Familienmitglieder die Verständigung über eine "gemeinsame Sache" immer schwieriger macht? Sind die Individuen schließlich so "Ich-stark" und "autonom", daß sie Familie gar nicht mehr brauchen[66]? (vgl. 3.2.)

Diese Beispiele zeigen die immanente Veränderungsdynamik familialer Arbeit: Sollte "Expertentum" in und für die Familie zunächst deren "Kontingenz" "lebbar" machen, d.h. die Familienmitglieder befähigen, trotz der "Kontingenz" ihres Familienlebens miteinander zurechtzukommen, indem sie z.B. den Verlauf ihrer ("vorprogrammierten") Auseinandersetzungen durch "gekonnte" Beziehungsarbeit weniger "offen", weniger "beliebig" werden ließ, werden solche neuen "Kontingenz" reduzierenden "Beziehungs-Techniken" die Familie selbst verändern: Denn sie tragen dazu bei, daß die Familienmitglieder anders miteinander umgehen: bewußter, interessengeleiteter, individualistischer, tauschorientierter.

---

66 Es ließe sich umgekehrt auch behaupten, daß überhaupt erst Menschen mit einer "bezogenen Individuation" (vgl. Anm. 54) in der Lage sind, die Schwierigkeiten zu meistern, die damit verbunden sind, in und mit Familie zu leben (s.o. Abschn. 2), da (nur?) sie fähig sind "sich als eigenständige und separate Einheit innerhalb eines Beziehungsgefüges zu sehen" (KAPPEL 1977,51). Wir möchten diese (Streit)Frage hier nicht entscheiden. Es geht uns an dieser Stelle nicht um eine Einschätzung therapeutischer Interventionen in Familie. Wir möchten vielmehr Tendenzen aufzeigen, die mit solchen "Einmischungen" in familiale Arbeit verbunden sind.

Zusammenfassend läßt sich sagen: Das Ergebnis von Versuchen, Familie angesichts der in ihrer Struktur selbst angelegten Ambivalenzen weniger ungewiß in Erfolg und Mißerfolg zu machen - nicht nur durch eigene Bemühungen der Familienmitglieder (vgl. Abschn. 3), sondern auch durch familienpolitische Maßnahmen (vgl. K. JURCZYK in diesem Band) - dürfte sein, daß d i e widersprüchlichen familialen Strukturen, die "auszubalancieren" erhofft wird, nicht zuletzt durch eben diese Bemühungen und Maßnahmen "zerstört" werden [67], d.h. sich hierdurch aus sich heraus verändern.

Mit unseren Überlegungen zur "Problemstruktur Familie" wollten wir also nicht nur jene Schwierigkeiten theoretisch abstrakt (Abschn. 2) und inhaltlich konkreter (Abschn. 3) nachzeichnen, die damit verbunden sind, in und mit Familie zu leben. Wir wollten auch die Eigendynamik offenlegen, die den Versuchen innewohnt, zu l e r n e n Familie zu leben. Aus unseren Darlegungen lassen sich, so meinen wir, (1) G r e n z e n von Selbstqualifikation für familiale Arbeit und (2) G r e n z e n von Verberuflichungstendenzen familialer Arbeit ablesen. Solche Grenzen zu ziehen, muß allerdings jede(r) für sich selbst tun. Wie er/sie dies macht, hängt nicht zuletzt auch davon ab, was er/sie sich von Familie erwartet.

---

67 Dies ist im übrigen ein durchaus trivialer Zusammenhang, der trotzdem - vor allem im politischen Bereich - oft genug übersehen wird: Politische, soziale oder auch psychische Strukturen lassen sich durch politische, soziale oder psychotherapeutische Interventionen eben gerade nicht konservieren. Familienpolitische Maßnahmen mögen zwar "Familie" retten, gewiß aber eine andere als die, die zu retten Politiker sich bemühten (vgl. dazu im einzelnen K. JURCZYK in diesem Band). Oder: Sucht ein Ehepaar einen Eheberater auf, um die Ehe zu retten, wird dies vielleicht gelingen. Jedoch wird sich voraussichtlich die Ehe durch die Beratung verändern: Das Ehepaar rettet also etwas (seine Ehe), was aber vorher zumindest so gar nicht da war.

Karin Jurczyk

FAMILIENPOLITIK - STRATEGIEN ZUR ERHALTUNG FAMILIALER EIGENSTRUKTUR?

Inhaltsübersicht

1. Vorbemerkung

"Aufgabe der Familienpolitik kann es nicht sein, in diesen Suchprozeß der Individuen wertend und urteilend einzugreifen, sofern nicht Grundrechte und -werte verletzt werden. Sie hat jedoch alles in ihrer Macht stehende zu tun, um einerseits Stabilität und Konsistenz von Familien zu sichern und andererseits helfend einzugreifen, wenn Probleme der Familie deren Aufgabenerfüllung in Frage stellen". (Dritter Familienbericht, 1979,16)

Dieses Zitat deutet die 'Angelpunkte' derzeitiger Familienpolitik an: den 'Suchprozeß der Individuen', die Stabilität und die Probleme von Familie. Familienpolitik, Familie und die Probleme von Frauen sind wie kaum zuvor Gegenstand privater und öffentlicher Diskussion. Warum wird um sie so viel Aufhebens gemacht? Was sagt das aus über die Struktur von Familie, ihre Entwicklung, ihre Problemlagen? Was versucht Familienpolitik zu bewirken, herzustellen oder wieder-herzustellen? Dies sind die Leitfragen meines Aufsatzes.

Ich gehe bei der Beantwortung dieser Fragen von der These aus, daß bereits mit der Entstehung dieser Form von Familie in der bürgerlichen Gesellschaft in ihr bestimmte Problemlagen und Anfälligkeiten angelegt und strukturell verankert werden (vgl. BOLLINGER und KLEIN in diesem Band). Wenn ich also hier und heute von 'Krise' der Familie rede, so soll dabei niemals ihre 'frühere' Stabilität unterstellt werden. Es scheint jedoch ein Punkt erreicht, an dem die Erfüllung objektiv gesellschaftlicher und individueller Anforderungen an Familie durch eigene und gesellschaftliche Veränderungen nur unter erheblichen Schwierigkeiten möglich ist und neue Anforderungen an Familie mit deren Struktur kollidieren. Als Grund für die problematische Situation von Familie läßt sich m.E. zum einen eine Veränderung der Anforderungen an Familie ausmachen und zum anderen eine Überforderung, die sich aus der Diskrepanz zwischen dem, was sie leisten soll und dem, was sie leisten kann, ergibt.

Die Erscheinungsformen der 'Krise' sind vielfältig: vom Geburtenrückgang bis zur Ablehnung von Ehe als institutionalisierter Form des Zusammenlebens, von der Zunahme alleinerziehender Mütter und Väter und der 'Singles' bis zum Boom psychologischer Beratungsstellen. Familie ist zwar immer noch die Lebensform, die von den meisten Menschen in dieser Gesellschaft gewählt wird, doch sprechen diese Tendenzen dafür, daß sie zunehmend nicht mehr als gemeinhin selbstverständliche, langfristige und dauerhafte Form des Zusammenlebens - als normaler Teil jeder Biographie - angesehen wird. Die Angemessenheit der Form von Ehe und Familie zur Befriedigung gesellschaftlicher und individueller Bedürfnisse scheint in Frage gestellt.

Familienpolitik ist m.E. zu verstehen als Antwort auf die 'Problemstruktur' von Familie und somit als Versuch, einerseits die Eigenstruktur von Familie, d.h. zum Beispiel ihre Privatheit und ihren Charakter als scheinbar arbeitsfreien Bereich zu erhalten, andererseits dabei eine Balance finden zu müssen zwischen der Erhaltung dieser Eigenstruktur und der Lösung subjektiver und familialer Interessenkonflikte (z.B. durch das Bereitstellen von Hilfen für Familie, was ihre Privatheit tendenziell angreift). Dies bedeutet für Familienpolitik einen Konflikt zwischen dem Interesse an der Einmischung und Nicht-Einmischung in Familie - welcher sich übrigens für die Menschen, die in Familie leben, ähnlich ambivalent darstellt - und einem Konflikt zwischen dem Interesse an Familie als eigenlogischem Bereich, der sich dennoch in seiner Eigenlogik nicht verselbständigen soll.

Dieses Dilemma der Familienpolitik wird nachzuvollziehen sein in ihren derzeitigen Maßnahmen und Äußerungen. Sie wird dabei von mir in einem weiteren Sinn als üblich verstanden (vgl. JURCZYK 1978): Familienpolitik ist nicht nur direkt familienbezogene Politik, sondern sie umfaßt z.B. auch Teile der Arbeitsmarktpolitik, denn diese beeinflußt die Ausgestaltung familiären Lebens. Zunächst sollen kurz Veränderungenstendenzen in Beruf und Familie dargestellt werden, da diese in Familienpolitik eingehen und Grundlage für ihr Verständnis sind. Dann werden aktuelle familienpolitische Maßnahmen diskutiert, wobei ich auf mögliche Auswirkungen auf Familie und familiale Arbeit hinweisen will. Diese sollen abschließend zusammengefaßt und auf das Konzept der Eigenstruktur von Familie zurückbezogen werden.

Der Stellenwert der Analyse von Familienpolitik bei dem Versuch, eine Theorie familialer Arbeit zu entwerfen [1] ist fol-

1 DURST/JURCZYK/OSTNER/PIEPER: Familiale Reproduktion in ihrer Bedeutung für und Bedingtheit durch Berufsarbeit. Projekt A3 des Sonderforschungsbereichs 1o1, München.

gender: Über Familienpolitik können Hinweise auf die mehr oder weniger problematische Situation und Entwicklung von Familie gewonnen werden, denn Familienpolitik ist - wenn auch in einem gebrochenen Sinn - Reaktion auf diese. Der praktisch-politische Zugang über die Analyse der Familienpolitik kann dazu verhelfen, zu Aussagen über Strukturprinzipien von Familie zu gelangen und ermöglicht eine Überprüfung und Aktualisierung des ansonsten eher deduktiv gewonnenen Konzepts von Familie. Allerdings ist Familienpolitik immer nur ein Zerrspiegel von Familie: Verzerrungen treten durch allzu subjektive, parteipolitisch überpointierte und ideologische Aussagen auf und in Familienpolitik schlagen sich immer auch spezifische politische Machtkonstellationen nieder. Als staatliches Handeln ist sie selektiv, sie ist Ausdruck bestimmter Interessen an Familie, die sich durchsetzen konnten und unterdrückt damit auch davon abweichende. Solche Verzerrungen müssen bei Rückschlüssen von der konkreten Familienpolitik auf die Situation der Familien mitbedacht werden. Die Betrachtung der Familienpolitik soll aber nicht nur die Theorie veranschaulichen und weitertreiben, sondern wir haben als von diesem Thema betroffene Frauen ein politisches und persönliches Interesse, die Entwicklung von Familie und staatliche Reaktionen darauf zu beobachten. Diese hatten und haben für Frauen als immer noch vorrangig für Arbeit in der Familie Zuständige und als diejenigen, die die Fähigkeit haben, Kinder zu bekommen, eine ganz besondere Bedeutung.

2. Veränderungstendenzen in Familie und Beruf

Hier soll zunächst die Verschiedenartigkeit und Vielgestaltigkeit der gesellschaftlichen und politischen Ziele hervorgehoben werden, die in Familienpolitik einmünden und einen Teil ihrer Problematik und Widersprüchlichkeit ausmachen. Dabei wird der Aspekt, daß die politischen Interessen an Familie sich durchaus nicht notwendigerweise mit den individuellen Interessen an ihr decken müssen und die Konflikte, die daraus entstehen, noch beiseite gelassen. Als bereits für einen längeren Zeitraum geltende, relativ unspezifische Aufgaben der Familienpolitik lassen sich festhalten:

- die allgemeine gesellschafts- und familienpolitische Intention, Familie als strukturell notwendigen komplementären Teil zum Berufsbereich zu erhalten und zu stabilisieren,
- die politische Intention, Familie in einer allgemeinen Sinn- und Motivationskrise als "Ersatz-Sinn" anzubieten,
- die bevölkerungspolitische Intention, die Erhöhung der Geburtenrate zu bewirken,

- die arbeitsmarktpolitische Intention, den Arbeitsmarkt vom überschüssigen 'Frauenpotential' zu leeren und damit die Arbeitslosenquote zu senken,
- die 'frauen'politische Intention, unzufrieden gewordene Frauen auf ihre traditionelle Rolle zurückzuverweisen.

Diese Ziele bzw. beabsichtigten Wirkungen der Familienpolitik sprechen bei den ersten beiden Punkten eher implizit, bei den letzten dreien explizit, insbesondere die Frauen an: Sie weisen deutlich auf die Notwendigkeit einer verstärkten Rückbindung von Frauen an Familie hin. Zu diesen eher allgemeinen Zielen der Familienpolitik treten nun noch einige hinzu, die sich teilweise einer veränderten Situation in Beruf und Familie, teilweise lediglich aber auch der Einsicht in diese verdanken. Aus diesen Veränderungen ergeben sich Ansprüche an Familienpolitik, die diese vor erhebliche Probleme stellt, da sie z.T. in Widerspruch zueinander und zu den obengenannten Zielen stehen. Die Veränderungstendenzen in Beruf und Familie können hier nur thesenartig dargestellt werden:

- Das Bewußtsein und Verhalten von Frauen bezüglich Familie, Beruf und Mutterschaft ist in einem Veränderungsprozeß begriffen. Es scheint unumgänglich, (zumindest den Frauen) Verbindungsmöglichkeiten zwischen Familie und Beruf zu schaffen, u.a. auch deshalb, um das Teilziel der 'Erhöhung der Geburtenrate' zu erfüllen.
- Die Belastungen in der Berufsarbeit nehmen zu. Deshalb soll Familie kompensationsfähiger gemacht werden, um die erhöhte Beanspruchung der Arbeitskräfte aufzufangen und auszugleichen. Problematisch ist diese Anforderung an Familie v.a. dort, wo wachsende Ansprüche an Familie auf eine Veränderungstendenz innerhalb von Familie treffen, die eher auf ein Schwinden von Ressourcen und Problemlösungskapazitäten hinzuweisen scheint. Problematisch ist sie auch deshalb, weil Frauen u.a. durch eine besondere Betroffenheit von Intensivierungsstrategien bereits in ihrer beruflichen Arbeit überausgebeutet werden, sie aber für familiale Arbeit und d.h. hier für Kompensation zuständig, wahrscheinlich kaum mehr zu zusätzlichen Leistungen fähig sind. Hier liegt ein 'Engpaß' vor, der auf

einen Konflikt zwischen ökonomischen und familienpolitischen Interessen an Frauen hinweist.

- Veränderungsprozesse der Qualifikationsanforderungen an Arbeitskräfte, die auf eine zunehmende Beanspruchung und einen Zugriff auf den 'ganzen Menschen' hinweisen (vgl. ALTMANN/BECHTLE/LUTZ 1978; DEUTSCHMANN 1974) verlangen nach einer Familie, die in ihrer Funktionsfähigkeit als primäre Sozialisationsinstanz gestärkt ist. Denn allgemeine menschliche Qualifikationen wie z.B. die Fähigkeit, Lernen zu lernen, zur Empathie, zum sozialen Handeln und zum Denken in komplexen Zusammenhängen, die an Bedeutung zunehmen, werden als grundlegende Dispositionen bereits in der primären und d.h. in dieser Gesellschaft in der familiären Sozialisation angelegt.
- Der Bereich beruflicher Arbeit zeichnet sich z.Zt. vor allem durch eine anhaltend hohe und strukturelle Arbeitslosigkeit und rasche Auf- und Abwertungsprozesse von Qualifikationen aus. Dies erfordert von den beruflich Arbeitenden die Fähigkeit, einen häufigeren Berufswechsel und Berufslosigkeit zu ertragen, d.h. den Verzicht auf eine langfristig gesicherte berufliche Perspektive. Für Familie bedeutet dies, auf solche Veränderungen flexibel reagieren zu müssen. Da die beruflich geforderte Flexibilität sich als menschliche Eigenschaft nicht auf berufliches Handeln beschränken läßt, setzt sich diese auch in der Familie fort, bzw. muß auch in dieser gelernt werden. Eine solche Flexibilität beinhaltet sowohl die Fähigkeit zur Bindungslosigkeit wie auch zur Bindung, bedeutet die Notwendigkeit permanenten Abwägens, des Herstellens und Ertragens von Ambivalenzen und Widersprüchen. Solche Eigenschaften erfordern einen Persönlichkeitstypus, der fähig ist, in gewisser Weise autonom und individualistisch, d.h. bezogen vor allem auf die eigenen Interessen, zu handeln. Gewinnt diese Anforderung eine allgemeine Relevanz, so kann dies für Familie insofern problematisch werden, als ihre Struktur bislang eher durch Bindung, Enge und Nähe gekennzeichnet ist.

- Es läßt sich allerdings eine allgemeine Individualisierungstendenz feststellen, die nicht durch berufliche Veränderungen allein induziert ist. Sie drückt sich in einem Bewußtwerdungsprozeß der eigenen Person in ihrer besonderen Beschaffenheit und Interessenslage als Frau, Mann und Kind aus und scheint für Familie Regelungen zu erfordern, die der Entfaltung der jeweiligen Besonderheit mehr Freiraum gewähren. Diese Regelungen scheinen notwendig, wenn nicht in Kauf genommen werden soll, daß Familie immer mehr als Fessel empfunden wird. Die allgemeine Tendenz zur Individualisierung, die als gesellschaftliche Entwicklung beobachtet werden kann, zernagt vielleicht am bedrohlichsten die Familie, die - zumindest der Norm nach - auf Solidarität, Für-Einander-Einstehen etc. beruht.

Wie kann Familie mit diesen auch außerhalb ihrer selbst liegenden Veränderungen umgehen? Muß, kann sie sich ihnen anpassen, ohne sich in ihrer Eigenstruktur aufzugeben? Wie sieht der Beitrag der Familienpolitik aus, um diese Eigenstruktur zu erhalten und/oder den Veränderungen anzupassen? Auf dem Hintergrund des Bedeutungszuwachses von Familie, innerfamilialer Umstrukturierungen und langfristig sich möglicherweise wandelnder Persönlichkeitsstrukturen sollen nun einige, ausgewählte familienpolitische Stellungnahmen, Maßnahmen, Gesetze etc. beschrieben und interpretiert werden.

3. Analyse familienpolitischer Maßnahmen

3.1. Der Dritte Familienbericht

Ich beginne mit dem Dritten Familienbericht, weil er eine relevante und aktuelle familienpolitische Stellungnahme zur Einschätzung der Situation und Probleme von Familie ist. Der Dritte Familienbericht verdient zum einen wegen der Familienideologie, die er enthält, Beachtung und zum anderen wegen des in ihm enthaltenen und begründeten Vorschlags zur Gewährung von 'Erziehungs geld'. Ich werde zu beiden Aspekten Stellung nehmen, mich zunächst der Familienideologie, dann dem Erziehungsgeld zuwenden.

Bei der Betrachtung des Dritten Familienberichts zeigt sich, daß seine Aussagen vor allem auf die zentrale Bedeutung der Familie, ihre Stabilisierung und Aufwertung abzielen.

"Die Familie nimmt grundlegende Aufgaben mitmenschlichen Zusammenlebens wahr; sie kann darin nicht ersetzt werden",... (Familienbericht, Stellungnahme der Bundesregierung 1979,4).

'"Auch im Rahmen ihrer Öffentlichkeitsarbeit ist die Bundesregierung bemüht, die Familie im gesellschaftlichen Bewußtsein aufzuwerten, wie z.B. mit der Kampagne "Familie - jeder für jeden"' (Familienbericht, Stellungnahme der Bundesregierung 1979,6).

Immer wieder wird betont, - und im neuen Ehe- und Familienrecht gesetzlich verankert -, daß Frauen die Wahlfreiheit zwischen Familie und Beruf haben, daß gegen eine Flexibilisierung der Rollen innerhalb der Familie prinzipiell nichts einzuwenden ist etc.. Die im Familienbericht vorgeschlagenen Maßnahmen sprechen aber zum großen Teil eine andere Sprache. Es tauchen zudem immer wieder sehr eindeutige Äußerungen über den 'eigentlichen' Lösungsweg zur Aufhebung der 'Doppelbelastung' und auch zur Behebung des Geburtenrückgangs auf:

"Die Persönlichkeitsentwicklung der Frau kann zwar durch eine Erwerbstätigkeit gefördert werden. Es ist aber nicht notwendig, deshalb eine Erwerbstätigkeit verheirateter Frauen gerade während der Zeit des Aufziehens von Kindern zu propagieren. Viel wichtiger wäre eine solche Erwerbstätigkeit in der späteren Lebensphase, in der die Mütter von der Aufgabe der Erziehung der Kinder nicht mehr ausgefüllt sind" (Familienbericht 1979,32).

Die Sachverständigen haben auch gleich einen Vorschlag, welches dann die geeigneten Berufsfelder für Frauen sind:

"Darüberhinaus käme bevorzugt eine Tätigkeit dieser Frauen im sozialen Bereich in Frage..." (ebd.).

Der Wunsch der Frauen nach Erwerbstätigkeit und ihr sich wandelndes Bewußtsein werden eher als Entwicklung anerkannt, die nicht mehr rückgängig zu machen ist, als daß sie tatsächlich befürwortet wird:

"Das neue Lösungsschema kann nicht mehr die Zurückverweisung der Frau auf die Aufgaben der Familienhausfrau sein, sondern muß darauf hinzielen, daß die gesamtgesellschaftlichen Zielsetzungen familienorientiert ausgerichtet werden..." (Familienbericht, Zusammenfassung 1979,27).

Diese Äußerungen sind eher verbale Zugeständnisse als ernstgemeinte politische Absichten, denn die Aufwertung der Frau richtet sich v.a. auf ihre Rolle als 'Familienhausfrau', wenn aber die Erwerbstätigkeit zugestanden wird, dann soll die Frau der Familie trotzdem in ihren Funktionen als Hausfrau und Mutter erhalten bleiben. Auffallend ist auch die Betonung der Familie als beste Form des Zusammenlebens; die Renaissance (im Vergleich zum Zweiten Familienbericht 1976) des Ideals der sog. Kernfamilie als Normalfamilie wird damit begründet, daß die Familie in ihrer Qualität für die Regeneration des Menschen sowie für die Erziehung der Kinder durch nichts ersetzt werden könne.

"Rückzugsmöglichkeiten, die in Notzeiten ein Gefühl der Geborgenheit verschaffen, kann der Staat auch beim Einsatz höherer Mittel nicht im gleichen Maße gewährleisten; denn Menschlichkeit läßt sich mit Geld allein nicht verwirklichen" (ebd. 1979, 17 und Familienbericht, Zusammenfassung, 31) [2].

Alternativen zur Normalfamilie werden mehr denn je ausgeblendet. Manchmal taucht als zu unterstützende Problemgruppe die der alleinerziehenden Elternteile auf, allerdings, so scheint es, eher aus bevölkerungspolitischen Motiven, weniger als reale Kritik an Familie, wie sie z.B. auch die nicht-verehelichten Paare, Wohngemeinschaften etc. darstellen.
Außerfamiliäre Erziehungsinstanzen werden eher als Notlösung für den Fall thematisiert, in dem auf die Erwerbstätigkeit von Frauen aufgrund finanzieller Zwänge (oder 'renitenter' Selbstverwirklichungsansprüche?) nicht verzichtet werden kann.
Die ausschlaggebende Strategie ist demgegenüber die Unterstützung der Frau, die für die Zeiten der Kindererziehung zu Hause bleibt, auf jeden Fall einer Frau, die sich zu ihrer Rolle als Hausfrau und Mutter in der Familie bekennt. Dies zeigt sich auch deutlich am wichtigsten konkreten Vorschlag der Sachverständigenkommission, der Zahlung eines Erziehungsgeldes.

Auffallend sind in diesem Zusammenhang Äußerungen, die sich krass gegen die Tendenz der Individualisierung wenden, diese u.a. gleichsetzen mit 'Materialisierung':

"Mißverständnisse im Anspruch nach Selbstverwirklichung (ein Begriff, der bislang hauptsächlich im Zusammenhang mit Frauen benutzt wurde! K.J.) lassen nämlich die von der Familie gefor-

---

2 Es muß darauf hingewiesen werden, daß der Familienbericht nicht insgesamt die Einschätzung der Bundesregierung zum Thema Familie wiedergibt. Die Bundesregierung hat sich in ihrer Stellungnahme zum Bericht in etlichen Punkten von seinen Aussagen distanziert und unterstützt z.B. nicht die mehrheitlich von der Sachverständigenkommission und von der CDU/CSU erhobene Forderung nach einem Erziehungsgeld. Der Bericht ist auch in Bezug auf die Erwerbstätigkeit von Frauen um einiges konservativer als die Politik der SPD/FDP-Regierung in diesem Bereich.

derte Dienstpflichtbereitschaft für Kinder, Kranke und schwache Menschen in zunehmendem Maße zu einer Belastung werden. Überzogene Glückserwartungen durch den Besitz materieller Güter verzehren vielfach Kräfte, die sinnvoller für die Gestaltung der sozialen Beziehungen innerhalb und außerhalb der Familie hätten eingesetzt werden können" (ebd. 25).

Häufig tauchen Begriffe wie 'mangelnde Dienstpflichtbereitschaft' und 'Opferbereitschaft' auf. Sowohl die Verwendung des Begriffs der Selbstverwirklichung (s.o.) als auch die Nennung der Bedürftigen (Kinder etc.) lassen darauf schließen, daß hier die Frauen angesprochen werden, um sie an ihre Aufgaben und Pflichten zu erinnern. Denn die Pflege von Kindern und alten Menschen gehörte stets in den Arbeitsbereich der Frauen, allerdings verlagerten sich parallel mit zunehmender Erwerbstätigkeit verheirateter Frauen einige Teile dieser familiären Arbeit in soziale Institutionen. Diese Entwicklung soll nun teilweise rückgängig gemacht werden [3], denn zum einen wird die Qualität dieser Institutionen in Frage gestellt und zum anderen ist von einer Entleerung der Familie von Aufgaben und der problematischen Konzentration auf rein psychische Aspekte die Rede. Bei einem Fortschreiten dieser Entwicklung würde der Tätigkeit der Familienhausfrau der Boden entzogen (vgl. hierzu SPIESMACHER/WESTPHAL-GEORGI 1979). Die Zurückverlagerung bereits verberuflichter familialer Aufgaben (soziale Dienste, Krankenpflege, Erziehung etc.) in die Familie ist eine neue Entwicklung, die gleichzeitig mit der Tendenz zur Professionalisierung der Hausarbeit [4] zu beobachten ist, beide dienen der Stabilisierung von Familie. Die Anerkennung familialer Arbeit qua Lohn - sie bedeutet auch ihre Aufwertung als qualifizierte Tätigkeit - und die Aufforderung zur 'rationalen, zeitsparenden Handhabung der Arbeit' (vgl. ebd., 64ff) scheinen in die gleiche Richtung der Professionalisierung von familiale Arbeit zu gehen. Je mehr Aufgaben die Familie zurückerhielte,

---

3 Dennoch wird die Notwendigkeit sozialer Institutionen, Beratung etc. - formal - immer wieder betont.

4 Die Gründung der Hausfrauengewerkschaft z.B. läßt sich in diesem Sinn interpretieren.

umso eher kann dann auf ihre bedeutsamen und unverzichtbaren Leistungen hingewiesen werden. Familie wird so praktisch und ideell aufgewertet.

Nicht nur in den von den Konservativen [5] unverblümt als 'überzogene Emanzipationshysterie' bezeichneten Individualisierungstendenzen [6] hat der 'Anti-Familien-Trend' seine Ursachen, sondern auch in den 'materiellen Startschwierigkeiten der Familie'. Folgerichtig wird von der CDU/CSU und von der Sachverständigenkommission mehrheitlich das Erziehungsgeld gefordert, das in Höhe von 4oo.- DM monatlich bis zum dritten Lebensjahr eines Kindes gezahlt werden soll.

Wurde weiter oben noch an die Opferbereitschaft der Familienmitglieder appelliert, so wird zur Begründung des Erziehungsgeldes angeführt:

"Die unzureichende gesellschaftliche Anerkennung der Leistungen der Familienhausfrauen könnte zur Folge haben, daß diese Leistungen nicht mehr weiterhin selbstverständlich erbracht werden" (Familienbericht 1979, Zusammenfassung, 3o).

Und unter Hinweis auf die steigenden Kosten bei möglicherweise sinkender Qualität der Leistungen im Fall kollektiver Versorgung sollen die Frauen doch dazu gebracht werden, die Arbeit in der Familie zu leisten, nur:

"Eine ausschließliche Verpflichtung der Frau auf diese Aufgaben in der Familie ohne Gegenleistung der Gesellschaft scheint in Zukunft weder möglich noch wünschenswert" (ebd.,31).

Wenn die Frauen für ihre Arbeit in der Familie künftig direkt entlohnt werden, so wird damit im Widerspruch zu obigen familienpolitischen Absichten den vielbeklagten materialistischen und individualistischen Tendenzen eher Nahrung gegeben. Denn wenn die Frau in der Familie Lohn erhält, so kann das durchaus auf mehr Selbständigkeit der Frauen - wenn auch im Rahmen der Familie - hinauslaufen.

---

5 Laut Landesversammlung des Familienbundes der Deutschen Katholiken, Nov. 1979. Nach: Süddeutsche Zeitung, 8.11, 1979.

6 Diese Individualisierungstendenz ist vor allem für Frauen neu, bzw. wird dort besonders beachtet, denn Männer waren - u.a. bedingt durch ihre Einbindung in Berufsarbeit - eher individualistisch orientiert, dies gestand man ihnen auch als Teil ihrer 'Rolle' quasi selbstverständlich zu.

Die Kampagne zur Gewährung des Erziehungsgeldes bringt die Familienpolitik selbst in ein Dilemma: Läßt die Familienpolitik zu, daß Familie als Arbeitsbereich in dem Sinn akzeptiert wird, daß hier eigentlich zu entlohnende Arbeit geleistet wird, so fördert sie das Eindringen von Tauschkategorien in Familie, die auf einer anderen Ebene - der Ebene von Liebe, Freiwilligkeit etc. - als Bumerang zurückschlagen könnten. Aus diesem Grunde - nicht nur aus Geldmangel - spiegelt die vorgeschlagene Höhe des Erziehungsgeldes auch nicht die Leistung der Hausfrau angemessen wider: Hausarbeit kann nicht nur nicht ganz in berechenbare Einzelleistungen aufgegliedert werden, sie soll auch nicht wirklich berechenbar werden. Wo kämen wir hin, wenn die Liebesleistung in Zeiteinheiten gemessen wird? Deshalb hat m.E. das Erziehungsgeld lediglich Anreizcharakter und soll v.a. die Funktion erfüllen, den Frauen das Familienleben wieder attraktiver zu machen, damit gleichzeitig arbeitsmarktpolitisch 'reinigend' wirken und den Willen der Frauen stärken, mehr Kinder zu bekommen. Tatsächlich wird auch im Familienbericht selbst die Problematik einer Entlohnung gesehen: Mit Bedauern wird festgestellt, daß das Erziehungsgeld "eine Art gesellschaftlicher Mindestlohn darstellt, für eine Leistung, die bisher keines materiellen Lohnes bedurfte" (ebd.,63).

Ich interpretiere dieses Zugeständnis an Hausfrauen wie auch die ab und an auftauchenden Aufforderungen an die Männer, sich mehr an Hausarbeit und Kindererziehung zu beteiligen, als Versuche, unruhig und unzufrieden gewordene Frauen zu mehr Hausarbeit, bzw. zur Aufgabe der Berufstätigkeit und damit auch zum Kinderkriegen zu bewegen und die Frauen zu 'befrieden'. Mehr Rechte und Lohn innerhalb der Familie sollen helfen, gerade auch was die diskriminierende Arbeitsteilung betrifft, die Familie als System zu erhalten und den Frauen Gründe zu nehmen, aus der Familie auszubrechen. Die anti-familiäre Tendenz, die auch in der Frauenbewegung vorherrscht, scheint bedrohlich genug, um nicht länger nur die ideelle Aufwertung der familiären Arbeit zu fordern, sondern auch ihre Entlohnung.

Da die Arbeit nicht mehr freiwillig und aus bloßer Liebe geleistet wird, entlohnt man sie - nicht aber ohne den erhobenen Zeigefinger, der zur Opferbereitschaft mahnt. Jetzt, da das Funktionieren von Familie, Erziehung und Kinderkriegen gleichzeitig von großer Wichtigkeit und Problematik sind, kommt man den Frauen mit Schritten entgegen, die die Eigenstruktur von Familie durchaus eher zusätzlich gefährden können: Wenn die Arbeit aus Liebe zur Arbeit gegen Geld wird und somit der Arbeitscharakter der Familie nicht länger verborgen bleiben kann, damit eine grundlegende Anforderung an Familie nicht erfüllt ist, lassen sich sehr problematische Auswirkungen auf die familiäre Arbeit denken. Kann Arbeit gegen Geld noch die gleiche sein, wie die, die zumindest der Ideologie nach aus Liebe, Spontaneität etc. geleistet wurde? Wie weit dringen dann nicht für Hausarbeit evtl. ganz dysfunktionale berufliche Elemente in sie ein?

Die Widersprüchlichkeit familienpolitischer Strategien, die Refamilialisierung UND Individualisierung als Tendenz beinhalten, spiegelt sich auch im Familienbericht, es gelingt allerdings, z.B. mit dem Erziehungsgeld, (welches bislang von Regierungsseite übrigens abgelehnt wird [7]) möglicherweise eine Integration von individualistischen Bestrebungen in den familiären Rahmen und damit zunächst eine Stabilisierung von Familie.

3.2. Das neue Ehe- und Familienrecht

Das neue Ehe- und Familienrecht, gültig seit 1977, beinhaltet zwei Kernpunkte: zum einen die freie Entscheidung für Frauen bei der Wahl zwischen Beruf und Familie, womit die rechtliche

---

7 Die SPD hingegen diskutiert die Einführung eines 'Familiengeldes', das unabhängig davon gezahlt werden könnte, 'ob einer der beiden Eltern bzw. der alleinstehende Vater oder die alleinstehende Mutter die Erwerbstätigkeit aufgibt (nach Süddeutsche Zeitung 29.11.1979). Hier zeigt sich, daß die SPD weniger ausschließlich auf die traditionelle Familienstruktur baut; wenn sie allerdings Kindererziehung als solche entlohnt, so bringt sie das gleiche problematische Tausch-Element in Familie ein wie mit dem Erziehungsgeld.

Fixierung der geschlechtsspezifischen innerfamiliären Arbeitsteilung aufgelöst ist (der sog. 'Hausfrauenparagraph'); zum anderen das neue Scheidungsfolgenrecht.
Eingeschränkt wird aber die Aufhebung der Hausarbeitspflicht für Frauen erstens durch eine allgemeine Diskrepanz zwischen Rechtsgebung und Rechtshandhabung, zum zweiten kann, da in der Familie die neue, partnerschaftliche Arbeitsteilung nicht verordnet werden kann und sie nicht einklagbar ist, das neue Recht im wesentlichen nur als Scheidungsrecht benutzt werden (vgl. GERHARD 1979,7).

Doch liegt in der Freistellung von einer vorgegebenen Arbeitsteilung in der Familie ein realer Fortschritt, eine Anerkennung der Frau als freies Individuum, denn in der rechtlichen Definition der Frauenrolle steckte immer auch eine rechtlich abgesicherte Grundlage für das Abschieben von Frauen in Familie. In der Reform wird die "Frau als Subjekt nicht mehr durch ihre Hausarbeitsfähigkeit eingeschränkt - hierin liegt die Gebrauchswertseite des Rechts" (ebd.,51). Im neuen Recht steckt auch das Ergebnis des Kampfes gegen Rollenklischees und eine Anerkennung des Berufswunsches von Frauen. Eine solche Neuregelung, auch wenn sie noch so unzureichend gehandhabt wird, bedeutet deshalb eine Grundlage für weitere Schritte in die Richtung der Befreiung von Rollenzwängen.
Hier wird gleichzeitig eine allgemeine Verrechtlichungstendenz sichtbar, die nicht nur die Frauen, sondern auch Kinder, die Familie insgesamt umfaßt [8]. Die Verrechtlichung auch der pri-

8 Vgl. hierzu z.B. das FDP-Kinderprogramm 1979 sowie die Diskussionen zum 'Großen Familiengericht' auf dem 2. Familiengerichtstag in Brühl, Oktober 1979: "Wenn es nach den Wunschvorstellungen der Mehrheit der Familienrichter ginge, würde jedes Familienmitglied von der Wiege bis zur Bahre juristisch nur von dem Familienrichter betreut" (nach Süddeutsche Zeitung 1o.1o.1979). Man vergleiche auch den Streit um die Neuformulierung des Rechts der elterlichen Sorge, bei dem es um die Kompetenzverteilung zwischen Eltern und Staat geht. Von den Oppositionsparteien werden dabei eindeutig Reprivatisierungswünsche angemeldet, das neue Sorgerecht wird von ihnen - obgleich es schon etliche Kompromisse beinhaltet - als 'bedauerlicher Fehlgriff' auf Kosten der Eltern bezeichnet (CDU-Bundestagsabgeordneter LENZ). Man beachte in diesem Zusammenhang auch die Vorschläge zum Anti-Diskriminierungsgesetz (siehe z.B. HOHMANN-DENNHARDT 1979).

vaten Bereiche als Zugeständnis an eine allgemeine Individualisierungstendenz nimmt zu und verstärkt diese Tendenz wahrscheinlich in einer Wechselwirkung. Indem z.B. den Frauen mehr eigene, persönliche, von Mann und Familie unabhängige Rechte zugestanden werden, werden sie zunehmend als Rechtspersonen wahrgenommen, wird damit eine bürgerliche Entwicklung nachvollzogen [9]. Im Zusammenhang damit wird auch die Hausarbeit gleichwertig zur Berufsarbeit erklärt und evtl. entlohnt. Sie erhält so zunehmend Warencharakter (ebd.,32), was einer wichtigen Anforderung an sie - Tauschfreiheit bei Tauschabhängigkeit - zuwiderläuft.

Diese allgemeine Tendenz der Verrechtlichung und auch des Zugestehens von Rechten an Frauen ist eine in sich widersprüchliche Entwicklung: In der Auslegung und Anwendung des Rechts wird die Familie als Institution zwar meist eher gestärkt, offen bleibt aber, ob nicht ihre Privatheit durch das Eindringen von Recht in die Familie "als notwendig rechtsfreiem Raum (ebd., 7)" gefährdet wird.
Denn die Rechtsfreiheit der Familie ist ein Ausdruck ihrer Privatheit. So wird ja auch in den familienpolitischen Debatten immer wieder betont, daß innerhalb der Familie ein 'Freiraum' sei, der nicht regulierbar sei und sein solle, sondern der freien Ausgestaltung der Individuen überlassen bleiben solle. Es kann gut sein, daß die Familie durch diese Maßnahmen, die ja ihrer Stabilisierung dienen sollen, und damit verbunden durch das Eindringen von Tauschkategorien langfristig unterhöhlt wird, wobei der zunehmenden rechtlichen Anerkennung der Hausarbeit als Arbeit etc. kein zu geringer Stellenwert beigemessen werden sollte [1o]. Wenn die Individualisierung der Frauen und damit auch ihre ökonomische Selbständigkeit fortschreitet, so zeigt sich hier eine strukturelle Anfälligkeit von Fa-

---

9 Die Geschichte des bürgerlichen Rechts ist die Geschichte der Vernachlässigung von Frauen (vgl. hierzu GERHARD/LAUTMANN 1978).

1o Tauschkategorien dringen zunehmend auch auf der psychischen und emotionalen Ebene als permanente Aushandlungsprozesse in Familie ein (vgl. OSTNER/PIEPER in diesem Band). Dies drückt sich u.a. in der Gestalttherapie aus, einer wichtigen Methode in Ehe, Familien- und Individualtherapie.

milie: Bei einer materiellen Unabhängigkeit von Frauen entfällt langfristig der Zwang zur gemeinsamen Lebenssicherung und geschlechtsspezifischen Arbeitsteilung als ein Bindeglied von Familie.
Bei der Neuregelung der Scheidungsfolgen - Sorgerecht für die Kinder, Unterhaltsansprüche, Versorgungsausgleich etc. - soll u.a. die Ablösung des Schuldprinzips durch das Zerrüttungsprinzip beachtet werden [11]. Die Abwendung vom Schuldprinzip bedeutet die "rechtliche Anerkennung der sozialen Variabilität von ehelichen Lebensweisen und Eheauflösungsgründen" (EIDMANN 1979,1). Auch hier liegt scheinbar kein einheitliches Familienmodell mehr zugrunde (vgl. ebd.).
In der Praxis zeigt sich jedoch, daß die traditionelle Kleinfamilie durchaus Vorbild in der Rechtssprechung bleibt. Die Streichung des Schuldbegriffs sollte einer der Kernpunkte der Reform sein, er taucht aber indirekt da wieder auf, wo Unterhaltsansprüche an moralisches (Fehl)Verhalten geknüpft werden. Es werden z.B. Unterhaltszahlungen an eine Frau mit der Begründung verweigert, daß sie nach der Trennung zu ihrem Freund gezogen ist (vgl. MUNDCZECK 1979,2oo). Eine solche diskriminierende Praxis beruht auf traditionellen Rollenvorstellungen.

Die materiellen Scheidungsfolgen sollen nach dem Gleichheitsprinzip geregelt werden als Prinzip der wechselseitigen gleichen Verpflichtungen von Mann und Frau und von beiden gegenüber den gemeinsamen Kindern. Das Ausgleichsprinzip als Anerkennung der Tatsache der sozialen und ökonomischen Benachteiligung der geschiedenen Hausfrau und Mutter überlagert aber das Gleichheitsprinzip und zielt damit auf die traditionelle Familien- und Eheform ab.

Auch im Ehe- und Familienrecht läßt sich die für Familienpolitik typische Ambivalenz und Widersprüchlichkeit feststellen: Auf der einen Seite wird die Frau als Rechtssubjekt in ihrer realen, benachteiligten Situation anerkannt, diese teil-

---

11 Die Regelung des Versorgungsausgleichs wird im nächsten Punkt, der 'sozialen Sicherung', behandelt.

weise aufgehoben und damit durchaus ein Schritt - in der Rechtsgebung! - zur Individualisierung und Unabhängigkeit eingeleitet, gleichzeitig aber, v.a. in der Auslegung, wird an der traditionellen Form der Familie festgehalten und diese in ihrer Bedeutung noch gestärkt.

3.3. Die 'soziale Sicherung von Frauen'

Hier muß unterschieden werden zwischen der Regelung der Altersversorgung, d.h. der Rentenansprüche von Frauen und ihrer Versorgung nach einer Scheidung.
Prinzipiell gilt:

"Nach der Scheidung sorgt jeder Ehepartner für sich selbst, Unterhalt erhält nur, wer 'bedürftig' ist. Die gemeinsam erworbenen Rentenansprüche werden bei der Scheidung geteilt" (ebd.,2oo).

Die Teilung der Rentenansprüche als 'Versorgungsausgleich' beruht auf der rechtlichen Gleichstellung von Hausfrauentätigkeit und Erwerbstätigkeit (EIDMANN 1979,2).

"So begründet ehebedingte wirtschaftliche Abhängigkeit einen Unterhaltsanspruch. So sehr hier die Anerkennung der Benachteiligung der Frauen als soziale Realität und ein Versuch zur Veränderung in diesem Gesetz zu befürworten ist, muß festgehalten werden, daß auch hier die Familie als Versorgungsinstanz erhalten bleibt. Die soziale Sicherung der Frau wird weiterhin über den individuellen Familienverband und nicht gesellschaftlich geleistet" (ebd.,3).

Die Verbindung beider Strategien - Refamilialisierung und Individualisierung - ist auch hier deutlich. Die Aufteilung der Rentenansprüche auf beide Ehegatten ist ein Beitrag zur eigenständigen sozialen Sicherung der Frau, doch:

"Gar so 'eigenständig' ist diese Sicherung aber gerade nicht. Sie ist dem Grunde nach abhängig von der Tätigkeit des Mannes, der Höhe nach davon, wieviel der Mann verdient und die Frau (zu-)verdient" (Die ZEIT, 7.12.1979).

Dennoch: Die Frau erhält eine eigene unmittelbare Anwartschaft, die sie sich nicht erst erkämpfen muß. Ehemänner können sich nicht wie bislang beim Streit um die Unterhaltszahlungen einfach entziehen.

Ähnliches ist mit der Reform des Rentenrechts beabsichtigt:

"Jede Frau, egal, ob und wie lange sie selbst erwerbstätig oder 'Nur-Hausfrau' war, soll im Alter Anspruch auf eine Rente 'aus eigenem Recht' haben. Sie soll sich zusammensetzen aus Anwartschaften, die aufgrund eigener Erwerbstätigkeit und rentensteigernder Zeiten der Kindererziehung erworben wurden, aus einer Teilung der - allein vom Mann oder von beiden Partnern - während der Ehezeit erworbenen Rente und (beim Tod des Mannes) zusätzlichen Anteilen aus seiner Altersversorgung" (MUNDCZECK 1979,198).

Paradoxerweise ging der Anstoß zur Neuordnung der sozialen Sicherung von der Klage eines Mannes aus, der bemängelte, daß die Hinterbliebenenrente einer verstorbenen Ehefrau nicht an ihren Ehemann weitergegeben werden kann. Dieser Mißstand und damit das ganze System der sozialen Sicherung muß bis 1984 neu geregelt werden.

Bislang erhält die Frau 6o% Hinterbliebenenrente beim Tod ihres Mannes; benachteiligt ist hier v.a. die nicht-erwerbstätige Ehefrau, die keine zusätzlichen Ansprüche durch eigene Erwerbstätigkeit erworben hat[12]. Ziel der Reform ist der Ausbau eigener Sicherungsansprüche für das Alter und die Individualität von Frauen - auch hier also ein Zugeständnis an Individualisierungstendenzen. Doch betrachten wir die vorgeschlagenen Modelle im einzelnen: Unter vier Möglichkeiten hat die 'Teilhaberente' in von einer Kommission ausgearbeiteten Stellungnahme den Vorzug bekommen. Die Teilhaberente soll 7o(75)% der von beiden Ehegatten erworbenen Gesamtversorgung betragen. Mit dem Modell der Teilhaberente wird die Unterhaltsersatzfunktion[13]

---

12 Im allgemeinen sind aber auch Frauen benachteiligt, die eine eigene Rente beziehen, denn ihre durchschnittlichen Rentenansprüche sind erheblich niedriger als die von Männern. Die Gründe hierfür sind detailliert in KOHLEISS 1979 nachzulesen. Die Angleichung der Tabellenwerte bei der Rentenberechnung ist allerdings ein Ziel der Reform.

13 Rente kann entweder als Lohnersatz oder als Unterhaltsersatz fungieren (vgl. hierzu WESTPHAL-GEORGI 1979,3), die Lohnersatzfunktion bedeutet einen individuellen Rentenanspruch aufgrund eigener Arbeit. Wenn Rente in ihrer Lohnersatzfunktion angestrebt wird, müßte die Reform "darauf zielen, die zusätzliche Unterhaltsersatzfunktion abzubauen und statt dessen eine Grundrente für alle zu garantieren" (ebd.).

der Rente verstärkt in den Vordergrund gerückt und damit die Ehe als Versorgungsinstitution weiter aufgewertet (vgl. WESTPHAL-GEORGI 1979,11).
Benachteiligt werden von der Regelung die bislang privilegierten, erwerbstätigen Frauen, denn unterm Strich erhielten sie weniger Rente als zuvor (6o% Hinterbliebenenrente plus ihre eigene Rente). Dies wäre nur ausgleichende Gerechtigkeit, wenn die bislang benachteiligte Gruppe der Arbeiterinnen nun besser dastehen würde, sie erhält aber ungefähr genauso viel wie zuvor (vgl. hierzu Zahlenbeispiele bei WESTPHAL-GEORGI 1979,1o). Diese Regelung ist nicht gerade eine Aufforderung an Frauen, gut bezahlte, qualifizierte Positionen zu erreichen.
In der Reform der sozialen Sicherung sind zwei ergänzende Maßnahmen enthalten: die Anerkennung von Zeiten der Kindererziehung und der Pflege von pflegebedürftigen Personen.

Beide Regelungen gelten für nicht-erwerbstätige Personen:

"Für erwerbstätige Mütter und Väter erfolgt durchweg keine Anerkennung von Zeiten der Kindererziehung für die Rente. Diese Diskriminierung sowohl alleinerziehender Mütter und Väter trifft auch Familien, in denen Mutter und Vater erwerbstätig sind" (ebd.,15).

Weiterhin soll Rente wegen Kindererziehung und bei 'vorgerücktem Alter' (45-5o Jahre) in einer Höhe von 75% (7o%) der Rentenansprüche des verstorbenen Ehegatten gezahlt werden. Da die Altersgrenze der zu erziehenden Kinder mit der Volljährigkeit festgelegt ist, ist anzunehmen, daß diese Maßnahmen einer Wiedereingliederung von Frauen ins Erwerbsleben und ihrer Entlastung von Hausarbeit eher entgegenwirken (vgl. ebd.,14). Es kann nun leicht argumentiert werden, daß diese Frauen keinen Beruf mehr nötig hätten, sie seien ja versorgt. Wenn die Frauen Geld für die Kindererziehung bekommen, sieht sich kaum ein Betrieb genötigt, den Forderungen nach Betriebskindergärten etc. nachzukommen. So gerecht solche Maßnahmen für Frauen sind, die sich entscheiden, in der Familie zu arbeiten, so sehr können sie doch auch gegen die Frauen gewendet werden, die Beruf und Familie miteinander vereinbaren wollen.

Hier deutet sich ein Problem mit der Familienpolitik an, das bei einem Interesse an der ALLGEMEINEN Verbesserung der Lage von Frauen auftauchen muß: Unterschiedliche Gruppen von Frauen (Hausfrauen, Berufstätige) sind stets von bestimmten Maßnahmen unterschiedlich betroffen. Manche Maßnahmen (s.o.) scheinen zur Aufhebung der Diskriminierung von Hausfrauen und Müttern geeignet, was gut und gerecht ist. Gleichzeitig aber stabilisieren sie die Ehe als Versorgungseinrichtung und die traditionelle Arbeitsteilung und richten sich damit tendenziell gegen die Frauen, denen Unabhängigkeit und Berufstätigkeit auch langfristig eine erstrebenswerte Perspektive ist. Ist es nicht möglich, beiden Lebensentwürfen von Frauen gerecht zu werden? Und wenn nicht, wieso wird in den familienpolitischen Programmen der Lebensentwurf 'Mutter und Hausfrau' so besonders gefördert? So gerecht die Maßnahmen auch scheinen, sie drücken allzu deutlich das Interesse der Familienpolitik an Aufwertung und Stabilisierung der Familie aus. Die 'Wahlfreiheit' der Frauen zwischen Beruf und Familie steht auf dem Papier, gefördert wird die Ehe mit der nicht-erwerbstätigen Hausfrau [14]. Die Durchsetzung des Gleichheitsprinzips - Anerkennung von Hausarbeit und Beruf als gleichwertige Arbeit - soll die Nachteile der traditionellen Arbeitsteilung abschaffen. Dieser Trend kann vielleicht durch den Ausbau eigener Rentenansprüche die Benachteiligung der Hausfrauen mindern, gerade dadurch scheint sich aber die Position der erwerbstätigen Frau, Hausfrau und Mutter keineswegs zu bessern. Die Abschaffung der Benachteiligung der erwerbstätigen Frauen scheint zweitrangig zu sein, das Ziel der Reform, "dem gewandelten Verständnis von der Stellung der Frau in Beruf und Familie Rechnung (zu) tragen", (nach WESTPHAL-GEORGI, 1979,17) wird hauptsächlich im Hinblick auf die Aufwertung der Arbeit in der Familie erfüllt. Dem Bewußtseinswan-

---

14 Die Bevorzugung der Hausfrauen-Ehe und die Mehrbelastungen erwerbstätiger Mütter und Ehefrauen ist auch im Steuerrecht überdeutlich, vgl. MENNEL 1979,176.

del und den Individualisierungsbestrebungen der Frauen wird vorzugsweise im Rahmen der Familie Raum gegeben. Daß allerdings auch dies sich gegen die Familie auswirken könnte, habe ich schon mehrfach angedeutet.

Nicht nur familienpolitisch fundierte, sondern auch ökonomische Basis dieser Bevorzugung der Familienhausfrau ist die langfristige Arbeitsmarktentwicklung, die auf einen Mangel von genügend Arbeitsplätzen für Männer UND Frauen deutlich hinweist. Aber erst ausreichende und qualifizierte Arbeitsplätze auch für Frauen wären die reale Voraussetzung, um von der propagierten Wahlfreiheit Gebrauch zu machen. So wenig hier Berufstätigkeit als befreiende Perspektive ausgegeben werden soll, - unserem Ansatz liegt eine Kritik von Familie UND Beruf zugrunde - kann hier auch die Beibehaltung der Versorgung von Frauen durch die Ehe unterstützt werden,und diese sollte schon gar nicht als Reform ausgegeben werden. Mit einer solchen Perspektive können sich Frauen nicht zufriedengeben, zumal dabei sämtliche alternative Lebensentwürfe, z.B. der freiwillig ledigen Mütter und Väter vernachlässigt und ignoriert werden.

3.4. Arbeitsmarktpolitik für Frauen

Wie schon weiter oben angedeutet, ist die Haltung der Familienpolitik zur Erwerbstätigkeit von Frauen formal bejahend, konkret aber sehr wenig unterstützend, ja z.T. eher negativ. Die Zugeständnisse, die die Familienpolitik in bezug auf die 'Doppelfunktion' der Frauen macht, verdanken sie im wesentlichen der Umorientierung der Frauen in Richtung Beruf. Da der Geburtenrückgang zu einem großen Anteil auf die Frauenerwerbstätigkeit zurückgeführt wird, müssen auch unter bevölkerungspolitischen Gesichtspunkten, zusätzlich zu Maßnahmen wie dem Erziehungsgeld, Verbindungsmöglichkeiten zwischen Mutterschaft und Beruf geschaffen werden. Einerseits soll also den Berufswünschen der Frauen zumindest partiell nachgekommen werden, andererseits sollen gleichzeitig familienpolitische, bevölkerungspolitische und arbeitsmarktpolitische

Intentionen realisiert werden. Dies führt notwendigerweise zu Widersprüchen.

Es findet sich im Familienbericht ein Katalog durchaus progressiver Maßnahmen, die auf die Verbindungsmöglichkeiten von Erwerbstätigkeit und Familie abzielen (Familienbericht 1979, 167). Hierbei wird unterschieden zwischen den "Maßnahmen zur Erleichterung des Übergangs von Erwerbsarbeit zu Familienaufgaben" und "Maßnahmen zur Erleichterung der Doppelfunktion" (vgl. ebd.). Familienpolitik wendet sich, ihren Prämissen gemäß, vorrangig ersteren zu, "da die Kommission sich in erster Linie die Anliegen der Familie zu eigen macht" (ebd.). Es wird zwar erwähnt, daß sich "mit ihrer Rolle unzufriedene Familienhausfrauen (...) am schwersten tun bei der Erziehung ihrer Kinder" (ebd.), so daß hieraus auch für Familienpolitik das Anliegen erwachsen könnte, Frauen die Berufstätigkeit zu erleichtern, diese Einsicht wird aber im weiteren nicht konsequent in die Maßnahmen einbezogen.

Aus der Sicht der Familienpolitik betrachtet, ist ihre Strategie, Frauen zurück auf die Familie zu verpflichten, kurzfristig verständlich und sinnvoll, langfristig betrachtet bleibt aber offen, ob sich Familie nicht eher erhalten ließe, wenn den Frauen mehr und bessere Berufschancen eingeräumt und dem Rollentausch in der Familie mehr Möglichkeiten gegeben würden. An diesem Punkt scheiden sich ja auch die Strategien in der Familienpolitik, hier sind parteipolitische Differenzen zwischen SPD/FDP und CDU/CSU auszumachen. Es gibt zwar Modellversuche wie 'Mädchen in Männerberufen', es tauchen auch im konservativen Familienbericht Forderungen nach mehr Teilzeitarbeit, gleitender Arbeitszeit, Anpassung der Öffnungszeiten der familienergänzenden Institutionen zur Kinderversorgung an die Arbeitszeit, weiterer Förderung des Tagesmüttermodells etc. auf (vgl. ebd., 167); doch an diesen Forderungen gibt es mehrere Haken:

- Schon seit Jahren werden mehr Teilzeitarbeitsplätze gefordert, ohne daß sich im Angebot sehr viel ändert. Bislang hat die Familienpolitik so gut wie keinen Einfluß auf die Ausgestaltung der Bedingungen von Erwerbstätigkeit, was sie selbst sehr bemängelt.

- Bei diesen Forderungen werden zwar meist die Eltern als Gesamtheit angesprochen, konkret geht es dann aber um die Erleichterung der Doppelfunktion der Mutter. So begrüßenswert diese Maßnahmen auch sind, so notwendig scheint es doch auch, sie immer gleich für Väter mit zu konzipieren, wenn nicht eine weitere Festschreibung der alleinigen Zuständigkeit von Frauen auf die familiäre Arbeit beabsichtigt ist.
- Selbst die Förderung der Bedingungen, auf die Familienpolitik eher Einfluß hätte als auf den Berufsbereich, scheint nicht gerade konsequent betrieben. Dies ist z.B. zu beobachten an den außerfamiliären Erziehungsinstitutionen: Hier sind außer den Tagesmüttern "ähnliche nachbarschaftliche und soziale Dienste zur Unterstützung der Familien" erwähnt (ebd., 167), die allerdings nicht geeignet scheinen, in einem ausreichenden Maß das so dringliche Problem der Betreuung von Kindern zu lösen. Gerade da man sich über die Unzulänglichkeit sozialer Einrichtungen wie Krippen etc. bewußt ist, ginge es um die Erarbeitung von Alternativen - nicht aber um das Abschieben solcher Probleme in die Privatheit der Kleinfamilie und dort eigentlich in den Verantwortungsbereich der Mutter, die, will sie berufstätig sein, permanent das Folgeproblem des schlechten Gewissens mit sich herumträgt.

Es sollen abschließend noch zwei konkrete Maßnahmen kurz dargestellt werden, die auf die Beseitigung der Benachteiligung im Beruf (Arbeitsförderungsgesetz) und auf die Verbindung von Berufstätigkeit und Mutterschaft (Mutterschaftsurlaub) abzielen. Das Arbeitsförderungsgesetz, dessen Novellierung u.a. der Besserstellung von Frauen im Beruf dienen soll, scheint sich in der Praxis eher als Mittel ihrer Diskriminierung herauszustellen (vgl. KRAUTKRÄMER 1979). Da Frauen z.Zt. überproportional häufig arbeitslos sind, könnte das Arbeitsförderungsgesetz, das als Zielsetzung die 'Wiedereingliederung' hat, hier Abhilfe schaffen, "entsprechende Programme fehlen jedoch" (ebd., 2). Frauen haben nur in Ausnahmefällen Anspruch auf Arbeitslosenhilfe, wenn sie verheiratet und ihre Männer erwerbstätig sind. Der Grundsatz der Bedürftigkeit wird

- auf Frauen angewandt - zum legitimen Mittel, sie auf ihre Hausfrauenrolle festzulegen. Nicht nur der Grundsatz der Bedürftigkeit, auch die Regelung der Verfügbarkeit für den Arbeitsmarkt und der Zumutbarkeit der Arbeitsbedingungen wird gegen das Interesse der Frauen gewendet, erwerbstätig zu sein [15].

Hier verbindet sich in klassischer Manier - man vergleiche die Weimarer Zeit z.B. (JURCZYK 1978) - das Interesse an der Entleerung des Arbeitsmarktes mit dem Interesse an mehr ausschließlich in der Familie arbeitenden Frauen.

Auch bei den Maßnahmen der beruflichen Fortbildung und Umschulung sind Frauen immer noch erheblich unterrepräsentiert (vgl. KRAUTKRÄMER 1979,5). Unzureichende Beratung ist eine Ursache hierfür und sie erklärt sich u.a. damit,

"daß Arbeitsamtangestellte den Grundsatz der Gleichbehandlung von Männern und Frauen erheblich verletzen" (ebd.,6).

Noch schlechter ist es um die Teilnahme von Frauen an den Arbeitsbeschaffungsmaßnahmen bestellt (ebd.,7). KRAUTKRÄMER resümiert vorsichtig:

"Welcher Anteil an Diskriminierung der Arbeitsverwaltung durch selektive Gesetzanwendung zukommt, darüber läßt sich aufgrund der vorliegenden empirischen Arbeiten keine gültige Aussage machen. Festzuhalten bleibt jedoch, daß die Arbeitsverwaltung weder von den Gesetzen noch von der Durchsetzungspraxis Anlaß zur Hoffnung bietet, daß sie Benachteiligungen der Frauen am Arbeitsplatz abzubauen bemüht ist" (ebd.,8).

Die Initiativen zur Gleichbehandlung von Frauen im Beruf scheinen oft bereits auf der bürokratischen Ebene der Arbeitsvermittlung zu versickern.

Der Mutterschaftsurlaub wird hier nur kurz angesprochen [16)]: Diese Maßnahme - Frauen widmen sich ein halbes Jahr nach der Geburt nur dem Kind und erhalten mtl. bis zu DM 75o,-- - kann gleichzeitig arbeitsmarktpolitisch 'reinigend' wirken (vgl. SCHREYER 1978) und kommt familien- und bevölkerungspolitischen Zielvorstellungen nahe. Da das angestrebte Nullwachstum der Bevölkerung nur durch eine immense Zunahme der Geburten zu

15 vgl. SPIESMACHER/WESTPHAL-GEORGI 1979; DÄUBLER-GMELIN 1977

16 vgl. den Versuch einer Einschätzung JURCZYK 1979

erreichen wäre (Familienbericht 1979,133ff.), die direkte Einflußnahme auf die Geburtenrate aber nicht möglich ist, sind Maßnahmen gefragt, die die Verwirklichung mehrerer Ziele auf einmal versprechen. Der Wunsch nach einer höheren Geburtenrate trifft sich nämlich mit dem Wunsch nach der Stabilisierung von Familie.
Auch an dieser Maßnahme läßt sich ihre Ambivalenz für Frauen gut ablesen: Einerseits bedeutet sie eine Chance, Mutterschaft und Berufstätigkeit miteinander zu verbinden, wenn der Arbeitsplatz der Mutter bei Geburt eines Kindes für ein halbes Jahr gesichert bleibt, andererseits hat sie die Konsequenz einer weiteren Rollenfestschreibung für Frauen, einer Diskriminierung alleinstehender Frauen und wiederum der Förderung von Ehe und Familie als Versorgungseinrichtung. Eine Frau mit Kind gehört eben in eine sog. Normalfamilie!

Trotz aller widersprüchlichen Aussagen scheint es ein (Teil)Ziel der Familienpolitik zu sein, die Berufstätigkeit von Frauen zu reduzieren oder zumindest nicht noch zu fördern, dagegen die Arbeit in der Familie mit Sinn zu füllen, sie zu entlohnen und zu professionalisieren. Es muß aber gefragt werden, ob der im Familienbericht beklagten Tendenz zum Individualismus begegnet werden kann, indem die Zusammengehörigkeit, die Geborgenheit der Familie über Geld wiederhergestellt werden soll. Auch im Familienbericht wurde festgestellt, daß sich menschliche Qualitäten nicht mit Geld allein verwirklichen lassen, dies trifft aber gerade auch IN und FÜR die Familie zu. Das Abschieben von Problemen in den privaten Bereich hebt diese Mängel nicht per se auf. Die Einschränkung sozialer Dienste z.B. stellt die Familie wahrscheinlich eher vor noch größere Probleme: Isolation und Abschottung gegen soziale Beziehungen, obgleich sie Potentiale von Freiheit und Autonomie enthalten, befähigen die Familie nicht automatisch zur Lösung ihrer Probleme, sondern verstärken diese möglicherweise. Der Versuch der Rekonstruktion von Privatheit ist kurzsichtig und übersieht, daß so nicht Probleme gelöst werden können, die ihre Ursache gerade in der komplizierten Verschränktheit von Beruf, Gesellschaft und Familie haben. Die Strategie der Reprivatisierung ist zwar im Sinn der Erhaltung der Eigenstruktur von Familie verständlich, m.E. aber schlicht überaltert.

4. Beabsichtigte und nicht-beabsichtigte Wirkungen der Familienpolitik

Politische Maßnahmen sind prinzipiell offen in ihren Wirkungen; das Ergebnis bestimmter politischer Strategien hängt von so vielen nichtbestimmbaren Faktoren ab, daß es sich kaum voraussagen und nur wenig beeinflussen läßt. Wie aus der Analyse familienpolitischer Maßnahmen deutlich wurde, teilt die Familienpolitik dieses Problem jeglicher Politik: Die - von mir als wahrscheinlich unterstellten - Wirkungen decken sich z.T. nicht mit den Intentionen der Familienpolitik, sondern sie liegen möglicherweise sogar quer zu ihnen. Deutlich wurde dies vor allem bei der in Ansätzen durchgeführten Entlohnung von familialer Arbeit und Kindererziehung, ebenso bei der (formalen) Gleichstellung familialer Arbeit mit Berufsarbeit in ihrer Auswirkung, z.B. auf die soziale Sicherung von Frauen. Wieso stellen sich aber bestimmte familienpolitische Maßnahmen für Familie eher problematisch oder zumindest ambivalent dar? Diese Frage läßt sich nicht beantworten, ohne nicht die Eigenstruktur von Familie zu erläutern. Familienpolitik hat - dies muß, obgleich trivial, noch einmal gesagt werden - primär die Erhaltung dieser Eigenstruktur zum Ziel. Das Dilemma der Familienpolitik mit ihren Maßnahmen, Familie eher in Frage zu stellen als zu stabilisieren - so meine Vermutung -, dürfte deutlicher werden, wenn wir uns genauer ansehen, was Familie in dieser Gesellschaft strukturell betrachtet eigentlich ist; welche Beschaffenheit und Besonderheit die Institution eigentlich hat, auf deren Erhaltung die Familienpolitik abzielt. [17]

Die Grundlage der Eigenstruktur [18] von Familie ist ihre Form, die Privatheit. Wie an anderer Stelle ausführlicher dargestellt (vgl. OSTNER/PIEPER i.d.Bd.), bedeutet die Privatheit der Lebensform Familie, daß diese prinzipiell offen ist für beliebige inhaltliche Bestimmungen, die nicht unmittelbar der Sicherung des Lebensunterhalts dienen. Die Privatheit ist der Familie als Bedingung allerdings vorgegeben: Familie als private Lebensform kann ihre materielle Existenz in der Regel nur sichern, wenn wenigstens ein Familienmitglied dauerhaft erwerbstätig ist oder ausreichende Versorgungsansprüche aus Erwerbsarbeit besitzt. Der Gegensatz von Beruf und Hausarbeit ist somit konstitutiv für beide Bereiche.

Jeder Aspekt der Eigenstruktur kann allerdings bestimmte, ihm entsprechende Probleme nach sich ziehen: Die Privatheit der Familie z.B. entspricht nicht nur einem Bedürfnis der Menschen, sondern sie bedeutet auch die Parzellierung der Lebensbereiche, die Aufspaltung des Alltags in verschiedene Fragmente, die sich zwar ergänzen, aber auch in erheblichem Widerspruch zueinander stehen können. Beruf und Familie stellen jeweils unterschiedliche Anforderungen an das Arbeitsvermögen, und beide sind "begrenzt" und "vereinseitigt" [19]. Ihre

---

17 Die Ausführungen zur Eigenstruktur von Familie sind theoretische Bestimmungen dessen, was Familie in dieser Gesellschaft ausmacht. Damit ist noch nichts darüber gesagt, was empirisch konkret in Familie geschieht, sondern darüber, welche Bedingungen für Familie gesetzt sind. Diese Ausführungen können hier nur thesenhaft gemacht werden, ausführlicher dazu OSTNER/PIEPER i.d.Bd. und in Vorbereitung befindliche Projektarbeiten.

18 Die Eigenstruktur von Familie läßt sich zumindest solange nur schwerlich positiv bestimmen, wie nicht eine ausreichende Anzahl empirischer Untersuchungen über Familienleben vorhanden ist. Deshalb entwickeln wir die Eigenstruktur von Familie noch weitgehend als Anforderungsstruktur, d.h. wir versuchen herauszufinden, welche gesellschaftlichen und individuellen Anforderungen an sie gerichtet werden. Ich frage im folgenden vor allem nach den gesellschaftlichen Anforderungen an Familie.

19 Diese These ist ein Fazit aus der Krankenschwesternstudie, vgl. OSTNER/BECK-GERNSHEIM 1979.

jeweilige Begrenztheit wirkt dabei dynamisch:Sie läßt jeweils soviel an Bedürfnissen unbefriedigt, daß diese sich als Hoffnung an den je anderen Bereich wenden. So läßt häufig Familie den Wunsch nach Berufstätigkeit entstehen und Beruf die Sehnsucht oder die Notwendigkeit von Familie. Auch wenn Familie optimal verläuft, so treibt sie doch, bedingt durch ihre Begrenztheit und Einseitigkeit, Menschen aus ihr heraus. Das gleiche gilt umgekehrt für Beruf.

Doch Familie soll ja gerade anders sein als Beruf: Ihre Andersartigkeit im Vergleich zu Beruf [2o] ist nicht nur ein konstitutives Moment, sondern auch der Bezugspunkt, an dem sich die Hoffnungen und Interessen der Familienmitglieder festmachen. Sie soll außerfamiliale Defizite wettmachen und Probleme kompensieren, denn in der Chance und in der Hoffnung auf die Realisierung von Interessen, die über Beruf hinausgehen, bzw. dort verdrängt werden, liegt der Anspruch und die Berechtigung von Familie.

Auch hier stellt sich aber ein Problem ein: Familie soll zwar anders sein, und zwar ganz spezifisch anders als Beruf, dennoch soll sie aber auch nicht zu 'eigenlogisch' werden. Gerade weil Familie eine private Lebensform ist, ist ihre Eigenlogik nur schwer zu kontrollieren. Familie darf - gemessen an gesellschaftlichen Anforderungen - immer nur soweit eigenlogisch werden, wie sie damit noch objektive gesellschaftliche Bedürfnisse befriedigt. Familienpolitik hat damit ein ambivalentes Interesse an der Eigenstruktur: Sie muß sie fördern, weil sie Familie ausmacht, aber sie will sie auch kontrollieren, damit diese sich nicht "unter der Hand" verselbständigt [21].

Die Besonderheit familialer Arbeit - zu sehen z.B. an anderen Zeitstrukturen und Wissensformen - im Vergleich zu beruflicher

---

2o Die Anforderungen der Andersartigkeit an Familie ist historisch neu, vgl. hierzu BOLLINGER i.d. Bd..

21 Hier deutet sich ein Problem an, auf das ich an späterer Stelle noch einmal zurückkomme: Offensichtlich decken sich die als allgemeine, gesellschaftliche konstatierten Interessen an Familie nicht unbedingt mit den Interessen derer, die in ihr leben.

ergibt sich nicht nur aus ihrer Privatheit, d.h. auch ihrer nicht direkten Tauschbezogenheit, sondern auch aus ihrem 'Arbeitsgegenstand' Mensch. Familiale Arbeit ist immer bezogen auf Menschen, die zumeist enge emotionale und sexuelle Beziehungen zueinander haben [22]. Obgleich diese Emotions- und Naturgebundenheit - naturgebunden durch die Bezugnahme auf körperliche Bedürfnisse - nicht spontan oder naturwüchsig ist, sondern hergestellt durch äußere Bedingungen wie z.B. den verdrängten Naturbezug beruflicher Arbeit, unterscheidet sie doch familiale Arbeit von anderen Arbeitsformen. Die Bedingungen und Formbestimmtheit der Andersartigkeit familialer Arbeit durch die industriell-kapitalistische Produktionsweise schließt nicht aus, daß im familiären Bereich tatsächlich eigenständige Qualitäten und ihre - im Vergleich zu anderen Bereichen - unterschiedliche Gewichtung beinhaltet sind oder sich dort eher realisieren lassen.

Eine der besonderen Qualitäten von Familie soll z.B. die Möglichkeit der Befriedigung emotionaler und sexueller Bedürfnisse sein. Familie erhebt den Anspruch auf die Ermöglichung exklusiver Liebesbeziehungen, sie soll als Bereich erscheinen, der frei von Arbeit ist und sich durch seine Emotionalität, seine Freiheit von Zwang auszeichnet. Die Arbeit von Frauen in der Familie - obgleich gesellschaftlich notwendige Arbeit, die früher sehr wohl als gleichwertiger Beitrag zum Überleben geachtet wurde -, tritt heute auf in der Erscheinungsform von Liebe, sie wird als Liebesdienst umdefiniert. Die Verschleierung des Arbeitscharakters von familialer Arbeit ist auch im Zusammenhang zu sehen mit ihrer Unbezahltheit. Diese ist zwar eine Ursache ihrer gesellschaftlichen Ächtung, drückt aber auch aus, daß sich familiale Arbeit bislang in einem gewissen Ausmaß der Zeit- und Kostenökonomie der beruflichen Arbeitsweise entzieht.

Arbeit in der Familie ist aber nicht nur als Liebe 'getarnte' Arbeit, sondern sie ist tatsächlich auch Liebe. Sie hat wenig rein sachliche Aspekte, sondern ist immer eingebunden in Gefühle an nahestehenden Personen. So liegt in der Familie

---

22 Vgl. hierzu das Konzept familialer Arbeit bei OSTNER/PIEPER i.d. Bd..

auch die Intention und die Chance, "menschliches Leben als für sich gesetztes zu realisieren" (DAHLKE, 1978,4). In der Familie hat die Frau immer den 'ganzen Menschen' vor sich, nie seine bloße Arbeitskraft. Es können hier ein Stück weit 'ungebundene' Bedürfnisse zum Tragen kommen, denn "Hausarbeit ist in jeder Einzelheit ein Doppeltes, die wirkliche, widersprüchliche Einheit zweier Momente, der Vollzug ökonomischer Gesetze und der menschliche Gegenzug, der zumindest als Anlage und als Bedürfnis, als Möglichkeit und als Wunsch existiert". (ebd.) Da die Familie ihre Basis und ihre Legitimation in der emotionalen Bindung der Personen hat, vermischt sich in ihr stets die Arbeit mit den Bedürfnissen und der Betroffenheit der ganzen Person. Die Aufspaltung in den Teil der Person, der liebt und lebt, und den, der arbeitet gilt hier noch weniger als in der Berufsarbeit.

Die Liebe ist somit untrennbarer Bestandteil familialer Arbeit (vgl. auch BOCK/DUDEN 1977 und KONTOS/WALSER 1979), aus diesem Grund hat die Hausfrau notwendigerweise eine mangelnde Distanz zu ihrer Arbeit. Die Frau ist als Hausfrau total ins System Familie integriert, ja von ihm aufgesogen, sie hat wenig andere relevante Bezugspunkte. Deshalb kann sie sich - ohne Alternativen und ohne Distanz zu Familie - schwerlich abgrenzen, sie 'geht' - wie man so schön sagt - 'in der Familie auf'. Diese mangelnde Abgrenzungsmöglichkeit ist aber ein Problem, das aus der Struktur der Familie folgt, es trifft alle Familienmitglieder,wenn es sich auch insbesondere auf Frauen auswirkt. Denn Familie ist strukturiert als System von Nähe, Bindung, Zusammengehörigkeit etc. Sie beruht bislang i.d.R. auf der direkten persönlichen und meist auch ökonomischen Abhängigkeit der Frauen; sie scheint für ihr Gelingen eher symbiotische Persönlichkeitsstrukturen zu benötigen und verhindert damit die Entfaltung eigenständiger, autonomer Persönlichkeiten [23]. Das 'Abgrenzungsproblem', d.h. die Unfähigkeit, ausgewogen mit Nähe und Distanz umzugehen und "dialogische, auf Gegenseitigkeit beruhende Beziehungen mit klarer Abgrenzung zwischen ICH und DU" (PIEPER 1979,6) einzugehen, hat m.E. seine Ursache in der Anforderung an Familie, ein exklusives und enges Liebes- und Beziehungssystem zu sein.

---

23 Diese Begriffe sollen nicht allzu positive Erwartungen wecken, gemeint ist lediglich eine größere Unabhängigkeit von Selbständigkeit erstickenden Bedingungen.

Da dieses Abgrenzungsproblem v.a. von Seiten der Frauen zunehmend diskutiert wird, ergibt sich die paradoxe Situation, daß z.B. in den Konzepten von Ehe- und Familientherapie autonomere Persönlichkeiten nun als Voraussetzung für das Gelingen von Familie gefordert werden, obgleich diese zumindest bislang durch familiäre Strukturen eher verhindert wurden und "unpassend" schienen. Es bleibt offen, inwieweit Familie mit solch allseits selbständigeren Persönlichkeiten schlechter oder besser fortbestehen könnte. M.E. würde die Integration selbständiger Personen in Familie für diese problematische Veränderungen ihrer bisherigen Struktur erfordern. Offensichtlich ist in Familie nicht nur die Chance, sondern auch der Zwang zur Nähe angelegt, und dieser kann soweit zum Problem werden, daß er zu einer Distanzierung von Familie führt. (Vgl. auch OSTNER/BECK-GERNSHEIM 1979). Diese innere Dynamik von Familie ist aber, wie schon mehrmals erwähnt, nur EINE Ursache der Individualisierungsbestrebungen.

Setzen wir nun diese Bestimmungen der Besonderheit von Familie in Beziehung zu den analysierten Wirkungen familienpolitischer Maßnahmen, so stellen wir fest, daß einzelne Elemente der Eigenstruktur von Familie durch eben diese Maßnahmen eher in Frage gestellt als gestützt werden. Familie soll - so lauteten gesellschaftliche Anforderungen an sie - ein privater und tauschfreier Bereich sein, ein Bereich der Liebe und der Nicht-Arbeit, ein Bereich, der möglichst wenig solche Strukturen aufzeigt, die denen der Berufsarbeit ähneln, die Anerkennung von familialer Arbeit als Arbeit, Schritte zur ökonomischen und sozialen Gleichstellung der Frauen, die zunehmende Verrechtlichung von Familie und die ansatzweise verwirklichte Entlohnung von Kindererziehung laufen jedoch diesen Anforderungen an die Eigenstruktur von Familie eher zuwider. Jede einzelne der dargestellten Maßnahmen beinhaltet in unterschiedlichem Ausmaß zweierlei, sowohl die Stärkung und Aufwertung der Familie als auch die Gefährdung[24] ihrer Eigenstruktur und zeigt somit eine ganz spezifische Widersprüchlichkeit auf.

---

24 Wir müssen allerdings Familie als eine ambivalente Struktur in Erinnerung behalten: Selbst wenn sie objektiven Anforderungen und subjektiven Wünschen nicht entspricht, wenn sich ihre Problemlagen eher verstärken, so erfüllt sie doch immer noch am ehesten z.B. Bedürfnisse nach Sicherheit und Geborgenheit, die bislang keine andere private Lebensform so zu gewähren scheint. Die Haltung der kritischen Distanz zu Familie ist die eine Seite, eine mögliche Zunahme ihrer Bedeutung die andere: Selbst wenn Familie auf einer Seite etwas weggenommen wird, gewinnt sie vielleicht doch auf der anderen etwas hinzu - von einer Auflösung, einem 'Umkippen' der Familie kann bislang keine Rede sein.

Welches sind die Ursachen dieser Widersprüchlichkeit, die, langfristig betrachtet, die Erfüllung der Ziele von Familienpolitik eher zu verhindern scheinen? Familienpolitik ist verschiedenen Problemen ausgeliefert, die teilweise typische Probleme von Politik sind, die sie aber auch dem besonderen Gegenstand der Familienpolitik verdanken. Einige dieser 'Dilemmata' der Familienpolitik sollen abschließend angedeutet werden:

- Zunächst einmal stellt sich, bei näherer Betrachtung heraus, warum es so problematisch ist, von DER Familienpolitik zu reden, ohne zwischen Intentionen und der faktisch durchgeführten Familienpolitik zu differenzieren. Die konkrete Umsetzung der Zielvorstellungen von Familienpolitik hängt von einer Anzahl oft unüber- und undurchschaubarer Faktoren ab. Die Einschätzung bestimmter gesellschaftlicher Situationen wie z.B. die Frage, ob Familie sich in einer existentiellen Krise befindet oder nicht und darauf sich beziehende Maßnahmen sind in einem hohen Ausmaß abhängig von der parteipolitischen Richtung jeweiliger Familienpolitik.

  Die unterschiedliche Gewichtung von Strategien wie z.B. die Privatisierung oder Öffnung von Familie bestimmt sich nach politischen Kriterien der einzelnen Parteiprogramme. Zugeständnisse im Hinblick auf eine weitere Selbständigkeit von Frauen sind eher von einer SPD/FDP-Politik zu erwarten, die weniger rigide am traditionellen Familienbild festhält, obgleich es letztlich auch bei ihr um die Erhaltung von Familie zu gehen scheint. Sie unterstützt geschickt die Selbständigkeit über die Förderung der Berufstätigkeit von Frauen und versucht qua Rollentausch ebenso die Familie zu stabilisieren. Die Verknüpfung der Refamilialisierung mit Zugeständnissen an Frauen sieht hingegen bei der CDU/CSU eher so aus, daß sie z.B. über die Zahlung des Erziehungsgeldes direkt die Frauen in ihrer Rolle als Mütter, eingebunden in Familie, aufwertet. Deutlich wird hierbei auch die Unterschiedlichkeit - je nach politischer Ausrichtung - der Zielgruppen bei den Frauen.

  Neben prinzipiell unterschiedlichen politischen Strategien sind zusätzlich die jeweiligen lokalen und regionalen politischen Gegebenheiten zu beachten, die eine Pointierung oder Vernachlässigung der Familienpolitik zur Folge haben können. Zudem hängt die Art der Ausführung mancher auf Bundesebene festgesetzter Regelungen letztlich von einzelnen Länderregierungen und Stadtverwaltungen ab. Oft hat das, was an einem bestimmten Ort als Familienpolitik sichtbar wird, etliche politische Instanzen durchlaufen und kann auf diesem Wege, im Vergleich mit der ursprünglichen Absicht, durchaus verändert werden, oder - auch das ist möglich - es verdankt sie im Gegenteil der Initiative einzelner Personen. Familienpolitik ist zudem nur einer von mehreren Politikbereichen, der auf Familie Einfluß hat; eine wichtige Bedingung familiären Lebens hängt aber z.B. ab von der Wohnungspolitik. Verschiedene Politikbereiche unterliegen aber je eigenen Zielsetzungen, die durchaus in Widerspruch zueinander stehen können. Hierbei bleibt offen, welche Politik jeweils den Vorrang hat bzw. sich durchsetzen kann. Wichtig, wenn nicht ausschlaggebend ist auch die personale 'Besetzung' von Stellen, im familienpolitischen Bereich: Den Frauen, die sich in der letzten Zeit vermehrt innerhalb der politischen Institutionen für die Interessen von Frauen einsetzen, kann nicht einfach die allgemein handlungsleitende familienpolitische Strategie der Refamilialisierung zugeschrieben werden, zumindest nicht auf der Ebene ihrer subjektiven Absichten. Im Gegenteil, ihrem Einsatz sind sicher einige der politischen Zugeständnisse an Frauen zu verdanken. Es läßt sich zusammenfassen, daß die Widersprüchlichkeit der Familienpolitik, noch unabhängig von ihren Inhalten, u.a. in der Irrationalität des Politikgeschehens seine Ursache hat, so daß es letzten Endes sogar eher verwunderlich ist, wenn die auf oberster Ebene festgelegten Zielvorstellungen der Familienpolitik sich tatsächlich erfolgreich durchsetzen können.

- Die Widersprüchlichkeit der Familienpolitik entspricht innerem Widerspruch von Familie: Familie als private Lebensform ist nun mal nicht - leider und glücklicherweise - von außen gänzlich manipulierbar. Die rührt zum einen aus der prinzipiellen Offenheit von Familie für unterschiedliche inhaltliche Bestimmunge, und zum anderen aus ihrer Form der Privatheit.Aus dem Umstand der begrenzten Regulierbarkeit des Privaten folgt für Familienpolitik ein zwiespältiges Interesse an der Erhaltung dieser Privatheit. Einerseits muß sie diese als Konstituens von Familie schützen, andererseits aber verfolgt sie ganz bestimmte Interessen an Familie - z.B. nach mehr Kindern-, denen offensichtlich nicht ohne weiteres nachgekommen wird (vgl. Geburtenrückgang). Um diese durchzusetzen, muß sie in die Privatheit der Familie eingreifen und löst sie damit tendenziell auf. Da Familie aber ihr 'Handlungsfeld' ist und sie auf die Gestaltung familienexterner Bedingungen noch weniger Einfluß hat, ist dies ihre einzige Möglichkeit zu agieren. Familienpolitik ist ein Widerspruch in sich, sie ist in gewisser Weise notwendig zum Scheitern verurteilt. Die Beispiele im Text illustrieren dieses Dilemma, wobei dieses sich allerdings insofern zuzuspitzen scheint, als die gewählten Eingriffe in Familie vermehrt problematische Wirkungen hervorrufen. Die Maßnahmen scheinen Familie in einer elementareren Weise zu tangieren als dies z.B. über die Erhöhung des Kindergeldes in den sechziger Jahren geschah.

- Die Wahl dieser die Eigenstruktur von Familie berührenden Maßnahmen kommt nun nicht von ungefähr: Sie hängt zusammen mit den weiter oben beschriebenen Veränderungstendenzen in Familie, Beruf und Gesellschaft. Diese Veränderungstendenzen treffen auf bestimmte familiale Anforderungsstrukturen: Die Tendenz zur Individualisierung z.B. verläuft entgegengesetzt zu dem Anspruch an Familie, hier Nähe, Bindung und Zusammengehörigkeit zu erfahren. Die widersprüchlichen Strategien der Familienpolitik spiegeln damit auch einen Widerspruch zwischen 'alten', d.h. allgemeinen und 'neuen' Anforderungen an Familie wider, die sich z.B. aus der Unsicherheit beruflicher Perspektiven und veränderten Qualifikationsanforderungen ergeben. Familienpolitik versucht, diese Veränderungstendenzen, die Familie z.T. in Frage stellen, in den 'Griff zu kriegen'. Neben dem allgemeinen Interesse der Familienpolitik, Familie zu erhalten, hat sie in einem gewissen Ausmaß die Absicht, Veränderungen aufzugreifen und zu integrieren, wenn sie nicht Gefahr laufen will, an der Realität von Familie vorbeizugehen und damit ihr Ziel noch gründlicher zu verfehlen. Aus der Verknüpfung der Ziele von einerseits Erhaltung der traditionellen Eigenstruktur und andererseits der Anpassung an bzw. Integration von Veränderungen lassen sich einige der Widersprüchlichkeiten der aktuellen familienpolitischen Maßnahmen erklären, so wird auch verständlich warum 'familienfremde' Elemente wie Bezahlung in die Familie hineingetragen werden. Sie sind mehr oder weniger hilflose und einseitige Versuche, familienstabilisierende Ziele, wie z.B. die Erhöhung der Geburtenrate, zu erreichen und eine Entwicklung einzuholen, die sie nicht zuletzt der ambivalenten Struktur von Familie selbst verdankt.

- Allerdings findet nicht alles, was sich in der Familie ändert, seinen Ausdruck in der Familienpolitik, sondern lediglich das, was von ihr als relevant, sprich als bedrohlich erachtet wird, aber davon auch nur das, was seinen Weg durch die verschiedenen Nadelöhre staatlichen Handelns findet. Selbst wenn nun aber bestimmte Strategien gewählt werden, um Entwicklungen und Veränderungen zu kontrollieren oder in die gewünschte Richtung zu beeinflussen, sagt das noch nichts darüber, wie erfolgreich sie sich 'nach unten' vermitteln können. Denn Familienpolitik als staatliches Handeln steht vor dem strukturellen Problem, bei Menschen bestimmte Handlungen hervorrufen zu wollen, die zwar einem objektiven gesellschaftlichen Bedürfnis, nicht aber unbedingt dem Bedürfnis der Menschen entsprechen. Dieses Vermittlungsproblem, das aus dem Auseinanderfallen von Staat und Gesellschaft entsteht, kann hier nicht zureichend dargestellt werden, es läßt sich lediglich feststellen, daß eine Deckungsgleichheit der Interessen der Familienpolitik und der Menschen an Familie nur begrenzt vorhanden ist. Wie ein solcher Vermittlungsprozeß abläuft, d.h. was geschieht, wenn relevante gesellschaftliche Bedürfnisse weitervermittelt werden sollen, ist offen; festzuhalten bleibt, daß zumindest die Privatheit der Familie eine Grenze solcher Vermittlung darstellt.

Es kann also zusammengefaßt werden, daß die Widersprüchlichkeit und die Mischung der Strategien der Familienpolitik ihre Ursache sicherlich z.T. in den oben genannten 'Dilemmata' hat. Auch der Teil der Strategien, der auf Öffnung familialer Strukturen und Individualisierung[25] hinausläuft, rüttelt aber nicht an dem

25 Die Individualisierung ist dabei nur im indirekten Sinn eine Strategie, sie ist eher ein Zugeständnis an und Nachvollzug von Individualisierungstendenzen. Familienpolitik bestärkt diese, z.T. wahrscheinlich unfreiwillig.

'eigentlichen' Ziel, Familie als alternativlose Institution zur Herstellung und Wiederherstellung von Arbeitsvermögen zu erhalten. Das begrenzte Zulassen von Individualisierungstendenzen dient letztendlich dem gleichen Ziel: Auch solche 'progressiven' Maßnahmen bezwecken[26] - von einer strukturellen Ebene aus betrachtet - die Integration bedrohlicher Entwicklungen in Familie. Diese doppelte Strategie der Familienpolitik ist m.E. derzeit ihr besonderes Kennzeichen, sie läßt sich deshalb auch nicht als schlicht konservativ abtun.

Hier liegt auch für Frauen eine Chance, Verbesserungen ihrer Situation zu erreichen. Denn bestimmte Regelungen, die in der Familienpolitik ausgehandelt werden, könnten durchaus dazu beitragen, alltägliche Belastungen der Frauen zu vermindern, wie z.B. gleitende Arbeitszeiten, Mutterschaftsurlaub etc. Solche Verbesserungen sind zu befürworten und in Anspruch zu nehmen, es darf dabei aber nicht vergessen werden, aus welchem staatlichen Interesse an den Frauen heraus solche Zugeständnisse zustande kommen. Stets sollte vom Standpunkt der betroffenen Frauen aus die Langzeitperspektive bestimmter Maßnahmen mitbedacht werden. Es sollte bei der Diskussion von Reformen etc. gefragt werden, welche Perspektiven den Frauen durch sie eröffnet oder verschlossen werden. An der Widersprüchlichkeit der Familienpolitik können auch jene Frauen ansetzen, die innerhalb der Familienpolitik versuchen, diese mehr von der Betroffenenperspektive aus zu gestalten. Der Beitrag dieser Frauen zur Familienpolitik ist nicht als 'Befriedung durch Zugeständnisse' abzutun, aber sie bestimmen noch sehr wenig, in welche Richtung Familienpolitik sich entwickelt. Doch auch diese Frauen müssen beachten, daß die Unterstützung so mancher Selbständigkeitsbestrebungen und die finanzielle Förderung einiger Frauenprojekte weniger auf einer zunehmenden Orientierung der Familienpolitik an den Interessen von Frauen beruht, sondern solche Maßnahmen sich auch einer objektiv problematischen Entwicklung von Familie verdanken (z.B. dem Geburtenrückgang) oder lediglich die unumgängliche Aufhebung von Ungleichheit (vorgeschrieben z.B. durch verbindliche EG-Richtlinien) darstellen. In diesem Sinn kann Fa-

26 Die Intention darf aber nicht mit der Wirkung gleichgesetzt werden.

milienpolitik nur begrenzt und pragmatisch relativiert Politik im Interesse von Frauen sein, weil sie Frauen vorwiegend unter dem Gesichtspunkt ihrer Familien- und Gebärfähigkeit betrachtet und sie damit für gesellschaftliche Interessen funktionalisiert.

Wenn Zugeständnisse der Familienpolitik an aktuelle Entwicklungstendenzen so aussehen, daß die Maßnahmen zur Stabilisierung von Familie diese letztlich ihre Eigenstruktur angreifen, so bringt dies Familienpolitik in unauflösbare Konflikte. Wenn bzw. da ihr aber augenscheinlich keine anderen Maßnahmen zur Verfügung stehen, so befindet sich Familienpolitik in einem strukturellen Dilemma. Beinhalten manche Maßnahmen tatsächlich die Veränderung oder Aufhebung familiärer Strukturen, so könnte auch die umsichtigste und vorausplanendste Familienpolitik ihrem Gegenstand keinen guten Dienst erweisen. Ist dieses Dilemma tatsächlich unauflöslich,und Familie könnte zumindest nicht mit Hilfe solcher Strategien langfristig stabilisiert werden, so gibt es zwei mögliche Folgerungen: a) Die 'Mißerfolge' der Familienpolitik sollten nicht länger als Anpassungsproblem oder als Resultat zufällig falscher Familienpolitik interpretiert werden, sondern möglicherweise hat sich Familie, gemessen an gesellschaftlichen Anforderungen und subjektiven Interessen schlicht überlebt; b) Familie kann sich nur an den eigenen Haaren aus dem Sumpf ziehen, die äußeren Strukturen, in die sie eingebunden ist, müßten verändert werden. Familienpolitik ist dabei überflüssig bzw. sie kann nur Schaden anrichten s.o., sinnvoll wäre sie nur als Politik, die gezielt auf die externen Strukturen einwirkt, z.B. als Wirtschafts-, Arbeitsmarkt- und Umweltpolitik.

Frauen sollten unabhängig von strukturellen Problemen der Familienpolitik versuchen, ihr Interesse oder Nicht-Interesse an Familie herauszufinden, zu artikulieren und durchzusetzen.

Barbara Pieper

KINDERSPIEL IM WOHNBEREICH: EIN "VORPROGRAMMIERTER" KONFLIKT +

Inhaltsübersicht

+ Idee und Material zu diesem Aufsatz basiert auf einem Vortrag, den ich am 29. Juni 1979 an der Fachhochschule Weihenstephan, Fachbereich Landespflege im Rahmen eines "Fortbildungsseminars zum Planungsbereich 'Kinder-Spiel-Platz' in der Stadt" gehalten habe: "Spielen von Kindern als Konfliktquelle im Wohnbereich"

1. Einleitende Bemerkung zu Einschränkung und Bearbeitung des Themas

Das Thema, um das es hier geht, interessiert mich aus zweierlei Sicht:

a) beruflich, denn nach einigen Jahren der Beschäftigung mit Stadtsoziologie arbeite ich nunmehr im Rahmen des Sonderforschungsbereichs 1o1 der Universität München über den Zusammenhang von Berufsarbeit und Familienleben. In diesem Projekt bearbeiten wir zu dritt u.a. die Frage, welche Unterschiede, Gegensätze und Besonderheiten zwischen Berufsarbeit und der Arbeit zu Hause bestehen; mit welchen unterschiedlichen, häufig unvereinbaren Arbeitsanforderungen die Menschen im Beruf und in der Familie konfrontiert werden; und wie sie die Spannungen und Konflikte angehen, die sich hier - wie wir meinen - zwangsläufig ergeben (vgl. OSTNER/PIEPER in diesem Band).

Konflikte im Wohnbereich lassen sich denn auch m.E. nicht allein durch die soziale und räumliche Struktur des Wohnviertels erfassen. Ich gehe vielmehr davon aus, daß die Art und Weise, wie in unserer Gesellschaft gearbeitet wird, wie z.B. Arbeit organisiert, strukturiert und verteilt ist, je unterschiedlich nach Bereichen und Personen, auch für die hier interessierende Fragestellung bedeutungsvoll ist. Die Erörterung eines alltäglichen Konfliktes, wie er etwa aus der Reaktion einer erbosten Nachbarin auf (verbotenes) Ballspielen im Hof entstehen kann, muß daher, so meine ich, auch diese Zusammenhänge mitberücksichtigen und verdeutlichen. Im folgenden soll dies allerdings eher auf der Phänomenebene als analytisch (theoretisch) geschehen [1].

---

1 Um den Charakter dieses Aufsatzes als ein Beispiel für ganz konkrete Konflikte im Arbeitsbereich Familie zu wahren, werde ich die theoretischen Implikationen des Zusammenhangs unterschiedlicher Formen von Arbeit in unserer Gesellschaft nicht im einzelnen darlegen, sondern jeweils auf unsere Projektüberlegungen verweisen, wie sie in diesem Band zusammengestellt sind. Das gleiche gilt für den hier verwendeten (sehr weit gefaßten) Arbeitsbegriff, vgl. dazu die Einleitung dieses Bandes.

b) Das Thema interessiert mich zum anderen auch privat: Als Mutter eines Kindes im Vorschulalter habe ich unzählige Stunden auf Kinderspielplätzen verbracht, bzw. nehme mehr oder weniger engagiert an alltäglichen Auseinandersetzungen zwischen Kindern und Erwachsenen der Nachbarschaft teil. Ich betrachte mich also beruflich und privat sowohl als "Experte" wie als "Betroffene" [2].

Zur Vorgehensweise im einzelnen:

Ich werde zunächst kurz auf die Bedeutung des Spiels (2.1.) und der Wohnumgebung (2.2.) für Kinder eingehen und hieran die Bedeutung des Raumfaktors für Arbeit in der Familie erläutern (2.3.). Dann möchte ich an Beispielen zeigen, wie Konflikte beim Spiel von Kindern (oft) "vorprogrammiert", d.h. strukturell angelegt und auch bei guter räumlicher Ausstattung und Gestaltung nicht (immer) vermeidbar sind (3.1., 3.2.). Ich führe dies auf die Vielfalt und Vielzahl von sich wechselseitig bedingenden Faktoren zurück, die im Streit um den Ball in Nachbars Garten zum Ausdruck kommen. Einen Versuch, wenigstens einige dieser Bedingungen übersichtlich zu systematisieren, unternehme ich in Abschnitt 4. In einem kurzen Ausblick möchte ich schließlich dafür plädieren, unsere alltäglichen großen und kleinen Konflikte als solche wahrzunehmen; zu überlegen, wie sie zustande kommen und zu lernen, mit ihnen umzugehen ("Konfliktverarbeitung").

2. "Spielen" und "Wohnen" im Kontext von Arbeit in der Familie

2.1. Zur Bedeutung des kindlichen Spiels [3]

Zunächst möchte ich zur Veranschaulichung dessen, was "Spielen" für Kinder heute bedeutet, einige Beispiele anführen:

Beispiel I:
Ein Kind zieht eine Garnrolle aus dem Nähkasten seiner Mutter hinter sich her. Das Kind fühlt sich als Pferd, die Garnrolle ist ein Wagen.

---

2 Inwieweit diese gelebte Verschränkung von Berufs- und Privatleben meine Projektarbeit zu eben diesem Zusammenhang fördert oder behindert, lasse ich dahingestellt.

3 Es sprengt den Rahmen dieses Aufsatzes, im einzelnen auf die Bedeutung des Kinderspiels einzugehen. Weiterführende Literatur vgl. z.B. ERIKSON 1974, darin vor allem Kap. 6 "Spiele und Gründe", JOHANSEN 1978, darin vor allem Kap. 5 "Spielen" und OERTER 1969[5]

Kommt nun die Mutter und entreißt empört dem Kind die Garnrolle, wird es zurückverwiesen von dem stolzen starken Gefühl, ein Pferd zu sein, auf seine ohnmächtige, abhängige Lage als Zweijähriger. Aus seiner Sicht wird sein Tatendrang, sein Stolz, sein Einfallsreichtum abgewürgt. Eine ausgeruhte und empathische Mutter hätte sich vielleicht in das Kind hineinversetzen können und vorgeschlagen, Pferd und Wagen jetzt in den Stall zurückzufahren.

Beispiel II:
Ein Kind erklimmt ein Klettergerüst: "Dies ist mein Schiff. Ich bin der Kapitän." Das Kind hat eine bestimmte Körperbeherrschung (Klettern) geleistet und überträgt - übersteigert - diese seine Leistung in die Phantasiewelt: Es kann nicht nur Klettern, es ist auch mutig, kühn, stolz, unabhängig wie der Kapitän eines großen Schiffs. Das Kind erobert sich nicht nur das Klettergerüst; es erobert sich die Welt der Meere gleichzeitig. Das Kind macht einen Schritt über die Wirklichkeit hinaus - einen Entwicklungsschritt mit dem Ziel, irgendwann einmal selbständig und erwachsen zu werden.

Beispiel III:
Eine Gruppe Kinder legt auf einem Weg im Wohnquartier eine Hafenanlage an: Steinchen werden zur Seite gekratzt, frisch gemähtes Gras wird zu Begrenzungen, Kieselsteine zu Schiffen etc. Die Kinder trauen sich also in Teamarbeit Planung, Baudurchführung und Inbetriebnahme einer Hafenanlage zu, und zwar mit einem Minimum an Spielmaterial. Die Kinder sind mit Feuereifer bei der Sache - bis der Hausmeister kommt, die Hafenanlage zerstört und die Kinder vertreibt.
Der Hausmeister handelt nach Vorschrift. Die Vorschriften spiegeln Kostenüberlegungen zur Pflege der Grünanlagen eines Wohnquartiers, Ruhebedürfnisse der Anwohner, ästhetische Gesichtspunkte und vieles mehr wider. Die "Kosten", die bei den Kindern durch solche Vorschriften entstehen, sind nirgendwo berücksichtigt: Wut, Enttäuschung, Verzweiflung, Resignation.

Das Spiel dieser Kinder ist keine "wertlose Tändelei" (OERTER, 1969,213). Die Kinder setzen sich vielmehr im Spiel auseinander mit sich, ihren eigenen Möglichkeiten, Fähigkeiten und den Dingen und Menschen ihrer Umwelt, wie diese sich ihnen darstellt. So läßt sich in unserer Gesellschaft das Spiel des Kindes beschreiben als die als kindgemäß betrachtete Form "der menschlichen Fähigkeit, Modellsituationen zu schaffen, um darin Erfahrungen zu verarbeiten und die Realität durch Planung und Experimente zu beherrschen" (ERIKSON, 1974,216) mit dem Ziel, allmählich selbständig zu werden.

Anders als in früheren Jahrhunderten (vgl. ARIES 1976, JOHANSEN 1978) oder in anderen Kulturen sind Kinder heute abgeschnitten von den Lebenszusammenhängen, in die sie hineinwachsen sollen. Anders als in der "Modellsituation Spiel" können sie z.B. mit der beruflichen Arbeitswelt, mit modernen Verkehrssystemen und Gefahrensituationen kaum unmittelbare Erfahrungen machen. So gesehen erhält das Spiel für Kinder eine je zentralere Bedeutung, je ausschließlicheres (zugelassenes) Betätigungsfeld es für sie wird. Folgen dieser gesellschaftlichen Entwicklung von Kindheit als "Moratorium" bis zu dem Zeitpunkt, an dem aus Kindern erwachsene und erst dann als "vollwertig" betrachtete Mitglieder der Gesellschaft werden, sind abzusehen: Wird ein Kind, ohnehin bereits verwiesen, auf einen höchst eingeschränkten Sektor gesellschaftlicher Realität, nun auch noch bei seinen Spielaktivitäten behindert, eingeschüchtert, entmutigt und enttäuscht; kann es nicht nach den ihm einsehbaren "Vorschriften" der Dinge (vgl. die Eigengesetze der Naturaneignung z.B.) handeln, sondern soll es dabei ihm uneinsichtigen und willkürlich erscheinenden Vorschriften folgen (s.o. Beispiel III), sind die Chancen seiner Entwicklung zu einem selbstbewußten, selbständigen und lebensbejahenden Menschen beeinträchtigt.

2.2. Zur Bedeutung der Wohnung und der Wohnumgebung für Kinder [4]

Das Kind verbindet Erfahrungen, Eindrücke und Erlebnisse mit ganz bestimmten räumlichen Gegebenheiten. Es lernt auf diese Weise, seinem eigenen Körper, den Personen und Dingen seiner Umwelt ganz bestimmte Eigenschaften zuzuordnen und Bedeutungen zu verleihen; und es lernt, sein Verhalten damit in Einklang zu bringen. Zum Beispiel:

Der Herd ist heiß; Lutschen ist lustig, doch offenbar von der Mutter wenig geschätzt; das Wasser im Waschbecken ist "gut", das im WC "schlecht"; der Rasen im Hof darf nicht betreten werden - hat der Vater es eilig, tut er es trotzdem, usw. usw.

Wie schwer ist es für ein Kind, sich in der Welt zurechtzufinden? Herauszufinden, wie was funktioniert, Spaß macht, weh tut, verboten und erlaubt ist?

---

4 Auch hier kann nicht im einzelnen auf den Zusammenhang von Kindern und Wohnen eingegangen werden. Vgl. weiterführend z.B. BAHRDT 1974,121-146, WENZ-GAHLER 1979 und SPITZER 1979, BUNDESMINISTER für JUGEND, FAMILIE und GESUNDHEIT 1976, BAUWELT 198o

Die räumliche Umgebung, in der das Kind aufwächst, gibt also eine wesentliche Rahmenbedingung dafür ab, wie das Kind die Welt be-greift, erkundet, erlebt, sich an ihr erfreut, leidet; wie es Vertrauen in die Welt erwirbt oder ihr mit Skepsis begegnet. Findet es Wohnverhältnisse und Bezugspersonen [5] vor, die Anregung und Anreize bieten zum ungehinderten Spiel, wird es Zutrauen zur Welt fassen und sich neugierig und wißbegierig in sie hineinbegeben (vgl. WENZ-GAHLER 1979,3o2). Das heißt: Wohnung und Wohnumgebung sind der erste Ort, wo sich das Kind Lebenswirklichkeit aneignet und hierbei schrittweise sog. "Muster sozialräumlicher Orientierung" und "Muster sozialräumlichen Verhaltens" entwickelt (vgl. MATTHES 1978,157). Das Kind lernt sozialräumlich, indem es z.B. erfährt, daß Erkunden (des Wohnzimmers etwa) Begrenzung beinhaltet (geschlossene Tür oder Verbot). Und es lernt durch Wiederholung derselben Erfahrung die unterschiedliche Nutzung und Zugänglichkeit unterschiedlicher Räume zu unterschiedlichen Zeiten für unterschiedliche Personen: Ins Wohnzimmer darf es nur, wenn der Vater abends nach Hause kommt und nicht zu erschöpft ist!

Im Mikrokosmos Wohnung/Wohnumgebung übt das Kind also Verhaltensstandards und übernimmt Wertorientierungen antizipatorisch, d.h. bezogen auf sein späteres Leben als Erwachsener, nicht auf seinen jetzigen Entwicklungsstand: Es übt die Trennung in öffentliche ("draußen") und private ("drinnen") Räume - auch wenn es "draußen" vielleicht höchst private oder intime Dinge verrichten, "drinnen" dagegen - z.B. durch das spontane Mitbringen familienfremder Personen zum Essen - eine Quasi-Öffentlichkeit herstellen möchte. Es lernt Funktionsbereiche zu unterscheiden und schließlich zu akzeptieren, auch wenn es viel lieber im Bad kochen und im Wohnzimmer schlafen möchte.

---

5 Wenn ich hier die Bedeutung des Raumes für die kindliche Entwicklung betone, geschieht dies nicht, um die der Bezugsperson(en) zu mindern, sondern um eine oft genug vernachlässigte Komponente hier besonders zu berücksichtigen.

Und es übernimmt die Vorstellung, daß zu Hause gewohnt und eben nicht gearbeitet wird - das gibt es nur im Beruf - auch wenn es ständig hört, wieviel Arbeit ein Kind mache [6].

Zusammenfassend läßt sich sagen: Die Trennung der Bereiche in "Wohnen" und "Arbeiten" bleibt letztlich ebenso unvollständig, wie das Moratorium Kindheit nicht abzuschotten ist gegen Anforderungen, wie sie von zukünftigen Arbeitskräften dieser Gesellschaft erwartet werden [7]. Einerseits sind Kinder abgeschnitten von Erfahrungen der Erwachsenenwelt und verwiesen auf den "Schonraum" Kindheit; andererseits dient eben diese "Schonzeit" u.a. dazu, Kindern losgelöst von je spezifischen unmittelbaren Erfahrungen und im Vorgriff auf die Welt der Erwachsenen, deren Standards beizubringen. So geben in vielerlei Hinsicht auch die räumlichen Bedingungen ein Spiegelbild dafür ab, wie die sozioökonomischen und psychischen Voraussetzungen aussehen, unter denen Kinder in unserer Gesellschaft aufwachsen: Überspitzt formuliert: "Leben Lernen" findet statt als "Lernen" getrennt von "Leben" (vgl. OSTNER/PIEPER in diesem Band).

2.3. Zur Bedeutung der räumlichen Dimension von Arbeit in der Familie

Aus diesen Überlegungen zur Bedeutung der Wohnumwelt für Kinder geht implizit hervor, daß "Wohnen" offenbar mehr beinhaltet, als sich an einem bestimmten Ort aufzuhalten. Ich möchte nun der Frage nachgehen, was "Wohnen" in unserer Gesellschaft heißt; und was es bedeutet, daß Arbeit in der Familie ein materielles Substrat voraussetzt: den Raum, in dem sie stattfindet.

HERLYN plädiert für einen Wohnbegriff, der abstellt auf ein bestimmtes soziales Verhalten zu einer bestimmten Zeit an einem bestimmten Ort. In seinem Sinn umfaßt Wohnen

---

6 Daß hierbei auch immer ganz bestimmte Zeitstrukturen unserer Gesellschaft miteingeübt werden, lasse ich hier unberücksichtigt.

7 vgl. zur Art und Weise wie Arbeit in der Familie heute auf berufliche Arbeit bezogen bleibt ("Formbestimmtheit von Hausarbeit") OSTNER 1978, insbes. Kap.4 und darin S. 185f.

"alle jene sozialen Handlungen und Verhaltensweisen (...), die gewohnheitsmäßig, d.h. alltäglich am Ort des ständigen Aufenthalts stattfinden" (HERLYN 197o,5o und HERLYN/HERLYN 1976,25ff.)

Bezogen auf die Familie stellt Wohnen in diesem Sinn die Voraussetzung dafür dar, daß überhaupt so etwas wie familiale Arbeit stattfinden kann: Die Familienmitglieder gehen alltäglich, gewohnheitsmäßig (= Zeitdimension) am Ort ihres ständigen Aufenthalts (= Raumdimension) miteinander um: Sie wohnen zusammen (= soziale Dimension). (Familien-)WOHNEN als räumlich-zeitlich-soziales Geschehen umfaßt so gesehen die Summe aller Lebensvollzüge der Familie am Ort ihres ständigen Aufenthaltes.

Im Vergleich zu philosophischen, statistischen [8] und juristischen Definitionen von Wohnen (vgl. dazu im einzelnen HERLYN 197o), ist es für einen soziologischen Zusammenhang sicher von Vorteil, Wohnen als raum-zeitlich-soziales Geschehen zu verstehen. Dennoch erweist sich HERLYNs Wohnbegriff für unsere Überlegungen zur Arbeit in der Familie bzw. hier zur Einbeziehung der räumlichen Dimension in eine Theorie familialer Arbeit als wenig brauchbar. Das liegt darin begründet, daß sein Wohnbegriff das Wohn(selbst)verständnis unserer Gesellschaft unhinterfragt widerspiegelt [9]: "Wohnen" hat nichts mit "Arbeiten" und "Arbeiten" nichts mit "Wohnen" zu tun. Diese

---

8 Der Statistiker kennt keine Definition von "Wohnen", sondern stellt ab auf den Begriff der Wohnung im Sinn einer "vollständigen Wohneinheit". Diese "ist eine Kombination von miteinander verbundenen Räumen, die gemäß den in unserer Gesellschaft allgemein anerkannten Vorstellungen die ungestörte (!, B.P.) geordnete Führung eines Haushalts, einer Gruppe oder einer Einzelperson gestattet. (...) Eine vollständige Wohnung muß also über Einrichtungen verfügen, die der Gruppe, die in ihr ihren Haushalt führt, erlaubt, sich nach außen abzuschließen" (BAHRDT 1971,33).

9 Diese Kritik trifft HERLYN stellvertretend auch für andere. BAHRDT z.B. nimmt ebenfalls eine definitorische Anpassung vor, wenn er den Herstellungszusammenhang zwar erwähnt, hieraus aber keine Konsequenzen für seine Begriffsbildung zieht: "Die von uns für selbstverständlich angenommene Wohnvorstellung setzt voraus, daß "Wohnen" und "Erwerbsarbeit" räumlich und zeitlich getrennt sind. (...) Es hat hier eine aktive Anpassung an einen Zustand stattgefunden, der ursprünglich völlig ungewohnt war (...)" (BAHRDT 1971,35).

Trennung ist jedoch - wie bereits angesprochen (vgl. 2.2.) - fiktiv und führt, wird sie definitorisch wiederholt, in eine Sackgasse:

Alltäglich gewohnheitsmäßig am Ort des ständigen Aufenthalts miteinander umzugehen, trifft auch für Betriebsangehörige im Betrieb und Langzeitpatienten im Krankenhaus zu. Dagegen hält sich so mancher Erwerbstätige höchst selten zu Hause auf. Und sogar in der Familie ist der Aufenthalt in der Wohnung bzw. der Wohnumgebung so "ständig" nicht und kann obendrein bei den einzelnen Familienmitgliedern je nach Phase im Familienzyklus so unterschiedlich sein, daß die Familie kaum Gelegenheit findet, alltäglich gewohnheitsmäßig miteinander umzugehen (vgl. PIEPER/PIEPER 1975,24ff., insbes.26).

Es ist Anliegen dieses Bandes, Familie als Arbeitsbereich auszuweisen. Das gleiche gilt für "Wohnen": Der Hinweis auf die Geschichte des Wohnens und auf unterschiedlichste Wohnformen in anderen Kulturen mag an dieser Stelle hinreichen, die Art und Weise, wie wir heute wohnen, als Ergebnis sozio-ökonomischer und soziokultureller Entwicklungen zu sehen, ebenso wie umgekehrt Wohnverhältnisse ihrerseits die gesellschaftliche Entwicklung mitprägen (vgl. MÜLLER 1979, ZIMMERMANN 1979). Das heißt im einzelnen: Das Entstehen von "Wohnen" als ein von "Arbeit" getrennter Bereich ist ebenso wie die Kultivierung von "Wohnen" als scheinbar arbeitsfreie Sphäre in engem Zusammenhang zu sehen mit der Herausverlagerung und Verberuflichung von Arbeit aus der Familie. Was der Familie an (weitgehend reproduktiven) Lebensvollzügen verbleibt bzw. ihr neu zuwächst - und dazu gehört auch die Sorge um die sozialräumlichen Voraussetzungen ihrer Existenz -, erhält für die Familie, und hier insbesondere für die im Hause verbleibende Frau, eine zunehmend zentrale Bedeutung. Diese ist je ausschließlicher, je mehr andere Arbeitsinhalte fehlen bzw. der eigenen Verfügung und Gestaltung entzogen sind [1o] (vgl. dazu 3.2.).

So läßt sich die Bedeutung von "Wohnen" für die Menschen in unserer Gesellschaft aus den gleichen Entwicklungsbedingun-

---

1o vgl. in diesem Zusammenhang z.B. die Funktion representativen Wohnens der großbürgerlichen Familie im 19. Jahrhundert und die Bedeutung, die die (Haus-)Frau hierbei der Wohnkultur zumaß. Vgl. dazu HAIKO/REISSBERGER 1979 und den Aufsatz von A. KLEIN in diesem Band.

gen der Herausverlagerung von Arbeit aus der Familie und Parzellierung von Lebensvollzügen herleiten, wie die Bedeutung des Spiels für Kinder (s.o. 2.2.) in Abhängigkeit zu sehen ist mit der Herausbildung von Kindheit als einem für sich abgesonderten Bereich.

Parallel zum Bedeutungszuwachs von "Wohnen" und "Spielen" in der und für die Familie findet ein Zugriff von außen auf diese (noch) in der Familie verbliebenen Lebensvollzüge statt: Den Strukturprinzipien unserer Gesellschaft folgend entstehen Industriezweige und Berufe rund um "Wohnen" und "Spielen" bzw. "Kindheit", die nun ihrerseits den Trend der Herausverlagerung von Arbeit aus der Familie verstärken: Die Wohn- und Spielzeugindustrie bis hin zur Wohnberatung, zu Spieltherapien im Rahmen von Erziehungs-, Familien- und Freizeitberatung (vgl. OSTNER/PIEPER in diesem Band).

Um die genannten Schwierigkeiten einer Definition von "Wohnen" zu vermeiden, möchte ich hier den Begriff "Wohnen" nicht weiter verwenden. Statt dessen werde ich unsere Überlegungen zur Arbeit in der Familie um die räumliche Dimension erweitern und "familiale Reproduktion" als raum-zeitlich-soziales Geschehen verstehen. "(Familien-)Wohnen" geht dann hierin auf.
Damit plädiere ich nicht dafür, Wohnbegriffe überhaupt zu streichen. Nur: Da es hier um den Zusammenhang unterschiedlicher Formen von Arbeit in unserer Gesellschaft geht (vgl. Einleitung), ist eine Definition von "Wohnen" wenig hilfreich, die eine Trennung von "Wohnen" und "Arbeiten" als gegeben voraussetzt und damit genau diesen Zusammenhang ignoriert.

Die räumliche Dimension in das Konzept von Arbeit in der Familie einzubeziehen, erweist sich nicht zuletzt dann als wichtig, wenn es um konkrete Aussagen zum Arbeitsbereich Familie geht: Inwieweit z.B. eine Familie bereit und in der Lage ist, Hilfe von außen zu holen, wenn sie mit einer bestimmten Situation (Krankheit, Umzug, Beziehungsprobleme) alleine nicht mehr fertig wird, hängt u.a. auch davon ab, wie die Lebensvollzüge der Familie im Wohnbereich organisiert sind. Hat sich die Familie bereits räumlich und sozial isoliert oder bewirkt erst die zusätzliche Belastung die Abschottung von ihrer Umwelt?

Die Verflochtenheit von Familien in ihr je spezifisches räumlich-soziales Umfeld dürfte also von Bedeutung sein, wenn es darum geht aufzuzeigen, unter welchen Bedingungen die mehr oder weniger latente "strukturelle Anfälligkeit von Familien" heute (vgl. KAUFMANN 1975) umschlägt in manifeste Zustände oder Problemlagen, die die "Verarbeitungskapazitäten" und "-Kompetenzen" einer Familie überschreiten (vgl. OSTNER/PIEPER in diesem Band).

Für das Thema, das hier behandelt wird, möchte ich zwei Aspekte der sozial-räumlichen Umweltverflochtenheit von Arbeit in der Familie herausstellen [11]: Zum einen die Infrastruktur im Nahbereich des Wohnquartiers, d.h. den Raum, den die Familienmitglieder alltäglich und gewohnheitsmäßig in Anspruch nehmen wie Wege, Straßen, Grünanlagen, Läden etc. Und zum anderen den sozialen Kontext der Familie im Nahbereich des Wohnquartiers, d.h. die Menschen, mit denen sich die Familienmitglieder alltäglich gewohnheitsmäßig in ihrem Wohnbereich zu arrangieren haben, wie Nachbarn, deren Gäste, Hausmeister, Verkaufspersonal der Läden und Dienstleistungsbetriebe, ggf. Lehrer, Polizisten etc.

Wenn es mir - in Abschnitt 4 - darum geht, Konflikte beim Spiel von Kindern zurückzuverfolgen bis zu dahinterliegenden strukturellen Problemlagen, wie sie sich in Familien typischerweise vorfinden lassen, werde ich diese beiden Aspekte von Umweltverflochtenheit wieder heranziehen.

---

11 Ich greife hier auf Aspekte von HERLYNs Wohnbegriff zurück: HERLYN unterscheidet Innenaspekt (= Wohnung) und Außenaspekt (= Umweltbezug) von Wohnen. Diesen unterteilt er in a) die "ökologische Basis des Wohnens" und meint damit den auf den Nahbereich bezogenen "primär funktionalen Umweltbezug von Wohnen" (HERLYN 197o,45) und b) den "sozialen Kontext von Wohnen"; so nennt er den auf den Nahbereich bezogenen "primär kommunikativen Umweltbezug von Wohnen" (ebd.).

3. Interessenkonflikte beim Kinderspiel

Nachdem bisher nur ganz allgemein von der Bedeutung des Spiels und des Wohnumfeldes für Kinder die Rede war, möchte ich nun anhand von Beispielen alltägliche Konflikte beim Spiel der Kinder kommentieren.

Entgegen einer weitverbreiteten Meinung, die daran festhält, Konflikte unter Kindern und zwischen ihnen und Erwachsenen wären (weitgehend) vermeidbar, wenn die Raumplanung besser, die Erwachsenen verständnisvoller, die Kinder wohlerzogener etc. wären, halte ich die Zusammenhänge, um die es hier geht, für zu vielschichtig, um sie mit solchen monokausalen Erklärungen erhellen oder mit "Patentrezepten" verändern zu können. Ich werde ein Beispiel aus der Sicht der Kinder (3.1.) und eines aus der Sicht der Erwachsenen (3.2.) schildern. Die Vielschichtigkeit unterschiedlicher Interessenlagen von Kindern und Erwachsenen hoffe ich auf diese Weise herauszustellen.

3.1. Konflikte aus der Sicht der Kinder

Beispiel: Der einzige Spielplatz im Innenhof eines innerstädtischen Wohnblocks ist übersät mit Scherben von Glasflaschen, die größere Kinder dort mutwillig zerschlagen haben. Der Platz ist nicht mehr benutzbar. Der Hausmeister weigert sich, die Scherben zu beseitigen. Die Anwohner mit Ausnahme einiger Eltern bleiben gleichgültig.

Wie sieht dieser keineswegs ungewöhnliche Vorfall aus der Sicht jener Kinder aus, die sich mit dieser Aktion ihrer einzigen Freifläche beraubten?

Zunächst: An den räumlichen Gegebenheiten läßt sich ablesen, wie - in Bereiche getrennt - bei uns gearbeitet, gedacht, gespielt, geplant wird und Lebensvollzüge organisiert sind (s.o. S.214). Für den Wohnungsbau heißt das: Erwachsene planen und bauen Wohnungen und Wohnumgebungen für sich. Den Kindern wird ein ihnen von den Erwachsenen zugedachter abgesonderter Bereich zugewiesen: Kinderzimmer und Kinderspielplätze.

Zwar ist eine Voraussetzung von Kindheit, wie sie sich als "Moratorium" (s.o. S.115) historisch entwickelt hat, eben gerade, daß Kinder räumlich und sozial die Möglichkeit haben, für sich und unter sich sein zu können und sich zumindest zeitweise der unmittelbaren Kontrolle der Erwachsenen zu entziehen. Gleichzeitig findet sich hierin jedoch die ganze Ambivalenz des Strukturprinzips "Parzellierung" unserer Gesellschaft:

Kinder wollen und sollen sich die Welt, in die hinein *sie* erwachsen werden, zu *ihrer* Welt machen. Das geht nicht, ohne daß sie auch die Welt der Erwachsenen erkunden, miterleben, kennen, antasten und auch anzukratzen, in Frage zu stellen und zu verändern suchen - angefangen beim teuren Möbelstück oder einem sorgfältig gestalteten Parkweg bis hin zu allgemeinen Ge- und Verboten. Nimmt das Prinzip der Absonderung der Kinder in "Schonräume" (wer soll hier eigentlich vor wem und vor was geschont werden?) überhand, besteht die Gefahr, daß das Kind einer folgenschweren "Verengung" seiner Entwicklungsmöglichkeiten ausgesetzt wird: Wie soll es lernen, sich in einer immer komplizierteren Welt zurechtzufinden, wenn es nur die Kinderzimmer-, Spielplatz- und Fernsehwelt kennt? Der Konflikt, in den das Kind gerät, ist "vorprogrammiert":

- Ist es brav, paßt es sich an, bewegt es sich "vorschriftsmäßig" in vorgeschriebenen "Schonräumen", wird es all die Fähigkeiten verlieren, die es braucht, sich später in der Welt zurechtzufinden [12]. Bewahrt es sich Spontaneität und Neugier, wird es gegen die Vorschriften angehen und Nachbar, Hausmeister, Lehrer und wohl auch die Eltern gegen sich aufbringen.

---

12 Vgl. dazu die "vier Forderungen, was Kinder heute lernen sollten" des Bundesministers für Bildung und Wissenschaft Jürgen Schmude:
"o Sie sollten leben lernen, um sich Spontaneität und Neugierde zu bewahren.
o Sie sollten das Lernen lernen, um künftige Berufswechsel besser zu überstehen.
o Sie sollten das Zusammenleben lernen, um auch ihre Freizeit zu bewältigen.
o Sie sollten "Lust auf ihre Zukunft" lernen, um sich gegen Anpassung und Niedergeschlagenheit zu schützen."
(Süddeutsche Zeitung Nr. 1o6 vom 9.5.1979, S.7)

● Mit dem Alter der Kinder verringern sich die ihnen zugedachten "Schonräume". Woher nehmen 12jährige Kinder nun das Verhaltensrepertoire, sich auf öffentlichen Plätzen, im Straßenverkehr, in Gaststätten, im Wohnzimmer, in Hotels, bei öffentlichen Veranstaltungen oder privaten Feiern "richtig" zu benehmen, wenn sie zuvor weitgehend ferngehalten wurden von Erfahrungsbereichen dieser Art?

● Je nach Länge und Art der Ausbildung dauert es heute in der Regel 15-3o (!) Jahre, ehe das "Kind" die sogenannten "Schonräume" primärer und sekundärer [13] Sozialisation verläßt und unmittelbar mit der "Arbeitswelt" konfrontiert wird: So wird es zu Beginn seines (beruflichen) Arbeitslebens einen "Praxisschock" und einige Jahrzehnte später umgekehrt einen "Pensionsschock" erleiden.

Widersprüchlich genug erweisen sich "Schonräume" nicht nur als Fiktion sondern obendrein auch als Bumerang: Die Parzellierung von Lebenswirklichkeit in "Wohnen" und "Arbeiten"; in die Welt der Kinder und die der Erwachsenen; Werthaltungen wie "erst die Arbeit - dann das Spiel"; die Zeit- und Kostenökonomie unserer Lebensweise beinhalten Widersprüchlichkeiten, Unvereinbarkeiten und Gegensätze, die i n d i v i d u e l l d.h. von den Personen alltäglich und in ihrem Lebenszusammenhang verkraftet und ausbalanciert werden müssen. Das "Training", hierzu beginnt im Kindesalter [14]. Und so kann es niemanden wundern, wenn Kinder mit der gleichen Rigidität antworten, mit der die Umwelt ihnen begegnet, wie der Fall der mutwilligen Zerstörung ihres Spielplatzes zeigt: Eingeengt, eintönig wie die Spielparzellen und die Verhaltensvorschriften selbst, greifen sie zu ähnlich eindimensionalen Mitteln, wie ihre Umwelt sie

---

13 Daß die Schule alles andere als ein "Schonraum" ist, hat sich inzwischen allgemein herumgesprochen.

14 Auf den Zusammenhang zwischen sozialräumlicher Absonderung von Kindern und der Einübung in Fähigkeiten von Vereinzelung und Konkurrenz, wie sie für eine spätere Lohnarbeiterexistenz gefordert sind, kann ich hier nicht eingehen (vgl. dazu kurze Hinweise in 2.2.)

ihnen anbietet und sich ihnen darstellt: Zerstörung (oder Selbstzerstörung) bleibt ihnen als (verzerrte) Form der Auseinandersetzung mit der Welt.

3.2. Konflikte aus der Sicht der Erwachsenen

Beispiel: In einem Vorort möchten einige Bewohner eine Spielstraße für Kinder einrichten:
"Der Vorstand des Quartiervereins unterstützte die Idee. Eine Versammlung mit den Anwohnern brachte eine Ernüchterung ohnegleichen. Dem Einfamilienhausbesitzer standen die Rosen in Gefahr, der Schichtarbeiter glaubte tags keine Ruhe mehr zu finden (obwohl z.B. der unnötige Durchgangsverkehr beseitigt worden wäre!), der Hauswart von Block X bangte um seinen Rasen, viele befürchteten, ihren beliebten Autoabstellplatz zu verlieren und dadurch aus eigener Kraft einige Schritte zu Fuß gehen zu müssen, bis zu egoistischen Äußerungen es könnten sich zusätzliche Kinder aus den umliegenden Wohnbereichen vor ihren Häusern tummeln" (in: anthos, Zeitschrift für Garten- und Landschaftsgestaltung, 1/1979, S.35).

Spontan mag sich Empörung einstellen: Sind Rasen, Rosen, Ruhe und Bequemlichkeit wichtiger als das Bedürfnis der Kinder zu spielen? Aus der Sicht der Erwachsenen zeigt sich, daß die Frage falsch - weil zu apodiktisch - gestellt ist; denn hinter Rosen, Rasen und Ruhe stehen ebenfalls zentrale Bedürfnisse: die der Erwachsenen. Im Beruf, im Verkehr, bei Behörden und sogar in der Freizeit - überall wird den Erwachsenen abverlangt, Rücksicht zu nehmen, Wünsche und Hoffnungen zurückzunehmen, zurückzustellen oder aufzugeben. Sie sind Ärger und Enttäuschungen ausgesetzt. Ihre Kapazitäten sind begrenzt gemessen an den Anforderungen, all diese Erfahrungen verarbeiten zu müssen. Von Kindheit an daran gewöhnt, Bedürfnisse getrennt und je unterschiedlichen Bereichen des Lebens zugeordnet zu befriedigen - zumindest dem Anspruch nach - möchten sie wenigstens zu Hause ihre Ruhe haben, Zuwendung erhalten, Harmonie erleben und sinnvoll für sich selbst ("do yourself" for yourself) arbeiten. Die Mißachtung seiner sorgfältig gezogenen Rose erfährt der Züchter nicht zuletzt auch als Mißachtung seiner Arbeit um ein Produkt, dessen Erstellung e r plante, ausführte und über dessen Nutzung e r verfügt. Solche Hingabe an eine Rose zu belächeln, fällt dem umso leichter, der wie z.B. ein Kind die Auswirkungen psychosozial restriktiver Arbeitsbedingungen nicht kennt oder alltäglich an sich erfährt.

Mit diesem Beispiel soll nun nicht der Eindruck erweckt werden, Rosenzüchten könne Deformationen kompensieren, wie sie sich aus immer wieder abverlangter vereinseitigender Beanspruchung durch Berufsarbeit ergeben (vgl. BECK, BRATER, DAHEIM 198o). Ich möchte mit diesem Beispiel lediglich veranschaulichen, wie weit bei formaler Trennung zwischen "Wohnen" und "Arbeiten" berufliche Arbeitsbedingungen in den Privatbereich hineinreichen [15]. Räumliche und gestalterische Maßnahmen mögen Konflikte um Rosen und Rasen im Wohnquartier entschärfen. An den eigentlichen Ort der Entstehung reichen sie jedoch nicht heran.

Die räumlichen, sozialen und psychischen Bedingungen ihrer "Schonraumsituation" tragen dazu bei, daß Kinder oft genug keine oder nur vage Vorstellungen von den Belastungen, Wünschen, Bedürfnissen und Ängsten ihrer Eltern haben. Sie müssen Rücksichtnahme, Bedürfnisaufschub und Toleranz in der Familie und im Wohnbereich erst lernen. I h r e Kapazitäten an Energie, Bewegungsdrang, Lärmerzeugung, Erfindungsgabe usw. sind ganz erstaunlich groß. Konfrontationen beim Zusammenleben von Kindern und Erwachsenen sind unvermeidlich. Kindern Regeln des

---

15 Für erwerbstätige Frauen, die sich alltäglich den widersprechenden Strukturen und Anforderungen zweier Arbeitsbereiche zu stellen haben, sehen Versuche der Kompensation von Belastungen und Konflikten ihrer Arbeit anders aus: Vereinseitigende Beanspruchung durch Hausarbeit werden mit Blick auf die anderen Erfahrungsmöglichkeiten im Beruf und Zumutungen durch Berufsarbeit in Erwartung auf das andere Leben zu Hause durchgehalten (vgl. OSTNER 1979 und Projekt TU Hannover 1978). Wenn es ihnen gelingt, jenseits dieser mehrfachen Belastungen überhaupt noch Zeit zu erübrigen, dann verwenden sie diese für Dinge, die es ihnen erlaubt zu tun, was s i e wollen, vgl. z.B. ECKART, JAERISCH, KRAMER 1979, die 71 Arbeiterinnen im Alter von 18-55 Jahren über ihre Arbeit in Familie und Fabrik befragten: "(Frage: Wieviel freie Zeit haben Sie noch, was tun Sie am liebsten?) Mein Hobby ist der Garten. Im Sommer mach ich das zuallererst, wenn ich heimkomme. Dann mach ich erst mal 'ne halbe Stunde oder 'ne Stunde. Das ist meine Freizeit. Kann ich so machen, wie ich will. (F: Wofür hätten Sie am liebsten mehr Zeit?) Auch wieder die Blumen, hauptsächlich die Blumen. Das wär schon einmal das erste." (C 1o.11.5o)

Im eigenen Garten kann sie in Abgrenzung zur Fabrik und zu ihren familialen Verpflichtungen machen, was sie will." (ebd. 483)

Zusammenlebens vorbildhaft vorzuleben und beizubringen, o h n e ihren "Willen zu brechen", sie einzuschüchtern, ihnen Lebensfreude und Eifer zu nehmen, bedeutet Arbeiten; nämlich alltäglich anstrengendes, aufregendes aber auch anregendes Austragen der Konflikte ("Konfliktverarbeitung") zwischen Kindern, deren Eltern und Nachbarn - wenn auch in unterschiedlichem Ausmaß und unterschiedlicher Intensität.

4. Interpretation der Konflikte in Kategorien struktureller Problemlagen von Arbeit in der Familie

Das Spielstraßenbeispiel sollte verdeutlichen, daß hinter den geäußerten Besorgnissen und Einwänden der Bewohner noch andere sehr grundsätzliche Konflikte sich verbergen, deren Kenntnis für die praktisch-politische Arbeit z.B. eines Grünplaners, Gemeinwesenarbeiters oder Nachbarschaftshelfers wichtig ist, z.B. um

- nicht unnötig lange über Rasen und Rosen zu debattieren, wenn ganz andere Interessen im Spiel sind,
- zu erkennen, wo die eigentlichen Bedenken und Bedürfnisse der Kontrahenten liegen,
- herauszufinden, ob, wo und wie sich Wege einer "Konfliktverarbeitung" eröffnen.

Wenn ich nun versuchen möchte, das höchst vielfältige und vielschichtige sozialräumliche Geschehen in einem Wohnquartier übersichtlich darzustellen und mir hierbei der Gefahr bewußt bin, vor lauter Systematisierung den lebendigen Alltag der Bewohner aus dem Blick zu verlieren, geschieht dies in folgender Absicht: Ich möchte zeigen, daß Konflikte wie die in den Beispielen geschilderten nicht willkürlich und unter liebenswürdigeren Menschen vermeidbare "Pannen" sind, sondern beschrieben und analysiert werden können als "strukturbedingte" Konflikte von Arbeit in der Familie. Was heißt das?

Bei aller Unterschiedlichkeit der Einzelfälle finden sich immer wieder (im großen und ganzen) ähnlich gelagerte "neuralgische Punkte", die den Familien in ganz bestimmten Lebensphasen und unter ganz bestimmten sozial-räumlichen und ökonomischen Bedingungen [16] zu schaffen machen [17]. In der folgenden Übersicht [18] habe ich nun versucht, personelle, zeitliche, ökonomische, räumliche und soziale Faktoren zusammenzustellen, die je nach Phase im Familien- und Wohnzyklus variieren. Die jeweilige Ausprägung und Kombination der Faktoren untereinander - z.B. geringer finanzieller Spielraum bei großem räumlichen Bedarf - deuten bereits einige typische Belastungen an, unter denen etwa junge Paare ihr gemeinsames Leben beginnen; Eltern ihre Kinder aufziehen; deren Selbständigwerden begleiten; ihren nachelterlichen Lebensabschnitt und schließlich ihr Alter gestalten. Ich habe mich in der Übersicht auf die typischen Lebensereignisse konzentriert, wie sie sich im Verlauf der "Normalbiographie" [19] von Familien heute ereignen und sich insoweit als konfliktträchtig erweisen können, als sie Anforderungen an die Familienmitglieder stellen (wie sie verbunden sind mit Ehebeginn, Umzug, Geburt, Berufsaufgabe der Frau etc.), denen diese u.U. nicht ohne weiteres gewachsen sind. Oft genügt bereits einer dieser in sich nicht unbedingt problematischen Anlässe, um Familien in handfeste Krisen geraten und/

---

16 Die psychischen Bedingungen sind hier nicht berücksichtigt.

17 Wie die Familien im einzelnen mit diesen Belastungen umgehen, ist ein anderes Thema; siehe dazu OSTNER/PIEPER in diesem Band.

18 Die Übersicht basiert auf einer Kombination des herkömmlichen Konzepts Familienzyklus (vgl. NEIDHARDT 1975,61ff.); des neueren des Wohnzyklus (MATTHES 1978); den Thesen KAUFMANNs zu Familienkonflikten und gesellschaftlichen Spannungsfeldern (KAUFMANN 1975), den genannten Aspekten der sozialräumlichen Umweltverflochtenheit von Arbeit in der Familie im Nahbereich eines Wohnquartiers (s.o. S.) und unseren (Projekt)Überlegungen zu strukturellen Problemlagen der familialen Form von Arbeit in unserer Gesellschaft (vgl. dazu auch die Einleitung in diesem Band).

19 Üblicherweise bezieht sich der Begriff "Normalbiographie" nur auf (Einzel-)Personen, während bei Familien von "Familienzyklus" gesprochen wird. Dieser Begriff blendet allerdings sozialräumliche Aspekte, wie sie im "Wohnzyklus" thematisiert werden, aus. Um das gesamte sozial-räumlich-zeitliche Geschehen in Familien begrifflich zu fassen, plädiere ich für die Erweiterung des Begriffs Normalbiographie auf die Familie und verstehe Familien- und Wohnzyklus dann als Unterkategorien der "Normalbiographie von Familien".

oder bisher latente Konflikte zum Ausbruch kommen zu lassen. Die "strukturelle Anfälligkeit" von Familie heute zeigt sich m.E. hierin deutlich (vgl. OSTNER/PIEPER in diesem Band).

Die Übersicht bezweckt zweierlei:

- Bezogen auf das Thema "Kinderspiel im Wohnbereich" soll sie in systematischer Form zeigen, wie sich je nach Familienstand, Familiengröße, jeweiliger Phase im Familien- und Wohnzyklus, je nach Tageszeit und Wochentag, je nach finanziellem Spielraum, Raumbedarf pro Person und Familie, je nach Abhängigkeit der einzelnen Quartierbewohner von der infrastrukturellen Ausstattung des Wohngebietes und von nachbarschaftlichen Kontakten u.a.m. wie Wohnlage und Verkehrsanbindung, die hier nicht berücksichtigt sind, die Bedürfnisse, Interessen und Erwartungen der einzelnen Bewohner an ihre Wohnung und ihre Wohnumgebung jeweils höchst u n t e r s c h i e d l i c h darstellen. Im Wohnquartier treffen nun diese unterschiedlichen Befindlichkeiten, Lebenslagen und Probleme der einzelnen Bewohner aufeinander.

  Bei genauerer Betrachtung zeigt sich deutlich, daß das Zusammenleben im Wohnquartier typische immer wieder anzutreffende Konflikte mit sich bringt - "vorprogrammierte" oder "strukturbedingte" Konflikte - und keineswegs der weit verbreiteten Wunschvorstellung vieler entspricht, ein von Konflikten und von "Arbeit" freier Bereich des Lebens zu sein.

- Bezogen auf das Anliegen dieses Bandes, Ansätze einer Theorie von Arbeit in der Familie zu formulieren, soll die Bedeutung, die der sozialräumlichen Dimension dieser Form von Arbeit zukommt, am Beispiel des Kinderspiels im Wohnbereich demonstriert und systematisch in unsere (theoretischen) Überlegungen zu Familienarbeit einbezogen werden (s.insbes. 2.3.). Die Übersicht stellt einen ersten Schritt in diese Richtung dar [2o].

2o Die Übersicht soll nicht zuletzt auch als Vorarbeit für die noch zu leistende Differenzierung unseres Konzepts familialer Arbeit nach "Milieu" und Abfolge der Familienphasen dienen.

Die Dimensionen dieser Übersicht sind weder erschöpfend noch genügend ausgewiesen; beides wird hier zunächst in Kauf genommen und bleibt späterer Ausdifferenzierung vorbehalten.

Ich möchte nun statt einer spaltenweisen Erläuterung der Übersicht am Beispiel des (verbotenen) Ballspielens im Hof die soziale Dynamik schildern, die hinter diesem alltäglichen Streit zwischen Kindern, Eltern und Nachbarn stecken könnte. Die in Klammern gesetzten Verweise auf die einzelnen Spalten der Übersicht sollen verdeutlichen, welche strukturbedingten Konflikte ich jeweils anspreche:

Fritz H.s Eltern befinden sich in einer finanziell sehr angespannten Lage: Gemessen am Bedarf einer vierköpfigen Familie reicht das Einkommen von Herrn H. nur knapp (IIe). Eine größere Wohnung (IIf) kann sich die Familie z.Zt. nicht leisten. Herr H. möchte sich beruflich und einkommensmäßig verbessern. Die damit verbundenen Anstrengungen bringen mit sich, daß er, wenn überhaupt, nur am Wochenende regelmäßig am Familienleben teilnehmen kann (IId).

Gerade in der Phase der Kleinkindererziehung ist Frau H. aber auf Entlastung durch ihren Mann angewiesen, zumal sie fremde Hilfe ungern annehmen möchte. Herr H. fährt mit dem Familienauto zur Arbeit; Frau H. kann Einkäufe, Arztbesuche, Spaziergänge, Kontakte zu anderen Menschen nur in der Nahumgebung der Wohnung machen (IIg,h). Anders als ihren Mann trifft sie Ärger mit den Nachbarn empfindlich (IIh). Sie neidet ihrem Mann seine Mobilität und leidet daran, daß der Kontakt zu ihrem ehemaligen Kollegenkreis allmählich abreißt (Ii/1). Mit ihrem Mann spricht sie nicht darüber. Sie möchte den Familienfrieden nicht gefährden (Ii/5). Sie ist öfters unkontrolliert zu ihrem Sohn, schickt ihn vor die Tür und hat dann ein schlechtes Gewissen.

Fritz fühlt sich weggeschickt, ist aber gleichzeitig bestrebt, seine Chance zu nutzen, unbeaufsichtigt die Nachbarschaft zu erkunden. Das Ballspielen im Hof ist verboten. Warum weiß Fritz nicht. Es kümmert ihn auch nicht weiter. Wo sollte er auch sonst spielen? (IIi/1). Allerdings hofft er, nicht gerade von Frau M. beim Ballspielen erwischt zu werden; denn sie holt jedes Mal den Hausmeister.

Die Wohnung von Frau M. ist seit dem Wegzug der Kinder zu groß für sie und ihren Mann (IIIf). Ihren Mann sieht sie nach wie vor selten, obwohl er beruflich weniger eingespannt ist als früher, dafür aber umso häufiger Kontakte zu seinen Vereinskollegen pflegt (IIId). Finanziell haben sie keine Sorgen (IIIe). Frau M. hofft auf Enkel (IIIi/4). Bisher ist es ihr noch nicht gelungen, neue Aufgaben zu finden oder neue Kontakte herzustellen (IIIi/2). Sie führt das auf ihre angegriffene Gesundheit zurück. Auch macht der Haushalt sehr viel Arbeit. Mit ihrem Mann kann sie darüber nicht sprechen, obwohl sie jetzt die Zeit

Übersicht: "Zusammenstellung möglicher Konflikte im Verlauf der "Normal-
(Auswahl unter Berücksichtigung sozialräumlicher Faktoren)

Phasen des		Strukturdaten			
Familien- zyklus (vgl.NEIDHARDT 1975 bes. S. 61 ff.)	Wohnzyklus (Vgl.MATTHES 1978)	perso- nelle Zusam- menset- zung	Zeitdi- mension (Tagesläufe der Familien- mitglieder)	ökonomische Dimension (finanz. Spielraum, finanz. Bedarf)	
a	b	c	d	e	
I. Vorberei- tungs- und Aufbauphase	eheliche Wohnungs- nahme (eigenständiges Woh- nen)	Mann Frau	ähnlich (wenn Mann u. Frau be- rufstätig)	finanz. Spielraum (bei Doppel- verdienern): groß finanz. Bedarf: groß	
II. Aufzuchts- und Er- ziehungs- phase	<u>Familienwohnen:</u> (Ausdifferenzierung von Mustern sozial- räumlichen Verhaltens) a. <u>Phase des Klein- kindes</u> Erkunden und Aneignen der familialen Wohn- umwelt und des Außen- spielbereichs b. <u>Phase des Kinder- garten- u.Schulkindes</u> Verarbeitung unter- schiedlicher sozial- räumlicher Lebensbe- reiche (Familie,Schu- le, Freizeit mit Gleichaltrigen) c. <u>Phase des Jugendli- chen u.jungen Erwach- senen</u> Tendenz zur sozial- räumlichen Verselb- ständigung	Mann Frau Kinder	sehr unter- schied- lich	finanz. Spielraum: sehr gering finanz. Bedarf: sehr groß	

biographie" von Familien

hinsichtlich der ...				(typische) Konfliktquellen, wie sie sich aus phasenspezifischen Anforderungen an die Familienmitglieder ergeben können (Auswahl) (vgl. KAUFMANN 1975; MATTHES 1978)
Raumdimension		sozialräumliche Dimension (Abhängigkeit v. sozialen Kontakten im Nahbereich)		
Innenaspekt (Raumbedarf i.d. Wohnung)	Außenaspekt (Abhängigkeit v. Infrastruktur im Nahbereich)			
f	g	h		i
gering	gering	sehr gering	1	• oftmals keine Vorerfahrung mit eigenständigem Wohnen;
			2	• mangelnde Vorbereitung auf Probleme des Ehealltags;
			3	• materielle Probleme bei und Gestaltungsprobleme der Wohnungseinrichtung;
			4	• Zusammenschrumpfen der sozialen Kontakte der Frau im Fall der Aufgabe der Berufstätigkeit; (auch in Phase II)
			5	• Bei zusätzlichen Belastungs- und Bewährungsproben (wie finanz.Engpässe, Krankheit, Geburten.) Gefahr voreiliger Kompromisse ("Konflikte unter den Teppich kehren") sog. "Pseudoharmonie"
sehr groß	für Frau und Kinder: erheblich für Mann: gering	für Frau und Kinder: erheblich für Mann: gering	1	Zu a: Bei strenger Trennung zwischen Kinder- u. Erwachsenenbereich (=Absonderung der Kinder ins Kinderzimmer u. auf Spielplätze) frühzeitige Einschränkung sozialer u. räumlicher Erfahrungsmöglichkeiten wie Neugierverhalten, Spieltrieb, Selbständigkeitsstreben →Gefahr der "Verengung der kindlichen Entwicklung"
			2	Zu b: Probleme des Ineinklangbringens unterschiedlicher sozialräuml. Erfahrung: Zu große Unterschiede von voneinander abgegrenzten Zonen wie Familienwohnen, Außenspielbereich, Schule →Konflikt und ggf. Schockerfahrung, die von Kindern u.U. nicht allein bewältigt werden können (vgl. hohe Zahl verhaltensgestörter Schulkinder)
			3	Zu c: Konfrontation der Jugendlichen mit ihren Eltern u. ihrer Umwelt beim Ausprobieren unterschiedlicher u. widersprüchlicher neuer sozialräumlicher Verhaltensweisen wie "Besetzen des Wohnzimmers für eigene Nutzung; "Verbarrikadieren" im eigenen Zimmer allein oder mit Gleichaltrigen "Vagabundieren" in öffentlichen Räumen; Versuche jugendlichen Einzel- und Gemeinschaftswohnens

Fortsetzung der Übersicht von S.

Phasen des		Strukturdaten		
Familienzyklus (vgl. NEIDHARDT 1975 bes. S. 61 ff.)	Wohnzyklus (Vgl. MATTHES 1978)	personelle Zusammensetzung	Zeitdimension (Tagesläufe der Familienmitglieder)	ökonomische Dimension (finanz. Spielraum, finanz. Bedarf)
a	b	c	d	e
III. Auflösungsphase ("nachelterliche Gefährtenschaft")	<u>Nachelterliches "Wohnen"</u> (sozialräumliche Neuorientierung und Umstellung des Wohnverhaltens)	Mann Frau	ähnliche falls Frau (wieder) berufstätig - sonst weiterhin unterschiedlich	finanz. Spielraum: groß finanz. Bedarf: gering
IV. Altenphase	<u>Alterswohnen</u> (Tendenz: Zusammenschrumpfen des Lebensbereichs mehr und mehr auf "Wohnen" = Totalisierung der Wohnerfahrung)	Mann und/oder Frau	ähnlich	finanz. Spielraum: sehr gering finanz. Bedarf: gering

hinsichtlich der...				
Raumdimension		sozialräumliche Dimension (Abhängigkeit v. sozialen Kontakten im Nahbereich)		(typische) Konfliktquellen, wie sie sich aus phasenspezifischen Anforderungen an die Familienmitglieder ergeben können (Auswahl) (vgl. KAUFMANN 1975; MATTHES 1978)
Innenaspekt (Raumbedarf i.d. Wohnung)	Außenaspekt (Abhängigkeit v. Infrastruktur im Nahbereich)			
f	g	h		i
gering	gering (falls Frau nicht berufstätig: teilweise)	gering (falls Frau nicht berufstätig: teilweise)	1 2 3 4	• Neugestaltung der Ehebeziehung (Ehealltag ohne Kind) • Suche nach neuen Aufgaben und Kontakten vor allem für die Frau • ggf. Aufgabe der bisherigen Familienwohnung; Eingewöhnung in neuer Umgebung • Wiederaufnahme und Intensivierung der Familienbeziehungen über Großelternschaft
gering	erheblich	erheblich	1 2 3	• Verminderung bisheriger sozialer Beziehungen (Tod des Ehepartners, der Freunde) • größere Wahrscheinlichkeit von Krankheitsanfälligkeit • Gefahr des Umschlagens von "Wohnen" in bloße Unterbringung

dazu hätten (IIIi/1). Vor allem erwartet sie jetzt Rücksichtnahme, so wie sie sich jahrzehntelang zurückgenommen hat. Vor allem Kindern gegenüber ist ihre Geduld am Ende. Die Vorstellung, in eine kleinere, komfortablere, ruhigere Wohnung einzuziehen, macht ihr Angst (IIIi/3). Einfacher ist es, die Nachbarskinder hier zurechtzuweisen...

Mit (Interpretations-)Hilfe der Übersicht können in gleicher Weise auch aus anderen alltäglichen Konflikten des Zusammenlebens im Wohnquartier jeweils die (typischen) strukturellen Problemlagen von Arbeit in der Familie herausdestilliert werden, die über die spezifischen Besonderheiten des Einzelfalles hinausgehen.

Solche strukturbedingten Konflikte ausfindig zu machen und öffentlich darzulegen, wie es das Anliegen dieses Aufsatzes ist, halte ich nicht zuletzt auch deshalb für wichtig, um zur praktisch-politischen Veränderung der Bedingungen beizutragen - sei es hier auch nur vom Schreibtisch aus -, die ihre Entstehung mitbedingen: indem ich versuche, theoretisch formulierte Herstellungszusammenhänge von Arbeit in unserer Gesellschaft auf einer sehr konkreten Ebene, wie die Übersicht sie darstellt, zumindest in einigen Aspekten transparent(er) und - wie ich hoffe - zugänglich(er) zu machen.

5. Ausblick: Möglichkeiten und Grenzen von "Konfliktverarbeitung" im Wohnbereich

Die Durchschnittlichkeit des Beispiels vom Ballspielen im Hof sollte verdeutlichen, um was es hier geht: Alltägliche Konflikte beim Spielen von Kindern im Wohnbereich stellen sich nicht eigentlich her durch bestimmte Machenschaften "böser" Kinder, Eltern, Nachbarn oder Hausmeister. Hinter den Konflikten verbergen sich vielmehr grundsätzliche Unterschiede in den Interessen, Bedürfnissen und Lebenslagen der einzelnen Bewohner. Diese bestimmen ihr Handeln und spiegeln sich in den räumlichen Gegebenheiten der Wohnungen und der Wohnumgebung ebenso wider, wie umgekehrt die räumlichen Vorgaben Konflikte in Familien mitbedingen.

Der erste Schritt, um zu einem besseren Zusammenleben von Kindern, Eltern und Nachbarn zu gelangen, ist m.E. n i c h t , Kinder oder Hausmeister zu verteufeln oder mit zusammengebissenen Zähnen über die Konflikte hinwegzusehen. Sinnvoller erscheint es mir, Konflikte in ihrem Herstellungszusammenhang zu erkennen; sie als berechtigte Interessenunterschiede unterschiedlicher Mitbewohner anzuerkennen, um dann (möglichst gemeinsam) nach Wegen zur Konfliktlösung zu suchen.

Dies klingt eher programmatisch als realistisch; denn Konfliktverarbeitung in diesem Sinn stellt sehr viel höhere Anforderungen [21] an die Kontrahenten als die üblichen Methoden gegenseitiger Diskriminierung, Verniedlichung und/oder Verdrängung von Konflikten: Sie erfordert z.B. Zeit, Geduld und Energie zu haben; etwas über Entstehung und Regelung von Konflikten zu wissen; sich ggf. an Vorbildern [22] zu orientieren oder neue Wege auch gegen Widerstände und Rückschläge zu beschreiten. Die Lebens- und Arbeitsbedingungen sehr vieler Familien werden diese Wege der Konfliktaustragung allerdings eher erschweren als ermöglichen [23].

Wenn ich dennoch für Konfliktverarbeitung in diesem Sinne plädiere, dann geschieht dies in folgender - nicht zuletzt durch eigene Erfahrung gestützten - Annahme: Die Chance, auf

---

21 Inwieweit sich in Familien Ansätze finden lassen, diesen Anforderungen doch gerecht zu werden, inwieweit z.B. solidarische Reste in Familien mobilisiert werden könnten, um eine situationsübergreifende Verarbeitung von Konflikten in der Familie, im Wohnquartier und vielleicht sogar im Beruf zu initiieren, einzuüben und üblich zu machen - zu dieser Frage über Möglichkeiten und Grenzen von Konfliktverarbeitung etwa durch Wissensvermittlung an Mütter, Elterngruppen, Familientherapie im Zuge einer Verberuflichung von Arbeit in der Familie siehe OSTNER/PIEPER in diesem Band.

22 Die Suche nach Vorbildern wird sich wohl weitgehend auf alternative Formen von Beruf, Familie und Politik konzentrieren müssen.

23 Vgl. hierzu Studien zu unterprivilegierten Familien wie z.B. FRIEDRICH u.a. 1979 und WAHL, GRAVENHORST, HONIG 198o

die Gestaltung des eigenen Lebens unmittelbar Einfluß nehmen zu können, sind nach den Strukturprinzipien unserer Gesellschaft j e n s e i t s des beruflich organisierten Lebensbereichs größer als in diesem [24]. Wie in den letzten 1o Jahren unterschiedliche Beispiele von Bürgerinitiativen (GROSSMANN 1971), Nachbarschaftshilfen (UFFRECHT o.J.), Modellen im Freizeit- (v. BUTLER 1976) und Wohnbereich (SPILLE 1975, SCHUBERT 1977) und gegenwärtig die Alternativbewegung (KRAUSHAAR 1978) zeigen, sind sich die Menschen Einflußmöglichkeiten dieser Art durchaus bewußt [25]. Hier anzusetzen und z.B. Erfahrungen solcher Aktionen auch für Konfliktverarbeitung im Wohnbereich zu nutzen, scheint mir nicht nur ein Schritt in die richtige Richtung, sondern auch trotz aller Widerstände und Widersprüche nicht von vorneherein zum Scheitern verurteilt zu sein.

---

24 Auf die theoretischen Implikationen dieser Annahme kann ich hier nicht eingehen. Vgl. dazu z.B. OFFE 1972, darin insbes.: "Bürgerinitiativen und Reproduktion der Arbeitskraft im Spätkapitalismus".

25 Als Anzeichen für eine neue Gewichtung und (Rück-)Besinnung auf den Privatbereich können auch Schlagworte von der neuen Innerlichkeit gelten (vgl. dazu Literaturmagazin Nr.9 1978 und MICHEL/WIESER 1979). Ob sich hier allerdings eine Entwicklung abzeichnet, die verändernde Aktionen im Reproduktionsbereich initiiert, bleibt abzuwarten.

LITERATURVERZEICHNIS

ALTMANN/KAMMERER 1970: Wandel der Berufsstruktur, München

ALTMANN/BECHTLE/LUTZ 1978: Betrieb-Technik-Arbeit. Elemente einer soziologischen Analytik technisch organisatorischer Veränderungen. Frankfurt/München

ANDRITZKY/SELLE (Hrsg.) 1979: Lernbereich Wohnen - Didaktisches Sachbuch vom Kinderzimmer bis zur Stadt, Reinbek

ANKARLOO,B. 1979: Agriculture and Women's Work: Directions of Change in the West, 1700-1900, in J. FAMILY HISTORY 4,1979, S.111-120

ARIES,Ph. 1975(1979[2]): Geschichte der Kindheit, München, Wien

ARTELT/HEISCHKEL/MANN/RUEGG (Hrsg.) 1969: Städte-,Wohnungs- u. Kleidungshygiene des 19. Jahrhunderts in Deutschland, Stuttgart

ASENDORF-KRINGS,I. 1979: Facharbeiter und Rationalisierung. Das Beispiel großbetrieblicher Instandhaltung, Frankfurt/New York

AUMÜLLER,U. 1974: Industrieschule und ursprüngliche Akkumulation in Deutschland. Die Qualifizierung der Arbeitskraft im Übergang von der feudalen in die kapitalistische Produktionsweise, in HARTMANN u.a. 1974, S.9-145

BÄCKER,G. 1979: Entprofessionalisierung und Laisierung sozialer Dienste - richtungsweisende Perspektive oder konservativer Rückzug?, in WSI MITTEILUNGEN 10/1979, S.526-537

BÄUERINNENPROJEKT ERLANGEN 1979: Zur Lage der Bäuerin im landwirtschaftlichen Kleinbetrieb, in POPPINGA 1979

BAHR,H.-D. 1976: Mißgestalten. Über bürgerliches Leben, Lollar

BAHRDT,H.P. 1971: Humaner Städtebau, Hamburg

BAHRDT,H.P. 1974: Umwelterfahrung, München

BAHRDT,H.P. 1974: Sozialisation und gebaute Umwelt, in BAHRDT 1974, S. 121-146

BAHRDT,H.P. 1980: Gruppenseligkeit und Gruppenideologie, in MERKUR Heft 2/1980, S.122-136

BAIER,L. 1978: Wer unsere Köpfe kolonialisiert. Zur Frage, ob die Emanzipation von der ratio fällig ist, in LITERATURMAGAZIN 9, 1978, S.74-88

BANNER,L. 1971: On Writing Women's History, in J.INTERDISC.HIST. 2, 1971,2, S.347-358

BATESON/JACKSON/LAING/LIDZ/WYNNE, 1969: Schizophrenie und Familie, Frankfurt

BAUER,J.M. 1967: Die Erhebung des Bayerischen zur großen Sprache durch Ludwig Thoma, in DÜNNINGER/KIESSELBACH 1967, S. 336-353

BAUER,M.: Das Liebesleben des deutschen Volkes, in BUSCHAN 1914

BAUWELT 1980, Heft 3/18.Jan.1980/71.Jahrgang: Kinder(t)räume

BEARD,M. 1947: Women as Force in History, New York

BECK/BRATER 1978: Berufliche Arbeitsteilung und gesellschaftliche Ungleichheit, Frankfurt/New York

BECK/BRATER 1978: Beruf, Herrschaft und Identität. Ein subjektbezogener Ansatz zum Verhältnis von Bildung und Produktion, in BECK/BRATER 1978, S.12-73

BECK/BRATER 1978: Grenzen abstrakter Arbeit, in BECK/BRATER 1978, S.266-311

BECK/BRATER/DAHEIM 1980: Soziologie der Arbeit und der Berufe, Reinbek

BECK-GERNSHEIM,E. 1976: Der geschlechtsspezifische Arbeitsmarkt. Zur Ideologie und Realität von Frauenberufen, Frankfurt

BECK-GERNSHEIM/OSTNER/PIEPER 1977: Familie-Reproduktion in ihrer Bedeutung für Berufsarbeit, Projektantrag im Rahmen des SFB 101 1977-1980 (vervielf. Manuskript)

BECK-GERNSHEIM/OSTNER 1978: Frauen verändern - Berufe nicht?, in SOZIALE WELT 3/1978, S.257-287

BECK-GERNSHEIM,E. 1980: Das halbierte Leben. Männerwelt Beruf, Frauenwelt Familie, Frankfurt

BECKER/BOVENSCHEN/BRACKERT u.a. 1977 (1978^2): Aus der Zeit der Verzweiflung. Zur Genese und Aktualität des Hexenbildes, Frankfurt

BECKER-SCHMIDT,R. u.a. 1979: Arbeits- und Familiensituation von Frauen - einige forschungsorientierte Überlegungen zu diesem Problemkomplex. Thesenpapier zum Symposium "Rechte der Frauen und ihre Anwendung in Familie und Beruf", Bremen

BECKER-SCHMIDT,R. u.a. 1979: "Vor Arbeit hab ich noch nie zurückgeschreckt - irgendwie ging's immer weiter". Vervielfältigtes Manuskript aus dem DFG-Projekt "Probleme lohnabhängig arbeitender Mütter", Hannover

BECKMANN, D. 1979: Geschlechtsrollen und Paardynamik, in PROSS (Hrsg.) 1979, S.169-195

BENARD/SCHLAFFER 1978^2: Die ganz gewöhnliche Gewalt in der Ehe, Reinbek

BERKNER, L.U. 1972: The Stern Family and the Developmental Cycle of the Peasant Household: An 18th Century Austrian Example, in AMER.HIST.REV. 77, 1972, S.398-418

BEZZEL u.a. 1975^2: Das Unvermögen der Realität. Beiträge zu einer anderen materialistischen Ästhetik, Berlin

BISCHOFF, Th.L. von 1872: Das Studium und die Ausübung der Medizin durch Frauen

BITTNER, U. 1979: Die institutionelle Produktion "psychischer Probleme". Eine Untersuchung über die selektive Wirkung von Erstgesprächen in einer psychosozialen Beratungsstelle (Diplomarbeit Universität München)

BLOCH, R. 1979: Untangling the Roots of Modern Sex Roles: A Survey of Four Centuries of Change, in Signs: J. WOMEN in CULTURE and SOCIETY, 4, 1979, 2, S.237-252

BLOCHMANN, E. 1966: Das "Frauenzimmer" und die "Gelehrsamkeit". Eine Studie über die Anfänge des Mädchenschulwesens in Deutschland, Heidelberg

BOCK/DUDEN 1977: Arbeit aus Liebe - Liebe als Arbeit, in Frauen und Wissenschaft, Beiträge zur Berliner Sommeruniversität für Frauen, Berlin

BOLTE/NEIDHARDT/HOLZER 1970: Deutsche Gesellschaft im Wandel, Bd.2,Opladen

BOPP, J. 1979: Der linke Psychodrom, in KURSBUCH 55, 1979, S.73-97

BOSZORMENYI/NAGY/FRAMO (Hrsg.) 1975: Familientherapie Theorie und Praxis 2 Bde., Reinbek

BOVENSCHEN, S. 1979: Die imaginierte Weiblichkeit, Frankfurt

BRANDES, E. 1787: Über die Weiber, Leipzig

BRAUN, R. 1968: Zur Einwirkung sozio-kultureller Umweltbedingungen auf das Unternehmerpotential und das Unternehmerverhalten, in FISCHER 1968, S.247-284

BRAUN, R. u.a. 1973: Gesellschaft in der industriellen Revolution, Gütersloh

BRAUNMÜHL, E. von 1979²: Zeit für Kinder, Frankfurt

McBRIDE, Th. 1976: The Domestic Revolution. The Modernisation of Household Service in England and France 1820-1920, New York

BRINKLER-GABLER, G. (Hrsg.) 1979: Frauenarbeit und Beruf, Frankfurt

BROWN, C.C, 1977: Eltern und Kinder: Wer schafft wen?, in PSYCHOLOGIE HEUTE 4/77, S.19-27

BRÜGGEMEIER/NIETHAMMER 1978: Schlafgänger, Schnapskasinos und schwerindustrielle Kolonie. Aspekte der Arbeiterwohnungsfrage im Ruhrgebiet vor dem Ersten Weltkrieg, in REULECKE/WEBER 1978, S.135-176

BRUNNER, O. 1968²: Neue Wege der Verfassungs- und Sozialgeschichte, Göttingen

BRUNNER, O. 1974: Vom "ganzen Haus" zur "Familie", in ROSENBAUM 1974, S. 48-55

BÜCHER, K. 1910: Die Frauenfrage im Mittelalter, Tübingen

BUNDESMINISTER FÜR JUGEND, FAMILIE UND GESUNDHEIT (Hrsg.) 1976: Familie und Wohnen, Stuttgart, Berlin, Köln, Mainz

BUNDESREGIERUNG 1979: Dritter Familienbericht. Bericht der Sachverständigenkommission. Drucksache 8/ 3121, Bonn

BUNDESREGIERUNG 1979: Dritter Familienbericht. Zusammenfassung des Berichts der Sachverständigenkommission. Drucksache 8/3120, Bonn

BUNDESREGIERUNG 1979: Stellungnahme zum Dritten Familienbericht. Drucksache 8/3120, Bonn

BUSCHAN, G. 1914: Das deutsche Volk in Sitte und Brauch, Stuttgart, Berlin, Leipzig

BUTLER, C.J. von 1976: Modelle im Freizeitbereich, Stuttgart, Berlin, Köln Mainz

CAMPE, J.H. 1789: Väterlicher Rath für meine Tochter. Ein Gegenstück zum Theophron. Der erwachsenen weiblichen Jugend gewidmet, Frankfurt, Leipzig

CAMPE, J.H.: Über die allgemeine und besondere Bestimmung des Weibes, in GERHARD 1978

CASPARD, P. 1979: Die Fabrik auf dem Dorf, in PULS/THOMPSON 1979, S.105-142

CHESLER, Ph. 1974: Frauen-Das verrückte Geschlecht, Hamburg

CLAESSENS/MILHOFFER 1973: Familiensoziologie, Frankfurt

COLEMAN, E. 1971: Medieval Marriage Characteristics: A Neglected Factor in the History of Medieval Serfdom, in J. INTERDISC.HIST.,2,1971,2 S.205-220

CONZE, W. (Hrsg.) 1976: Sozialgeschichte der Familie in der Neuzeit Europas, Stuttgart

CONZE, W. 1978: Sozialgeschichte der Familie. Neue Literatur - Probleme der Forschung, in Vierteljahresschrift für Sozial- und Wirtschaftsgeschichte 65. Bd.,H 3, S. 357-369

COTT, N. 1978: Passionlessness: An Interpretation of Victorian Sexual Ideology, 1790-1850, in Signs: J.WOMEN in CULTURE and SOCIETY 4, 1978, 2, S.219-236

DÄUBLER-GMELIN, H. 1977: Frauenarbeitslosigkeit - oder Reserve zurück an den Herd!, Reinbek

DAHLKE, K. 1978: Unveröffentl. Diskussionspapier zur Diplomarbeit "Weibliche Hausarbeit und Kapital", München

DAVIES, K. 1977: 'The sacred condition of equality' - how original were Puritan doctrines of marriage, in J. SOCIAL HISTORY 2, 1977,5, S.563-580

DAVIDIS, H. 1861: Die Hausfrau. Praktische Anleitung zur selbständigen und sparsamen Führung des Haushalts, Essen

DAVIDIS, H. Ein Wort an junge Frauen, in GERHARD 1978

DEGLER, C.N. 1974: What Ought to Be and What Was: Women's Sexuality in the 18th Century, in AMER.HIST.REV. 79, 1974, S. 1467-90

DEHEN, P. 1928: Die deutschen Industriewerkschulen in wohlfahrts- wirtschafts- und bildungsgeschichtlicher Beleuchtung, München

DEMOS, J. 1969: Adolescence in Historical Perspective, in J. MARRIAGE and the FAMILY 31, 1969, S. 632-638

DEUTSCHMANN, M. 1974: Qualifikation und Arbeit. Zur Kritik funktionalistischer Ansätze in der Bildungsplanung, Berlin

DISCHNER, G. 1975^2: Sozialisationstheorie und materialistische Ästhetik, in BEZZEL u.a. 1975^2, S.69-128

DISCHNER, G. 1979: Ein Brief. Der 'neue Charakter' - Rebell gegen die Tauschgesellschaft? in L'invitation au Voyage zu Alfred Sohn-Rethel, Bremen

DÖRNER, H. 1974: Industrialisierung und Familienrecht. Die Auswirkungen des sozialen Wandels, Berlin

DÖRNER, K. 1975: Bürger und Irre. Zur Sozialgeschichte und Wissenschaftssoziologie der Psychiatrie, Frankfurt

DOHM, H. 1874: Die wissenschaftliche Emanzipation der Frau, Berlin, Neuauflage Zürich 1977

DUBNOFF, S. 1979: Gender, the Family, and the Problem of Work Motivation in a Transition to Industrial Capitalism, in J. FAMILY HISTORY 4, 1979, S. 121-136

DUDEN, B. 1977: Das schöne Eigentum. Zur Herausbildung des bürgerlichen Frauenbildes an der Wende vom 18. zum 19. Jhd., in KURSBUCH 47, 1977

DÜNNINGER/KIESSELBACH 1967: Bayerische Literaturgeschichte in ausgewählten Beispielen, Bd. 2 (Neuzeit), München

DYHOUSE, C. 1978: Working-Class Mothers and Infant Mortality in England, 1895-1914, in J. SOCIAL HISTORY 12, 1978, 2, S.248-267

ECKART/JAERISCH/KRAMER 1979: Frauenarbeit in Familie und Fabrik, Frankfurt

ECKERT, R. (Hrsg.) 1980: Geschlechtsrollen und Arbeitsteilung. Mann und Frau in soziologischer Sicht, München

ECKERT, R. 1980: Geschlechtsrollen im Wandel gesellschaftlicher Arbeitsteilung, in ECKERT 1980, S.234-257

EGNER, E. 1964: Entwicklungsphasen der Hauswirtschaft, Göttingen

EHMER, J. 1979: Rote Fahnen - Blauer Montag. Soziale Bedingungen von Aktions- und Organisationsformen der frühen Wiener Arbeiterbewegung, in PULS/THOMPSON 1979, S. 143-174

EHRENREICH/ENGLISH 1976: Zur Krankheit gezwungen, München

EIDMANN, D. 1979: Die rechtliche Stellung der Frau gemäß der juristischen Konzeption von Familie - skizziert am Forschungsvorhaben zur Praxis der neuen Ehescheidungsgesetze nach dem 1. Ehe RG., Thesenpapier zum Symposium "Rechte der Frauen und ihre Anwendung in Familie und Beruf", Bremen

ELIAS, N. 1976: Über den Prozeß der Zivilisation, Bd. 1 und 2, Frankfurt

ELIAS, N. 1974: Zum Zusammenhang von Triebkontrolle und Familienform bzw. Gesellschaftsstruktur, in ROSENBAUM 1974, S. 88-95

EMMERICH, W. (Hrsg.) 1975^2: Proletarische Lebensläufe. Autobiographische Dokumente zur Entstehung der Zweiten Kultur in Deutschland, Bd.1 Anfänge bis 1914, Reinbek

ENGELSING, R. 1973: Zur Sozialgeschichte deutscher Mittel- und Unterschichten, Göttingen

ENZENSBERGER, H.M. 1976: Von der Unaufhaltsamkeit des Kleinbürgertums, in KURSBUCH 45, 1976

ERIKSON, E.H. 1974: Kindheit und Gesellschaft, Stuttgart

FESTINGER, L. 1957: A Theory of Cognitive Dissonance, Illinois

FEUERSTEIN, G. 1979: Arbeitsorganisation, Reproduktionschancen, Systemloyalität, Frankfurt

FICHTE, J.G. 1845: Grundlagen des Naturrechts nach den Prinzipien der Wissenschaftslehre, Sämtliche Werke, Bd. III, Berlin

FISCHER, W. (Hrsg.) 1968: Wirtschafts- und sozialgeschichtliche Probleme der frühen Industrialisierung, Berlin

FLANDRIN, J.L. 1978: Familien Soziologie- Ökonomie - Sexualität, Frankfurt

FOUCAULT, M. 1978: Sexualität und Wahrheit. Der Wille zum Wissen, Raubdruck

FRAUEN UND WISSENSCHAFT 1977: Beiträge zur Berliner Sommeruniversität für Frauen, Juli 1976, Berlin

FREUD, S. 1961: Einige psychische Folgen des anatomischen Geschlechtsunterschieds, in Drei Abhandlungen zur Sexualtheorie, Frankfurt

FREUDENTHAL, M. 1934: Gestaltwandel der städtischen bürgerlichen und proletarischen Hauswirtschaft unter besonderer Berücksichtigung des Typenwandels von Frau und Familie I, Teil 1760-1910, phil. Diss., Frankfurt/Würzburg

FRIEDAN, B. 1970: Der Weiblichkeitswahn oder die Selbstbefreiung der Frau, Hamburg, erw. Neuausgabe 1978

FRIEDRICH/FRÄNKEL-DAHMANN/SCHAUFELBERGER/STREECK 1979: Soziale Deprivation und Familiendynamik, Studien zur psychosozialen Realität von unterprivilegierten Familien und ihrer Veränderung durch ausgewählte Formen sozialer Praxis, Göttingen

FUNKE, R. 1978: Sich durchsetzender Kapitalismus.Eine Alternative zum spätkapitalistischen Paradigma, in Starnberger Studien 2, Frankfurt

GERHARD, U. 1978: Verhältnisse und Verhinderungen. Frauenarbeit, Familie und Rechte der Frauen im 19. Jahrhundert, Frankfurt

GERHARD, U. 1979: Über gegenwärtige und historische Erfahrungen der Frauen mit Recht. Vorüberlegungen zu einer Rechtstheorie auch für Frauen. Arbeitspapiere des Forschungsschwerpunktes Soziale Probleme: Kontrolle und Kompensation, Nr. 2, Bremen

GERHARD/LAUTMANN 1978: Frauen in Recht und Unrecht, in VORGÄNGE 17.Jg., 1978, Heft 2

GLEICHMANN/GOUDSBLOM/KORTE (Hrsg.) 1979: Materialien zu Norbert Elias' Zivilisationstheorie, Frankfurt

GOTTSCHALCH, W. 1978: Foucaults Denken - Eine Politisierung des Urschreis?, in LITERATURMAGAZIN 9, 1978, S.66-74

GOTTSCHALCH, W. 1979: Vatermutterkind, Berlin

GRAF, O.M. 1975: Das Leben meiner Mutter, München

GROSSMANN, H. (Hrsg.) 1971: Bürgerinitiativen Schritte zur Veränderung? Frankfurt

HABERMAS, J. 1973:Legitimitationsprobleme im Spätkapitalismus, Frankfurt

HAENSCH, D. 1971^4: Repressive Familienpolitik, Reinbek

HÄSING/STUBENRAUCH/ZIEHE (Hrsg.) 1979: Narziß - ein neuer Sozialisationstyp?, Bensheim

HAIKO/REISSBERGER 1979: Großbürgerliches Wohnen, in ANDRITZKY/SELLE 1979, S. 266-282

HALEY, J. 1977: Direktive Familientherapie. Strategien zur Lösung von Problemen, München

HARTMANN/NYSSEN/WALDEYER 1974: Schule und Staat im 18. und 19. Jahrhundert, Frankfurt

HARTMANN, K. 1974: Schule und "Fabrikgeschäft". Zum historischen Zusammenhang von Kinderarbeit, Kinderschutzgesetz und allgemeiner Elementarbildung, in HARTMANN u.a. 1974, S. 171-253

HAUSEN, K. 1976: Die Polarisierung der "Geschlechtscharaktere" - Eine Spiegelung der Dissoziation von Erwerbs- und Familienleben, in CONZE 1976

HEINSOHN/KNIEPER 1974: Theorie des Familienrechts. Geschlechtsrollenaufhebung, Kindesvernachlässigung, Geburtenrückgang, Frankfurt

HERKNER, H. 19O5: Die Arbeiterfrage, Berlin

HERLYN, U. Reflexionen über den Wohnbegriff in der Industriegesellschaft, Kap. 2, in ders.: Wohnen im Hochhaus, Stuttgart/Bern

HERLYN/HERLYN 1976: Wohnverhältnisse in der BUndesrepublik Deutschland, Frankfurt

HERMES, G. 1921: Ein preußischer Beamtenhaushalt 1859-189O, in Z. für die GESAMTE STAATSWISSENSCHAFT 76, 1921, S. 43-92, 268-295, 478-486

HILTON, R. 1977: Die Natur mittelalterlicher Bauernwirtschaft ('peasant economy), in KUCHENBUCH/MICHAEL 1977, S. 481-522

HOFEMANN/SCHMITT 1980: Arbeitsmarktsegmentation - die Karriere eines Konzeptes, in WSI MITTEILUNGEN, Heft 1, Köln, 1980

HOFMAN, E. 1971: Volkskundliche Betrachtungen zur proletarischen Familie in Chemnitz um 1900, in WISS.ZEITSCHRIFT der HUMBOLDT-UNIV. zu Berlin, Gesell. - u. sprachwiss. Reihe 20, 1971, S. 65-81

HOFFMANN, J. 1959: Die "Hausväterliteratur" und die "Predigten über den christlichen Hausstand", Weinheim/Berlin

HOHMANN-DENNHARDT, Chr. 1978: Antidiskriminierungsgesetz contra Grundgesetz? Zum Abbau rechtlicher Schutzwälle gegen emanzipatorische Reformen, in ZEITSCHRIFT für RECHTSPOLITIK, 12. Jahrgang (1978), Heft 10

HOLZKAMP-OSTERKAMP, U. 1979: "Narzißmus" als neuer Sozialisationstyp?, in DEMOKRATISCHE ERZIEHUNG, 1979, Heft 2

HONEGGER, C. (Hrsg.) 1978: Die Hexen der Neuzeit. Studien zur Sozialgeschichte eines kulturellen Deutungsmusters, Frankfurt

HONEGGER, C. 1978: Die Hexen der Neuzeit. Analysen zur Anderen Seite der okzidentalen Rationalisierung, in HONEGGER 1978, S. 21-84

HORKHEIMER, M. (Hrsg.) 1936: Studien über Autorität und Familie, Paris

HUNT, D. 1972: Parents and Children in History. The Psychology of Family Life in Early Modern France, New York

INNERHOFER, P. 1977: Erfahrungen mit dem Elterntraining, in PSYCHOLOGIE HEUTE 4/77, S. 26-27

INSTITUT FÜR SOZIALFORSCHUNG 1973: Familie, in CLAESSENS/MILHOFFER 1973, S. 63-78

JOHANSEN, E. 1978 (1979^2): Betrogene Kinder - Eine Sozialgeschichte der Kindheit, Frankfurt

JONES, G. 1979: Kultur und Politik der Arbeiterklasse in London 1870 bis 1900, in PULS/THOMPSON 1979, S. 317-368

JURCZYK, K. 1978^3: Frauenarbeit und Frauenrolle. Zum Zusammenhang von Familienpolitik und Frauenerwerbstätigkeit in Deutschland von 1918-1975, Frankfurt/New York

JURCZYK, K. 1979: Thesen zu Arbeitsmarkt und Familienpolitik, in SOZIOLOGISCHE ANALYSEN. Referate aus den Veranstaltungen der Sektionen der Deutschen Gesellschaft für Soziologie und der ad-hoc Gruppen beim 19. Deutschen Soziologentag hrsg. von MACKENSEN/SAGEBIEL 1979

KAGAN, J. 1978: Elternliebe ist keine Lebensversicherung, in PSYCHOLOGIE HEUTE, 12/78, S. 36-44

KARPEL, M. 1977: Individuation: Von der Verschmelzung zum Dialog in der Partnerbeziehung, in FAMILIENDYNAMIK, Heft 1, 2.Jahrg. 1977, S. 50-69

KAUFMANN, F.X. 1975: Familiäre Konflikte und gesellschaftliche Spannungsfelder, in APEL,K.O. u.a. 1975: Der Mensch in den Konfliktfeldern der Gegenwart (Hrsg. von der Landeszentrale für politische Bildung des Landes NRW) Köln 1975, S. 166-168

KICKBUSCH, I. 1979: Reproduktionspolitik. Sexualität und soziale Bewegung, in ÄSTHETIK UND KOMMUNIKATION 37, Oktober 1979, S. 72-78

KLUCKHORN, P. 1922: Die Auffassung der Liebe in der Literatur des 18. Jahrhunderts und in der deutschen Romantik, Halle

KÖLLMANN, W. 1978: Aus dem Alltag der Unterschichten in der Vor- und Frühindustrialisierungsphase, in REULECKE/WEBER 1978², S. 11-38

KÖSSLER, G. 1979: Mädchenkindheiten im 19. Jahrhundert, Gießen

KOHLHEISS, A. 1979: Warum erhalten Frauen niedrigere Renten? Zur Gleichbehandlung in der gesetzlichen Rentenversicherung. In Frauenprogramm gegen Diskriminierung, JANSSEN-JURREIT, M.(Hrsg.), Reinbek

KOHLI, M. 1978: Soziologie des Lebenslaufs, Darmstadt

KONTOS/WALSER 1978: Hausarbeit ist doch keine Wissenschaft, in BEITRÄGE ZUR FEMINISTISCHEN THEORIE UND PRAXIS, 1/1978, S. 66-81

KORTE, H. 1979: Bevölkerungsbewegungen als Beispiel ungeplanter Prozesse, in GLEICHMANN/GOUDSBLOM/KORTE 1979? S. 407-432

KOSCHORKE, M. 1973: Unterschicht und Beratung, in WEGE ZUM MENSCHEN 25, Heft 4, 1973, S. 129-163, Göttingen

KOSIK, K. 1973²: Dialektik des Konkreten. Eine Studie zur Problematik des Menschen und der Welt, Frankfurt

KRAUSHAAR, W.(Hrsg.) 1978: Autonomie oder Getto - Kontroversen über die Alternativbewegung, Frankfurt

KRAUTKRÄMER, U. 1979: Frauen und Anwendungspraxis des AFG. Thesenpapier zum Symposium "Rechte der Frauen und ihre Anwendung in Familie und Beruf", Bremen

KRIEDTKE/MEDICK/SCHLUMBOHM 1977: Industrialisierung vor der Industrialisierung, Göttingen

KROVOZA, A. 1975: Die Verinnerlichung der Normen abstrakter Arbeit und das Schicksal der Sinnlichkeit, in BEZZEL u.a. 1975², S. 13-37

KUCHENBUCH/MICHAEL 1977: Feudalismus - Materialien zur Theorie und Geschichte, Frankfurt

LASLETT/WALL 1972: Household and Family in the Past Time, Cambridge GB

LASLETT, P. 1972: Mean Household Size in England Since the Sixteenth Century, in LASLETT/WALL 1972, S. 125-158

LEBOYER, F. 1974: Der sanfte Weg ins Leben. Geburt ohne Gewalt, München

LEFEBVRE, H. 1972: Das Alltagsleben in der modernen Welt, Frankfurt

LEGATES, M. 1979: Anthropological and Historical Perspectives on the Nuclear Family, in WOMEN'S STUDIES 6, 1979, S. 259-276

LEVINE, D. 1976: The demographic implications of rural industrialization: a family reconstitution study of Shepshed, Leicestershire, 1600-1851, in SOCIAL HISTORY 1, 1976, 2, S. 177-196

LEVY, R. 1977: Der Lebenslauf als Statusbiographie, Zürich

LEWALD, F. 1863: Meine Lebensgeschichte, Berlin

LEWALD, F. 1875: Für und wider die Frauen, Berlin

LINDE, H. 1974: Persönlichkeitsbildung in der Landfamilie, in ROSENBAUM 1974

LITERATURMAGAZIN 9 1978: Der Neue Irrationalismus, Reinbek

LOFTS, N. 1976: Domestic Life in England, London

LUTHMANN/KIRSCHENBAUM 1977: Familiensysteme, Wachstum und Störungen, Freiburg

MAHLER, M. 1972: Symbiose und Individuation, Bd. 1, Stuttgart

MARCUSE, K. 1936: Autorität und Familie in der deutschen Soziologie bis 1933, in HORKHEIMER 1936

MARCUSE, H. 1968[3]: Der eindimensionale Mensch, Neuwied und Berlin

MARX, K. 1969: Das Kapital, Bd. I, Berlin

MATTHES, J. 1978: Wohnverhalten, Familienzyklus und Lebenslauf, in KOHLI 1978, S. 154-172

MEDICK, H. 1976: Zur strukturellen Funktion von Haushalt und Familie im Übergang von der traditionellen Agrargesellschaft zum industriellen Kapitalismus: die protoindustrielle Familienwirtschaft, in CONZE 1976, S. 254-282

MENNEL, A. 1979: Diskriminierung im Steuerrecht. Die Bevorzugung der Hausfrauen-Ehe und die Mehrbelastungen erwerbstätiger Mütter und Ehefrauen. In Frauenprogramm gegen Diskriminierung, JANSSEN-JURREIT (Hrsg.), Reinbek

MERTENS/KAISER (Hrsg.) 1978: Berufliche Flexibilitätsforschung in der Diskussion. Materialien des Forschungstreffens anläßlich des zehnjährigen Bestehens des IAB. Hauptband, Nürnberg

METZGER, H.G. 1980: Die Verhaltenstechniker entdecken das Selbst, in PSYCHOLOGIE HEUTE, 3/1980, S. 36-52

MICHEL/WIESER (Hrsg.) 1979: Sekten, KURSBUCH 55/1979, Berlin

MIES, M. 1978: Methodologische Postulate zur Frauenforschung- dargestellt am Beispiel Gewalt gegen Frauen, in BEITRÄGE ZUR FEMINISTISCHEN THEORIE UND PRAXIS 1/1978, S. 41-65

MILLER, A. 1979: Das Drama des begabten Kindes, Frankfurt

MINUCHIN, S. u.a. 1967: Families of the Slums: An Exploration of their Structure and Treatment, New York

MINUCHIN, S. 1977: Familie und Familientherapie. Theorie und Praxis struktureller Familientherapie, Freiburg

MITTERAUER, M. 1975: Vorindustrielle Familienformen. Zur Funktionsentlastung des "Ganzen Hauses" im 17. u. 18. Jhdt., in WIENER BEITRÄGE ZUR GESCHICHTE DER NEUZEIT, 2, 1975

MITTERAUER/SIEDER 1977: Vom Patriarchat zur Partnerschaft. Zum Strukturwandel der Familie, München

MÖBIUS, P.J. 1907: Über den physiologischen Schwachsinn des Weibes, Halle

MÖHRMANN, R. 1977: Die andere Frau. Emanzipationsansätze deutscher Schriftstellerinnen im Vorfeld der Achtundvierziger-Revolution, Stuttgart

MÖHRMANN, R.(Hrsg.) 1978: Frauenemanzipation im deutschen Vormärz. Texte und Dokumente, Stuttgart

MÖLLER, H. 1969: Die kleinbürgerliche Familie im 18. Jhdt., Berlin

MOELLER, M.L. 1979: Zwei Personen - eine Sekte, in KURSBUCH 55/1979, S. 1-37

MORITZ, K.Ph. 1972: Anton Reiser, Stuttgart

MÜLLER, M. 1979: Sozialgeschichtliche Aspekte des Wohnens, in ANDRITZKY/SELLE Bd.1, 1979, S. 252-265

MÜLLER, P. 1978: Daten zur polit-ökonomischen Situation der Frau: Von der Französischen Revolution bis zur Gegenwart, in BEITRÄGE ZUR FEMINISTISCHEN THEORIE UND PRAXIS, 1/1978, S. 96-127

MÜNCH u.a. 1976: Schulversuche zum Berufsgrundschuljahr in Rheinland-Pfalz. Abschlußbericht. Schriftenreihe des Kultusministers Rheinland-Pfalz, 'Schulversuche und Bildungsforschung - Berichte und Materialien', Bd. 10, Mainz

MUNDCZECK, H. 1979: Kommt das Schuldprinzip durch die Hintertür wieder? Reform des Ehe- und Familienrechts, in Frauenprogramm - gegen Diskriminierung, JANSSEN-JURREIT, M.(Hrsg.), Reinbek

NAHRSTEDT, W. 1972: Die Entstehung der Freizeit, dargestellt am Beispiel Hamburgs, Göttingen

NEGT/KLUGE 1974: Öffentlichkeit und Erfahrung, Frankfurt

NEIDHARDT, F. 1968: Stabilisierungseffekte der Familie? Habilitationsvortrag, 26.2.1968, München

OERTER, R. 1969: Moderne Entwicklungspsychologie, Donauwörth

OFFE, C. 1972: Strukturprobleme des kapitalistischen Staates, Frankfurt

OLK/HOHN/HINRICHS/HEINZE 1979: Lohnarbeit und Arbeitszeit. Teil 1: Das kapitalistische Zeitregime, in LEVIATHAN 7/1979, 2, S. 151-173, Teil 2: Requalifizierung der Zeit durch Neue Arbeitszeitpolitik, a.a.O., S. 376-404

OSTNER, I. 1978: Beruf und Hausarbeit, Frankfurt/New York

OSTNER, I. 1979: Möglichkeiten der Bewältigung von Arbeitssituationen in der Pflege, in OSTNER/BECK-GERNSHEIM 1979

OSTNER/BECK-GERNSHEIM 1979: Mitmenschlichkeit als Beruf, Frankfurt/New York

OSTNER/PIEPER 1979: Zur Besonderheit der Situation von Frauen in Beruf und Familie. Thesenpapier zum Symposium "Rechte der Frauen und ihre Anwendung in Beruf und Familie", Bremen

PAINTER, G. 1972: Baby-Schule. Programmiertes Intelligenztraining für Kleinkinder, Gütersloh

PEAL, E. 1977: "Normale" Geschlechtsrollen: Eine historische Analyse, in FAMILIENDYNAMIK 2/1977, 1, S. 11-34

PERLS, F. 1976: Grundlagen der Gestalttherapie. Einführung und Sitzungsprotokolle, München

PETERS, J.(Hrsg.) 1980: Die Geschichte alternativer Projekte von 1800-1975, Berlin

PHILLIPS, R. 1976: Women and family breakdown in eighteenth-century France: Rouen 1780-1800, in SOCIAL HISTORY 1/1976, 2, S. 197-218

PIEPER, B. 1979: Strukturelle Probleme von Familien aus der Sicht familienberatender Berufe. Eine soziologische Analyse im Kontext familialer Arbeit, unveröff. Mskr., München

PIEPER, M. 1978: Erwachsenenalter und Lebenslauf, München

PIEPER/PIEPER 1975: Familie - Stabilität und Veränderung, München

PINCHBECK, J. 1974: Der Einfluß der "agrarian revolution" auf Art und Umfang der produktiven Tätigkeit von Frauen verschiedener Bevölkerungsgruppen in der englischen Landwirtschaft zwischen 1750 und 1850, in ROSENBAUM 1974, S.207-225

PINES, M. 1979: Trotz alledem...Die Psychologie der "unverwundbaren" Kinder, in PSYCHOLOGIE 8/79, S. 55-61

PLANK, U. 1974: Die Eigenart der Bauernfamilie und die bäuerliche Familienverfassung, in ROSENBAUM 1974

POPPINGA, O.(Hrsg.) 1979: Produktion und Lebensverhältnisse auf dem Land, in LEVIATHAN Sonderheft 2/1979, S. 176-194

PROJEKT TU HANNOVER 1978: Probleme lohnabhängig arbeitender Mütter (DFG-Schwerpunktprojekt), TU Hannover 1978 (Arbeitsbericht)

PROKOP, U. 1976: Weiblicher Lebenszusammenhang. Von der Beschränktheit der Strategien und Unangemessenheit der Wünsche, Frankfurt

PROSS, H.(Hrsg.) 1979: Familie - wohin?, Reinbek

PULS/THOMPSON u.a. 1979: Wahrnehmungsformen und Protestverhalten. Studien zur Lage der Unterschichten im 18. und 19. Jahrhundert, Frankfurt

REID, D. 1979: Der Kampf gegen den "Blauen Montag" 1766-1876, in PULS/THOMPSON 1979, S. 265-295

REDLICH, F. 1968: Frühindustrielle Unternehmer und ihre Probleme in Selbstzeugnissen, in FISCHER 1968, S. 339-412

REULECKE/WEBER 1978: Fabrik, Familie, Feierabend, Wuppertal

RICHTER, H.E. 1969: Eltern, Kind und Neurose, Hamburg

RICHTER, H.E. 1971: Familienneurosen, in ACTA PAEDOPSYCHIATRICA 38/1971, S. 300-313

RICHTER, H.E. 1974: Lernziel Solidarität, Reinbek

RICHTER, H.E. 1975: Familientherapie und Familienberatung - Entwicklung, Aufgaben, Arrangements, in SIMITIS/ZENZ 1975, Bd.2, S. 145-156

RICHTER/BECKMANN 1973: Herzneurose, Stuttgart

RICHTER, H.E. 1980: Psychotherapie in der Krise, in MERKUR 2/1980, S. 136-146

RICHTER/STROTZKA/WILLI (Hrsg.) 1976: Familie und seelische Krankheit, Reinbek

RIEHL, W.H. 1861: Die Familie, Stuttgart

RITSERT, J. 1975[2]: Inhaltsanalyse und Ideologiekritik, Frankfurt

RÖDEL/GULDIMANN 1978: Sozialpolitik als soziale Kontrolle, in STARNBERGER Studien 2, Frankfurt 1978, S. 11-56

ROELKER, N. 1971: The Appeal of Calvinism to French Noblewomen in the Sixteenth Century, in J. INTERDISC. HISTORY, II/1971,3, S. 391-413

ROMMEL, F. 1975: Geschichte des Hofes und der Familie Baumann in Schmidhorst, in STADTARCHIV DUISBURG (Hrsg.), Duisburger Forschungen, Bd. 22/1975, S. 81-106

ROSENBAUM, H.(Hrsg.) 1974: Familie und Gesellschaftsstruktur, Frankfurt

ROSENBAUM, H. 1978: Familie als Gegenstruktur zur Gesellschaft. Kritik grundlegender Ansätze der westdeutschen Familiensoziologie, Stuttgart

ROTTECK/WELCKER (Hrsg.) 1838: Staatslexicon oder Encyclopädie der Staatswissenschaften, Altona

ROUSSEAU, J.-J. 1971: Emile, oder über die Erziehung (1762), Paderborn

RUTSCHKY, K. 1977: Schwarze Pädagogik. Quellen zur Naturgeschichte der bürgerlichen Erziehung, Frankfurt

SATIR, V. 1977[2]: Selbstwert und Kommunikation, München

SCHIVELBUSCH, W. 1977: Der Kaffee als bürgerliche Produktivkraft, in ÄSTHETIK UND KOMMUNIKATION, 32/1977, S. 5-20

SCHLEGEL, F. 1964: Lucinde, Frankfurt

SCHOPENHAUER, A. 1965: Über die Weiber, in Sämtliche Werke, Bd. V, Stuttgart/Frankfurt

SCHNEIDER, L. 1967: Der Arbeiterhaushalt im 18. und 19. Jahrhundert, Berlin

SCHNEIDER, P. 1970: Die Frauen bei Bosch, in KURSBUCH 21/1970, S. 83-109

SCHREYER, M. 1978: Die integrativen Dimensionen des Mutterschaftsurlaubs, in Dokumentation der Tagung 'Frauenforschung in den Sozialwissenschaften', München

SCHUBERT, H.A. 1977: Nachbarschaft, Entfremdung und Protest, Freiburg

SCHULTE, R. 1979: Sperrbezirke. Tugendhaftigkeit und Prostitution in der bürgerlichen Welt, Frankfurt

SCHWÄGLER, G. 1973: Anfänge einer Familiensoziologie bei Wilhelm Heinrich Riehl und Frederik le Play, in CLAESSENS/MILHOFFER 1973, S. 15-37

SCHWARZ, K. 1975: Die Lage der Handwerksgesellen in Bremen während des 18. Jhdts., Bremen

SEGAL/YAHRAES, H. 1979: Wie Babies ihre Mütter lenken, in PSYCHOLOGIE HEUTE 9/79? S. 63-66

SEIFERT, Th. 1980: Lernen, sich selbst zu ertragen, in PSYCHOLOGIE HEUTE 2/1980, S. 54-62

SELVINI/PALAZZOLI 1975: Die Familie des Anorektikers und die Familie des Schizophrenen. Eine transaktionelle Untersuchung, in EHE 3 und 4/1975, S. 107-116

SELVINI/PALAZZOLI 1977: Paradoxon und Gegenparadoxon. Ein neues Therapiemodell für die Familie mit schizophrener Transaktion, Stuttgart

SENGENBERGER, W. 1978: Die gegenwärtige Arbeitslosigkeit - auch ein Strukturproblem des Arbeitsmarktes, Frankfurt/München

SENGENBERGER, W. 1979: Zur Dynamik der Arbeitsmarktsegmentation, in BRINKMANN/KÜHL/SCHULTZ-WILD/SENGENBERGER (Hrsg.) 1979: Arbeitsmarktsegmentation - Theorie und Therapie im Lichte empirischer Befunde. Beiträge zur Arbeitsmarkt- und Berufsforschung, Nr. 33, Nürnberg

SENGHAAS-KNOBLOCH, E. 1976: Weibliche Arbeitskraft und Gesellschaft, in LEVIATHAN 4/1976

SHANLEY, M. 1979: The History of the Family in Modern England: Review Essay in Signs, J. WOMEN IN CULTURE AND SOCIETY, 4, 1979,4, S. 740-750

SHORTER, E. 1973: "La vie intime". Beiträge zu seiner Geschichte am Beispiel des kulturellen Wandels in den bayr. Unterschichten im 19. Jh., in P.C. LUDZ, Soziologie und Sozialgeschichte, Opladen

SHORTER, F. 1973: Female Emancipation, Birth Control and Fertility in Europ. Hist., in AMER.HIST.REV. 78, 1973, S. 605-640

SHORTER, E. 1975: Der Wandel der Mutter-Kind Beziehungen zu Beginn der Moderne, in GESCHICHTE UND GESELLSCHAFT, 2, 1975, S. 256-287

SHORTER, E. 1977: Die Geburt der modernen Familie, Hamburg

SIEGERT, M.T. 1977: Strukturbedingungen von Familienkonflikten, Frankfurt

SIMITIS/ZENZ 1975: Seminar Familie und Familienrecht, Frankfurt

SKOLNICK, A. 1978: Kinder sind hart im Nehmen, in PSYCHOLOGIE HEUTE 7/78, S. 44-49

SMELSER, N. 1959: Social Change in the Industrial Revolution, Chicago

SMELSER, N. 1967: Sociological History: The Industrial Revolution in the British Working-Class Family, in J. SOCIAL HISTORY 1, 1967, S. 17-35

SMITH, R. 1979: Kin and Neighbors in a Thirteen-Century Suffolk Community, in J. Family History, 4, 1979, S. 219-256

SNAITH/COXON (Hrsg.) 1971[19]: Dick-Read: Mutterwerden ohne Schmerz. Die natürliche Geburt, Hamburg

SOMBART, W. 1928: Der moderne Kapitalismus, 3 Bände, München

SOMMERVILLE, C.J. 1972: Toward a History of Childhood and Youth, in J. INTERDISC. HIST. 3, 1972, S. 439-447

SPECK/ATTNEAVE 1976: Die Familie im Netz sozialer Beziehungen, Freiburg

SPIESMACHER/WESTPHAL-GEORGI 1979: Arbeitsmarkt- und Familienpolitik. Was fangen wir Frauen damit an? Materialien und Analysen zu erweiterten Mutterschaftsurlaub- Antidiskriminierungsgesetz - dritter Familienbericht. 4. Sommeruniversität, Berlin

SPILLE, R. 1975: Mieter planen mit. Solidarisches Wohnen statt genormter Isolation, Reinbek

SPITZER, K. 1979: Spielumwelt Stadt, in ANDRITZKY/SELLE 1979, Bd. 2, S. 106-121

STEIN VON, L. 1978: Die Frau auf dem Gebiete der Nationalökonomie (1886), in GERHARD 1978

STIERLIN, H. u.a. 1977: Das erste Familiengespräch, Theorie, Praxis, Beispiele, Stuttgart

STIERLIN, H. 1978: Delegation und Familie, Frankfurt

STONE, L. 1977: The Family, Sex and Marriage in England 1500-1800, London

TEUTEBERG/BERNHARD 1978: Wandel der Kindernahrung in der Zeit der Industrialisierung, in REULECKE/WEBER 1978

THEWELEIT, K. 1977: Männerphantasien, 1. Frauen, Fluten, Körper, Geschichte, Frankfurt

THEWELEIT, K. 1978: Männerphantasien, Band 2, Frankfurt

THÖNNESSEN, W. 1976[2]: Frauenemanzipation. Politik und Literatur der deutschen Sozialdemokratie zur Frauenbewegung 1863-1933, Frankfurt

THOMPSON, E. 1973: Zeit, Arbeitsdisziplin und Industriekapitalismus, in BRAUN u.a. 1973

THOMPSON, E. 1979: Die "sittliche Ökonomie" der englischen Unterschichten im 18. Jahrhundert, in PULS/THOMPSON 1979, S. 13-80

THANE, P. 1978: Women and the Poor Law in Victorian and Edwardian England, in HISTORY WORKSHOP 6, 1978, S. 29-51

TILLY, L. 1979: Individual Lives and Family Strategies in the French Proletariat, in J. FAMILY HISTORY, 4, 1979, S. 137-152

TWELLMANN, M. 1972: Die deutsche Frauenbewegung. Ihre Anfänge und erste Entwicklung. Quellen 1843-1889, Meisenheim am Glan

TYRELL, H. 1976: Probleme einer Theorie der gesellschaftlichen Ausdifferenzierung der privatisierten Kleinfamilie, in ZFS, 5, 1976,4, S.393-417

TYRELL, H. 1979: Familie und gesellschaftliche Differenzierung, in PROSS (Hrsg.) 1979, S. 13-82

UFFRECHT, B.: Nachbarn helfen sich selbst, hrsg. vom DPWV (Deutscher Paritätischer Wohlfahrtsverband), Frankfurt/München

URDZE/RERRICH 1979: Frauenalltag und Kinderwunsch. Entscheidungsgründe für oder gegen weitere Kinder bei Müttern mit einem Kind. DFG-Forschungsbericht, München

USSEL von, I. 1973: Die Kleinfamilie, in CLAESSENS/MILHOFFER 1973, S. 95-109

USSEL von, I. 1977: Sexualunterdrückung. Geschichte der Sexualfeindschaft, Gießen

VOBRUBA, G.1978: Staatseingriff und Ökonomiefunktion. Der Sozialstaat als Problem für sich selbst, in Z.f.Soz., Jg. 7, 2, 1978, S. 130-156

WAHL/GRAVENHORST/HONIG 1980: Familienleben, Reinbek

WALD, R. 1966: Industriearbeiter privat. Eine Studie über private Lebensformen und persönliche Interessen, Stuttgart

WALDEYER, H. 1974: Zur Entstehung der Realschulen in Preußen im 18. Jahrhundert, in HARTMANN u.a. 1974, S. 146-170

WALL, R. 1972: Mean Household Size in England from Printed Sources, in LASLETT/WALL 1972, S. 159-204

WATZLAWICK/BEAVIN/JACKSON 1969: Menschliche Kommunikation. Formen, Störungen, Paradoxien, Bern-Stuttgart

WEBER, M. 1907: Ehefrau und Mutter in der Rechtsentwicklung, Tübingen

WEBER, M. 1924: Wirtschaftsgeschichte. (Aus den nachgelassenen Vorlesungen hrsg. von HELLMANN/PALYI), München und Leipzig

WEBER-KELLERMANN, I. 1974^{3} (1977): Die deutsche Familie, Frankfurt

WELCKER, C.Th. 1838: Geschlechtsverhältnisse, in ROTTECK/WELCKER 1838

WETPHAL-GEORGI, U. 1979: Vorschläge zur sozialen Sicherung der Frau - geht das nicht auf unsere Kosten? Thesenpapier zum Symposium "Rechte der Frauen und ihre Anwendung in Familie und Beruf", Bremen

WENZ-GAHLER, I. 1979: Wohnen mit Kindern, in ANDRITZKY/SELLE 1979, Band 1, S. 298-312

WRIGLEY, E. 1970: Population, Family and Household, in BALLARD, M.(Hrsg.) 1970, New Movements in the Study and Teaching of History, London, S. 93-104

ZAHLMANN-WILLENBACHER/EIDMANN/SCHAPIRA 1979: "Gewalt in der Familie".Thesenpapier zum Symposium "Rechte der Frauen und ihre Anwendung in Beruf und Familie", Bremen

ZARETSKY, E. 1978: Die Zukunft der Familie. Über Emanzipation und Entfaltung der Persönlichkeit, Frankfurt

ZIEHE, T. 1975: Pubertät und Narzißmus, Frankfurt

ZIMMERMANN, J. 1979: Eine historische Betrachtung städtischer Wohnumweltsituationen, in ANDRITZKY/SELLE 1979, Band 2, S. 224-248

ZINNECKER, J. 1973: Sozialgeschichte der Mädchenbildung, Weinheim-Basel

ZUK, G.H. 1975: Familientherapie - Intervention und therapeutische Prozesse, Freiburg

ZUR LIPPE, R. 1974: Naturbeherrschung am Menschen I, Frankfurt

ZUR LIPPE, R. 1975: Bürgerliche Subjektivität: Autonomie als Selbstzerstörung, Frankfurt

ZUR LIPPE, R. 1978: Am eigenen Leibe. Zur Ökonomie des Lebens, Frankfurt

Forschungsberichte aus dem Sonderforschungsbereich lol "Theoretische Grundlagen sozialwissenschaftlicher Berufs- und Arbeitskräfteforschung" der Universität München

Ulrich Beck, Michael Brater (Hg.)
DIE SOZIALE KONSTITUTION DER BERUFE
Materialien zu einer subjektbezogenen Theorie der Berufe

Band I: 1977. 282 Seiten
Band II: 1978. 292 Seiten

Ulrich Beck, Michael Brater, Bernd Wegener
BERUFSWAHL UND BERUFSZUWEISUNG
Zur sozialen Verwandtschaft von Ausbildungsberufen

1979. 2o7 Seiten

Ute Hoffmann
FACHARBEITER - INDUSTRIELLE ARBEIT ALS BERUF

198o. 16o Seiten

Karin Jurczyk
FRAUENARBEIT UND FRAUENROLLE
Zum Zusammenhang von Familienpolitik und Frauenerwerbstätigkeit in Deutschland von 1918-1975

4. Auflage 1979. 152 Seiten

Sabine Kudera
WISSENSCHAFT UND PLANENDE VERWALTUNG
Zur Organisation des Verhältnisses von Wissenschaft und Politik in der Bundesrepublik Deutschland

1976. 27o Seiten

Ilona Ostner, Almut Krutwa-Schott
KRANKENPFLEGE - EIN FRAUENBERUF?
Bericht über eine empirische Untersuchung

198o. 13o Seiten

G. Günter Voß
ARBEITSSITUATION UND GESELLSCHAFTLICHES BEWU:TSEIN
Zur Kritik arbeitssoziologischer Erklärungen gesellschftlichen Bewußtseins

198o. 176 Seiten

Stephan Wolff, Thomas Lau, Sabine Kudera, Manfred Cramer, Wolfgang Bonß
ARBEITSSITUATIONEN IN DER ÖFFENTLICHEN VERWALTUNG

1979. 22o Seiten

Campus Verlag Schumannstraße 65 6ooo Frankfurt am Main